BIBLIOTHÈQUE CONTEMPORAINE

ALPHONSE KARR

L'ART

D'ÊTRE

MALHEUREUX

PARIS
CALMANN LÉVY, ÉDITEUR
ANCIENNE MAISON MICHEL LÉVY FRÈRES
RUE AUBER, 3, ET BOULEVARD DES ITALIENS, 15
A LA LIBRAIRIE NOUVELLE

1876

NOUVEAUX OUVRAGES EN VENTE
Format in-8°

J. AUTRAN de l'Acad. franç.   f. c.
ŒUVRES COMPLÈTES, t. III. — La Flûte
   et le Tambour.................... 6 »

COMTE DE PARIS
HISTOIRE DE LA GUERRE CIVILE EN
   AMÉRIQUE, t. I à IV............ 30 »
ATLAS POUR SERVIR A L'HISTOIRE DE
   LA GUERRE CIVILE EN AMÉRIQUE.
   Livraisons I à IV................ 20 »

VICTOR HUGO
LES CHÂTIMENTS..................... 6 »
PENDANT L'EXIL..................... 6 »

PAULINE L.
LE LIVRE D'UNE MÈRE................ 6 »

J.-H. MERLE D'AUBIGNÉ   f. c.
HISTOIRE DE LA RÉFORME EN EUROPE
   AU TEMPS DE CALVIN, t. VI....... 7 50

ERNEST RENAN
L'ANTECHRIST....................... 7 50

J. MICHELET
ORIGINE DES BONAPARTE.............. 6 »
JUSQU'AU 18 BRUMAIRE............... 6 »
JUSQU'A WATERLOO................... 6 »

J. SIMON
SOUVENIRS DU QUATRE-SEPTEMBRE. —
   Le gouvernement de la Défense nationale............................ 6 »

L. DE VIEL-CASTEL de l'Acad. fr.
HISTOIRE DE LA RESTAURATION. —
   T. XVII........................... 6 »

Format gr. in-18 à 3 fr. 50 c. le volume.

A. ACHARD   vol.
LA TOISON D'OR..................... 1

TH. BENTZON
LE VIOLON DE JOB................... 1

E. CADOL
LA BÊTE NOIRE...................... 1

ALEX. DUMAS FILS de l'Acad. franç.
THÉRÈSE............................ 1

O. FEUILLET de l'Acad. française
UN MARIAGE DANS LE MONDE........... 1

TH. GAUTIER
PORTRAITS ET SOUVENIRS LITTÉRAIRES. 1

GUSTAVE HALLER
LE BLEUET.......................... 1

Vte D'HAUSSONVILLE
C.-A. SAINTE-BEUVE. — Sa vie et ses
   œuvres............................ 1

A. HOUSSAYE
LES DIANES ET LES VÉNUS............ 1

VICTOR HUGO
QUATRE-VINGT-TREIZE................ 3

AL. KARR
PLUS ÇA CHANGE,
PLUS C'EST LA MÊME CHOSE........... 1

KEL-KUN
PORTRAITS.......................... 1

PROSPER MÉRIMÉE
LETTRES A UNE INCONNUE............. 2
LETTRES A UNE AUTRE INCONNUE....... 1

MÉRY
RÉVA............................... 1

MICHELET
LA MER............................. 1

CH. MONSELET   vol.
LES ANNÉES DE GAIETÉ............... 1

D. NISARD de l'Acad. française
LES QUATRE GRANDS HISTORIENS LATINS. 1

JULES NORIAC
LA MAISON VERTE.................... 1

ÉDOUARD OURLIAC
DERNIÈRES NOUVELLES................ 1

PAUL PARFAIT
LA SECONDE VIE DE MARIUS ROBERT.... 1

EDMOND PLAUCHUT
LES QUATRE CAMPAGNES MILITAIRES DE
   1874.............................. 1

A. DE PONTMARTIN
NOUVEAUX SAMEDIS. T. XII........... 1

HENRI RIVIÈRE
AVENTURES DE TROIS AMIS............ 1

C.-A. SAINTE-BEUVE
PREMIERS LUNDIS.................... 2

GEORGE SAND
FLAMARANDE......................... 1

J. SANDEAU de l'Acad. française
JEAN DE THOMMERAY. — LE COLONEL
   ÉVRARD........................... 1

L. ULBACH
LE SECRET DE MADEMOISELLE CHAGRIN. 1
LA PRINCESSE MURAMI............... 1

A. VACQUERIE
AUJOURD'HUI ET DEMAIN.............. 1

PIERRE VÉRON
CES MONSTRES DE FEMMES............. 1

L. VITET
LE COMTE DUCHATEL, avec un portrait. 1

— 1 —

35ᵉ ANNÉE

LA PATRIE

JOURNAL QUOTIDIEN
POLITIQUE, LITTÉRAIRE, SCIENTIFIQUE, COMMERCIAL ET FINANCIER

Par l'organisation spéciale de son service d'Informations, de Télégrammes et de Correspondances
LA PATRIE est toujours promptement et sûrement renseignée

Magnifiques PRIMES GRATUITES offertes à tous les Abonnés :

LES MÉMOIRES DE M. GUIZOT, 8 vol. in-18, comprenant les événements politiques depuis 1814, et dont la valeur en librairie est de 60 francs. — L'UNIVERS ILLUSTRÉ. — Environ 2,000 volumes de la Maison MICHEL LÉVY frères ; Ouvrages illustrés, richement reliés et dorés sur tranches. — Partitions complètes de la Maison L. ESCUDIER : DON JUAN (Mozart ; LE BARBIER DE SÉVILLE (Rossini) ; — LOUISE MILLER (Verdi) ; — MINA (Amb. Thomas ; — JEANNE D'ARC (Verdi), etc., etc.

ABONNEMENTS : { PARIS...... 13 fr. 50 c., 27 fr., 54 fr.
{ DÉPARTEMENTS. 16 » » 32 64

Pour s'abonner, envoyer un MANDAT-POSTE à M. l'Administrateur de
LA PATRIE
Rue du Croissant, 12, Paris

PARIS-JOURNAL
POLITIQUE ET FINANCIER

PRIMES :
MONTRE ALUMINIUM OU PENDULE RÉVEIL-MATIN
POUR RIEN

PENDULE RENAISSANCE OU MONTRE EN VERMEIL.
Pour 15 francs en sus de l'Abonnement

PRIMES	**MONTRE EN OR**	PRIMES
livrées de suite	POUR 32 FRANCS	livrées de suite
—	En sus de l'Abonnement	—
UN SEMESTRE	Abonnement d'un an : 64 fr.	UN SEMESTRE
D'AVANCE	9, rue d'Aboukir, 9	D'AVANCE

2, rue du Pont-Neuf, 2
SEULE ENTRÉE au coin du QUAI

 MAISON DE LA

BELLE JARDINIÈRE

VÊTEMENTS pour HOMMES et pour ENFANTS

Tout Faits et sur Mesure

CHAPEAUX, CHAUSSURES, BONNETERIE, CHEMISERIE

ET TOUT CE QUI CONCERNE L'HABILLEMENT DE L'HOMME

Spécialité de VÊTEMENTS pour la Chasse
ET DE VÊTEMENTS POUR LIVRÉE

Envoie en Province, sur demande, des Échantillons avec Gravure de Mode et Indications nécessaires pour prendre soi-même les Mesures et EXPÉDIE contre Remboursement franco au-dessus de 25 francs.

SUCCURSALES :

LYON, rue Saint-Pierre, 25. | NANTES, cours Cambronne.
MARSEILLE, rue Pavillon, 27. | ANGERS, rue Saint-Laud.
PARIS, place Clichy
(au coin des rues de Clichy et d'Amsterdam)

LE FIGARO

26, RUE DROUOT, 26

PARIS

ŒUVRES COMPLÈTES

D'ALPHONSE KARR

L'ART D'ÊTRE MALHEUREUX

ŒUVRES COMPLÈTES
D'ALPHONSE KARR
Publiées dans la collection Michel Lévy

AGATHE ET CÉCILE	1 vol.
LE CHEMIN LE PLUS COURT	1 —
CLOTILDE	1 —
CLOVIS GOSSELIN	1 —
CONTES ET NOUVELLES	1 —
LA FAMILLE ALAIN	1 —
LES FEMMES	1 —
ENCORE LES FEMMES	1 —
FEU BRESSIER	1 —
LES FLEURS	1 —
GENEVIÈVE	1 —
LES GUÊPES	6 —
UNE HEURE TROP TARD	1 —
HISTOIRE DE ROSE ET DE JEAN DUCHEMIN	1 —
HORTENSE	1 —
MENUS PROPOS	1 —
MIDI A QUATORZE HEURES	1 —
LA PÊCHE EN EAU DOUCE ET EN EAU SALÉE	1 —
LA PÉNÉLOPE NORMANDE	1 —
UNE POIGNÉE DE VÉRITÉS	1 —
PROMENADES AUTOUR DE MON JARDIN	1 —
RAOUL	1 —
ROSES NOIRES ET ROSES BLEUES	1 —
LES SOIRÉES DE SAINTE-ADRESSE	1 —
SOUS LES ORANGERS	1 —
SOUS LES TILLEULS	1 —
TROIS CENTS PAGES	1 —
VOYAGE AUTOUR DE MON JARDIN	1 —

ŒUVRES NOUVELLES D'ALPHONSE KARR
Format grand in-18

L'ART D'ÊTRE MALHEUREUX	1 vol.
LE CREDO DU JARDINIER	1 —
LES DENTS DU DRAGON (2ᵉ édition)	1 —
DE LOIN ET DE PRÈS (2ᵉ édition)	1 —
DIEU ET DIABLE	1 —
EN FUMANT (3ᵉ édition)	1 —
FA DIÈSE	1 —
LETTRES ÉCRITES DE MON JARDIN	1 —
SUR LA PLAGE (2ᵉ édition)	1 —
LA MAISON CLOSE (2ᵉ édition)	1 —
ON DEMANDE UN TYRAN	1 —
PLUS ÇA CHANGE (2ᵉ édition)	1 —
..... PLUS C'EST LA MÊME CHOSE (2ᵉ édition)	1 —
PROMENADES AU BORD DE LA MER	1 —
LA PROMENADE DES ANGLAIS	1 —
LES GAIETÉS ROMAINES	1 —
LA QUEUE D'OR (2ᵉ édition)	1 —

IMP. CENTRALE DES CHEMINS DE FER, A. CHAIX ET Cⁱᵉ, RUE BERGÈRE 20 — 1635-9

L'ART
D'ÊTRE MALHEUREUX

PAR

ALPHONSE KARR

Fortunam insertas maximus arte vias.

PARIS
CALMANN LÉVY, ÉDITEUR
ANCIENNE MAISON MICHEL LÉVY FRÈRES
RUE AUBER, 3, ET BOULEVARD DES ITALIENS, 15
A LA LIBRAIRIE NOUVELLE
—
1870
Droits de reproduction et de traduction réservés

A
JEANNE BOUYER

L'ART
D'ÊTRE MALHEUREUX

I

Ce livre n'est pas un ouvrage didactique, — c'est la réunion des observations que j'ai faites sur la société actuelle — sa situation et ses tendances.

Il en ressort très-clairement pour moi que la Providence avait fait la condition humaine assez supportable — que certains maux sont inhérents à cette situation, mais que c'est l'homme lui-même, qui, de changements en changements, de « progrès » en « progrès », a accru le nombre et augmenté l'intensité de ces maux ; — qu'il n'a pas de plus cruel, de plus implacable ennemi que lui-même et qu'on pourrait donner à tous le nom que Térence donne au héros d'une de ses comédies : *Heautontimorumenos*, — le « tourmenteur de lui-même ».

Déjà l'homme n'est pas heureux, et il est évident pour moi que la société actuelle tend à aggraver encore son sort ; — chaque jour vient ajouter, aux trois ou quatre besoins qu'il avait primitivement à satisfaire, un certain nombre de nouveaux besoins qui deviennent bientôt aussi impérieux que les autres. Grâce aux sciences et à leur développement, les ressources aussi s'accroissent en multipliant les moyens de satisfaire et ces nouveaux besoins et les anciens ; — mais à mesure que les ressources augmentent comme un — les besoins augmentent comme trois.

Cette voie mène nécessairement à un cataclysme.

Un partage égal des moyens de satisfaire les besoins ne contenterait plus personne ; — aussi personne ne veut partager — les uns veulent tout garder, les autres veulent tout prendre ; — c'est donc un état de guerre perpétuel. — Il faut regarder en face et sérieusement cette situation, la constater, — et voir ensuite s'il y a moyen de revenir sur ses pas.

Je dirai comme un ancien philosophe : « J'ai beaucoup pensé, beaucoup étudié, beaucoup écrit — je me suis plus ennuyé du peu de résultat de mes écrits que fatigué de mon labeur ; — je vais bientôt me reposer et attendre la fin de ma vie en regardant le ciel, la terre, la mer, les arbres, les brins d'herbe, les fleurs, les insectes, etc. »,

C'est-à-dire en me déshabituant de la vie et de ses traces.

« J'ai filé mes cocons, — quand je serai mort, on verra que c'était de la soie — et d'autres les dévideront. »

II

Assez d'autres occupent toutes les facultés de leur intelligence à atteindre d'abord, à accaparer ensuite, sous le nom de places, de dignités, d'honneurs, — une somme de jouissances qui ne peut être le partage de quelques-uns, qu'en usurpant et absorbant plus ou moins de la part de presque tous.

Il est utile, il est nécessaire que quelques écrivains qui se sont réfugiés loin du bruit de la rue et se sont fait les loisirs d'une vie calme, modérée et sans ambition, étudient, pour tous, certains problèmes qui menacent la société dans sa base — et que ne voient pas la plupart des hommes trop occupés des luttes, des soucis, des espérances et des craintes de chaque jour et de chaque heure, pour porter leurs regards à une distance de quelques années, peut-être de quelques mois, — semblables à un homme qui, marchant sur la glace, sentant à chaque instant ses jambes se dérober sous lui, ne songe qu'à assurer chaque pas l'un après l'autre, et n'ose jeter les yeux à cent pas, où, sous la glace rompue, l'attend béant un gouffre auquel il arrivera sans l'avoir aperçu.

Non, aujourd'hui non plus, la France n'est pas heureuse, — et en même temps qu'on a compassion de soi-même, on est tristement en proie à une tendre inquiétude sur les objets aimés qu'on doit laisser dans la vie après soi.

La France n'est pas heureuse, et elle ne semble pas sentir son malheur, — comme les mendiants et les pauvres, plus à plaindre que les mendiants, qui, obligés de livrer une bataille pour chaque repas, — n'ont pas le temps de porter les yeux plus loin que l'intervalle d'un repas à l'autre et finissent par ne plus se préoccuper de l'avenir, ni même du lendemain.

Tout le monde aujourd'hui s'assoupit, s'engourdit, s'abrutit dans une sorte d'indifférence désespérée et de torpeur ; — nous sommes tranquilles aujourd'hui, — probablement nous le serons demain, — peut-être encore après-demain... après... on verra, — il n'y a pas trop à se plaindre pour le moment, etc.

L'hésitation et la perplexité semblent disparaître, — parce qu'il n'y a guère à choisir dans les chances probables qui nous sont présentées, — aucune ne nous assure le calme, la paix, la sérénité avec la liberté.

La bille tourne dans le cylindre de la roulette, — nous nous applaudissons peut-être qu'elle ait été lancée vigoureusement par les événements, et qu'elle promette de tourner longtemps avant de s'arrêter dans une des cases.

Tant qu'elle tourne, nous n'avons pas gagné, mais nous n'avons pas perdu, nous voyons encore notre enjeu.

Si ça pouvait toujours tourner !

Non, nous ne sommes pas heureux en France, — personne n'oserait faire un projet pour dans cinq ans d'ici.

Très-peu sont assez hardis pour dire : voilà ce que nous ferons l'année prochaine ;

Très-peu osent dire à leurs jeunes enfants, — l'année prochaine nous mangerons des cerises de *notre verger*, — et nous attraperons des papillons : les *citrons*, les *nacrés*, et les *argus*, dans *notre* luzerne,

Sans ajouter tristement : Qui sait ce qui sera arrivé d'ici à un an ?

La France, ce pays où autrefois on vivait et on mourait jeune quoique plein d'années, — où tout était jeune et avait un caractère particulier de jeunesse, — la bravoure aventureuse et gaie, — l'amour ardent, mais léger, volage et poétique, — les vices moins odieux que ridicules, et inspirant plus de gaieté et de moquerie que de haine, — la pauvreté insouciante, rieuse, accueillie, respectée, recherchée si elle était unie à de l'esprit ou à un talent.

Qu'est devenu tout cela ?

La France reverra-t-elle jamais les temps heureux où s'est écoulée la jeunesse des hommes de mon âge ?

On aimait passionnément les grandes et les belles choses : — la musique, la poésie, la peinture, la sculpture, l'éloquence, les grands coups d'épée, les jolies femmes, les belles amours.

On n'eût pas rencontré un fourbe, un rusé, un ambitieux, qui n'eût pas eu au moins quarante ans.

— La première jeunesse appartenait aux plaisirs, à l'amour, à la rêverie, à l'enthousiasme; c'était sacré; — on ne gaspillait pas ces années-là, à des choses dites sérieuses, comme les Athéniens, qui avaient édicté la peine de mort contre quiconque oserait proposer d'appliquer à n'importe quelles affaires ou quels besoins l'argent destiné aux théâtres, aux fêtes et aux jeux publics.

Le jeune poëte — espérait faire de beaux vers, un beau drame, un beau poëme;

Le jeune médecin — combattre et vaincre la mort;

Le jeune avocat — sauver l'innocence et écraser le crime;

III

Aujourd'hui, personne ne veut rester dans sa sphère, l'état que l'on embrasse n'est plus un but, mais un chemin.

Le poëte, avant d'être imprimé, pense au mot de Villemain : *Les lettres conduisent à tout, à condition de les abandonner.*

Le médecin, dès avant sa thèse, pense à la fortune, à un beau mariage, aux titres, aux décorations.

L'avocat — sur les bancs de l'école de droit — rêve la députation, les préfectures, le ministère, la présidence de la république.

Les lycéens s'informent de la cote de la bourse,

Et aspirent non à faire de beaux vers et de belles actions pour se rendre dignes de la petite cousine ou de la jeune voisine — mais à avoir de l'argent pour payer leur part des honteuses et répugnantes faveurs des courtisanes;

Et pour arriver là, ce n'est plus sur le travail et le talent que l'on compte, mais sur les révolutions, sur les désastres, sur la ruine de sa patrie.

IV

Il est une question sociale, — une question qui creuse, qui mine la société actuelle et qui la menace d'une
rechute en sauvagerie :
C'est que, à ce que les poëtes appelaient autrefois « le banquet de la vie, »

il n'y a plus à manger pour tout le monde,
et tout le monde a plus d'appétit qu'autrefois;

C'est-à-dire que les besoins ont augmenté, que les appétits se sont exaspérés, — et que la production en tous genres, loin de croître dans la même proportion, tend au contraire à diminuer.

Il y a eu de tout temps, — **la pauvreté;** — la pauvreté, c'est l'absence du luxe, du confort même, — c'est la situation de l'homme qui possède ou gagne tout juste de quoi satisfaire aux plus simples nécessités de la vie; — le pauvre a peu, — *parum* paraît même être l'étymologie du mot pauvre, —

la pauvreté peut être heureuse et même joyeuse;
— le paysan corse vit, dit-on, pauvre, heureux,
libre, fier, quand il possède trois chèvres, un châtaignier et un fusil, — et j'ai souvent admiré cette
riante pauvreté des campagnes italiennes.

Il y a, soit de temps en temps, soit exceptionnellement, soit endémiquement, — **la misère**, —
c'est-à-dire la privation des choses nécessaires à la
vie, — suites d'un fléau, d'une famine, de la maladie
ou du vice; — elle est permanente, peut-être fatale
et invincible dans certains grands centres manufacturiers : en Angleterre; Manchester, Glascow,
etc.; en France; Lille, Rouen, etc.

Mais le **paupérisme**, — est de création moderne, — c'est une situation permanente, — c'est
la pauvreté..... politique, c'est un *quatrième ordre
de l'État*, armé en guerre.

J'ai raconté autrefois l'histoire d'une peuplade
insulaire qui, grâce à la protection de Thor, l'Apollon et l'Hercule des Scandinaves, avait planté le
houblon, — comme autrefois Noé planta, dit-on, la
vigne, — et semé l'orge, comme Cadmus le blé.

Tout le monde travaillait à la terre, — tout le
monde cultivait le houblon et l'orge, — et on arrivait, — bon an, mal an, — à récolter une quantité
de l'un et de l'autre suffisante pour faire assez de
bière pour que chacun eût sa part égale, et que tout
le monde fût désaltéré; — mais il vint quelqu'un
qui, sous prétexte de civilisation, inventa la bière
double, — quelque chose comme le *faro* belge, l'*ale*

ou le *porter* anglais, — et un autre qui inventa les grands verres tenant demi-litre, — et en même temps s'éleva une caste composée de rois, de conquérants, de prêtres de **Thor** et d'**Odin**, qui prétendirent ne plus boire que cette bière double et la boire dans les grands verres. — Or, pour faire cette bière double, il fallait double quantité d'orge et de houblon, — on dut inventer pour les autres la petite bière, c'est-à-dire la bière étendue d'eau. — Les prêtres de Thor, alliés aux rois, conquérants, cueilleurs de palmes, etc., persuadèrent à ce gros de la nation, que Thor contemplait avec plaisir et une affection particulière ceux qui se contentaient de petite bière et la buvaient joyeusement, — mais que cette affection allait jusqu'à la tendresse pour ceux qui ne buvaient que de l'eau; enfin, qu'elle s'élevait à l'admiration et au respect, pour ceux qui ne buvaient pas du tout.

Bien plus, ceux qui ont été abstinents de bière, et ont donné leur part de houblon et d'orge aux prêtres de Thor et d'Odin, et aux rois, recevront après la vie, aux séjours bienheureux de *Valhalla* et de *Wingoff*, — un tonneau d'une bière céleste, où il entre du nectar et de la purée d'ambroisie, par chaque verre de bière grossière, et terrestre, et méprisable, dont ils se seront abstenus de leur vivant; — c'est à cette occasion que fut créée la locution proverbiale : Croyez cela, et buvez de l'eau.

La bière double était bue par les rois au fond de leur palais, — par les prêtres de Thor et d'Odin dans le sanctuaire des temples.

1.

Le peuple, — et ceux qui buvaient de la petite bière et ceux qui buvaient de l'eau, — savaient bien à peu près ou soupçonnaient l'existence de la bière double, mais ils ne la voyaient pas, — et surtout ne voyaient personne la boire, — et continuaient à cultiver l'orge et le houblon.

De temps en temps cependant, — quelque homme à la fois altéré, hardi et rusé, — menaçait les prêtres de Thor et les rois, — leur offrait ou la guerre ou un dévouement aveugle, — et obtenait d'avoir une part de bière double.

C'est ce qui perdit tout; — aussi longtemps que le peuple avait pensé que le privilége de boire la bière double, que d'ailleurs il n'avait jamais goûtée, dans les grands verres, était réservé de toute éternité aux castes des rois et des prêtres de *Thor*, — c'est-à-dire à des gens d'une espèce différente et supérieure, on s'était résigné ou on ne s'en était pris qu'au hasard de la naissance, ou à la Providence; — mais quand on put se dire : Vous savez, le voisin, ce petit blond?

— Qui a un habit bleu?
— Oui.
— Et des lunettes?
— Oui.
— Eh bien?
— Eh bien! il a frappé au palais et au temple, on lui a ouvert, — et il boit à présent de la bière double dans un grand verre qui tient demi-litre.
— Pas possible!
— C'est comme je vous le dis!

— Mais j'ai été avec lui à l'école !
— Mais son père était petit cousin du mien !
— Alors pourquoi ne boirais-je pas aussi de la bière double dans un grand verre ?
— Et moi ?
— Je vais aller frapper au temple.
— Et moi au palais ; — on dit que c'est très-bon.

Ils vont frapper, on n'ouvre pas, — mais ils prennent des pierres et commencent à casser les vitres ; — on entrebâille les portes, on parlemente ; quelquefois on réussit, par des paroles, des promesses, à les renvoyer à la culture du houblon et de l'orge ; — mais quelquefois aussi il faut leur donner une part plus ou moins chicanée d'*ale* ou de *faro*.

Et le lendemain, — d'autres se disent :
— Vous savez, le voisin...
— Oui.
— Qui a des moustaches ?
— Oui, — et son cousin...
— Celui qui n'a pas de cheveux ?
— Eh bien !
— Eh bien ! etc., etc.

Eh bien ! — c'est l'histoire de la société ; — la soif publique s'est démesurément accrue — surtout depuis que les castes privilégiées ont eu l'imprudence de se laisser voir buvant la bière double dans les verres tenant demi-litre, sous le péristyle des palais et des temples ; — beaucoup de gens ont abandonné la culture de l'orge et du houblon, pour les regarder boire avec envie.

Et aujourd'hui tout le monde veut boire de la bière double dans les verres tenant demi-litre, — et personne ne veut plus cultiver l'orge et le houblon pour les autres, et il n'y a pas assez d'orge et de houblon pour en faire pour tout le monde ; — pendant ce temps, sous prétexte de progrès, on vient d'inventer la bière triple et la bière quadruple, — et des verres tenant trois quarts de litre et litre et demi.

Alors, — comme il n'y a qu'une quantité de cette bière forte insuffisante, — on se la dispute, on se l'arrache, on se la vole, — on casse les bouteilles, on défonce les tonneaux ; — il y a des gens qui s'enivrent ; — il y en a qui meurent de soif et deviennent enragés.

Ce n'est pas une fable, — ce n'est pas un paradoxe, — ce n'est pas une allégorie, c'est la vérité, — c'est vrai au physique comme au moral, — et j'ajouterai à l'immoral ; — la civilisation a créé de nouveaux besoins ; et en même temps a laissé relativement stationnaires ou souvent diminués les moyens de les satisfaire.

Les privilégiés ont adopté des tourne-broches à sonnettes et à musique que l'on entend de la rue.

Leurs femmes, qui autrefois appelaient « bon goût » la prudence de ne se montrer sur la voie publique que modestement vêtues, — veulent traîner aujourd'hui la soie et le velours dans la fange des rues.

Personne ne songe à décrocher les étoiles ; — mais si elles descendaient se pendre comme des fruits aux rameaux des arbres, tout le monde en voudrait, — dût-on scier les arbres au pied.

Tous les jours on voit s'augmenter le nombre de ceux qui sont parvenus à la richesse, aux honneurs (?) — aux satisfactions du luxe et de la vanité; — non pas par un travail long et assidu, — mais par le jeu, par l'audace, par la mauvaise foi, — par la violence.

Prenez par exemple un avocat instruit, laborieux, honnête : — ce n'est qu'après trente ou quarante ans passés à balayer de sa robe la poussière du palais — et tantôt à « défendre la veuve et l'orphelin », tantôt à les attaquer, qu'il aura acquis une « honnête aisance » et deviendra bâtonnier de son ordre.

Mais supposez-le ignorant, vaniteux, paresseux, ami des plaisirs faciles, — n'ayant aucune chance de s'élever, par le talent et le travail, aux premiers rangs de sa profession, — parlant non au palais, mais dans les brasseries et dans les estaminets : il ne lui faut qu'un jour de désordre, d'émeute, de guerre civile, — où il aura soin de n'exposer que « la peau des autres » — pour être subitement puissant, riche, entouré, adulé, — adoré des lâches, des intrigants, — et des imbéciles.

Voilà où nous en sommes — en gros ; — nous arriverons ensuite aux détails.
Nous aurons à voir quelle est la situation réelle du paupérisme, ses principales causes,

Qui sont : — l'abandon de l'agriculture pour les industries des villes, moins fatigantes, plus rétribuées quoique irrégulièrement ; abandon qui livre l'homme des champs qui les quitte à des besoins nouveaux, — à des appétits factices, — à des conseils, à des exemples dangereux, — à des habitudes de désordre ;

Certains métiers embrassés au hasard et souvent au delà du travail possible ;

Les études universitaires, produisant chaque année — une levée, une armée de fruits secs ou d'aristocrates sans places, qui ne peuvent satisfaire leurs besoins acquis et souvent artificiels — que par le bouleversement et la guerre civile ;

La multiplication du signe de la richesse, hors de proportion avec la richesse réelle ; — l'agiotage qui en est la conséquence ;

Le commerce aventureux et frauduleux ;

L'industrie anarchique — le progrès des machines — la production au hasard ;

Le luxe bruyant et bête ;

Les métiers d'aiguille, de ciseaux, les métiers assis, lâchement accaparés par les hommes ;

Les impôts sur les matières premières qui font que les fabricants, pour soutenir une concurrence acharnée, — économisent

Frauduleusement sur la qualité des produits,

Ou cruellement sur le salaire des ouvriers ;

Les impôts sur les objets de première nécessité ;

L'ignorance — c'est-à-dire le défaut d'instruction et d'éducation ;

Le travail des enfants dans les manufactures ;

Les chemins de fer, cette immense révolution;

Les exemples funestes et fréquents de joueurs heureux, hardis, de filous qui gagnent au jeu des affaires, du commerce, de l'industrie, de la politique — et arrivent sans probité, sans travail, sans talent, à une fortune subite, facile et scandaleuse; à toutes les jouissances du luxe et de la vanité.

Toutes ces causes étudiées, examinées le plus brièvement possible, nous chercherons — quels sont les remèdes qui pourraient être appliqués à ces maladies dont quelques-unes paraissent mortelles.

Puis, s'il faut tendre à faire du *porter*, du *faro* et de l'*ale* pour tous — ou se mettre tous à boire de la petite bière — ou s'il faut faire une combinaison des deux projets.

V

J'ai assisté à trois révolutions — 1830, 1848, 1870 : entre les choses qui m'ont étonné, je dois signaler celle-ci, c'est le grand nombre de citoyens qui, ayant un moment occupé les fonctions publiques, peuvent ensuite vivre sans fortune connue et sans travail dans les estaminets jusqu'à la révolution suivante.

Mon étonnement s'accroît quand je me rappelle quelles difficultés ont surgi chaque fois pour moi de ces crises — et à combien de privations elles m'ont condamné.

Tandis que tel, honorablement pauvre avant les derniers événements, peut aujourd'hui louer des villas sous des orangers, et a le moyen de se brouiller avec un ami jusque-là nécessaire, avec lequel il passait pour tout partager.

La solde allouée par la Commune à l'émeute armée et permanente a érigé l'émeute en profession, ce qui doit, je crois, plaider pour l'amnistie en faveur d'un grand nombre de prisonniers.

On me racontait dernièrement qu'un neveu de Mazzini étudiait à Paris, je crois, dans une pension. Il se trouvait dans un groupe de camarades, où chacun parlait de la profession qu'il devait embrasser plus tard :

— Moi, disait l'un, je serai notaire ;

— Moi, médecin ;

— Moi, je succéderai à mon père dans son commerce ;

— Moi, dit le petit Mazzini, je serai conspirateur.

Voilà ci-contre, la société telle qu'elle a dû se faire d'elle-même dans l'origine par la loi inflexible de l'équilibre.

Voilà la société telle qu'elle peut subsister.

Il est nécessaire de remarquer, pour comprendre cette figure, que la situation plus ou moins élevée des degrés de la pyramide n'implique pas, pour les individus, une supériorité en proportion du degré sur lequel la caste de chacun se trouve.

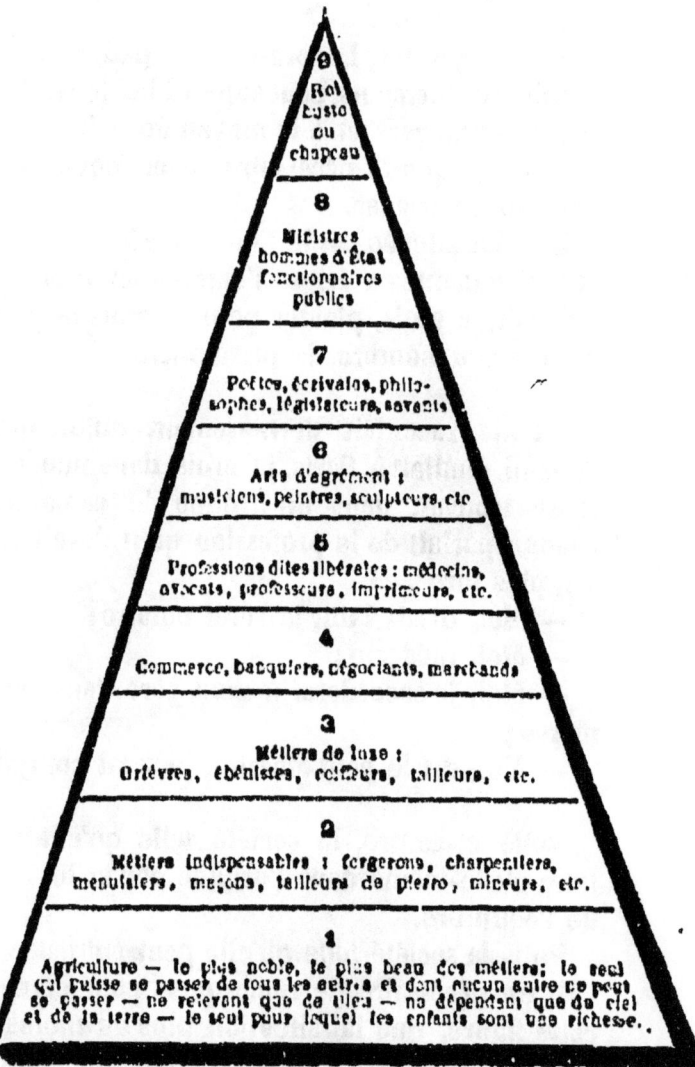

Un bon laboureur — socialement et logiquement parlant — est au moins l'égal d'un bon écrivain ; —

mais l'écrivain médiocre est bien loin d'être l'égal d'un bon laboureur.

Supposez une pyramide de pierres, — quelles sont celles que l'architecte habile réserverait pour la base ? Sans contredit, les plus fortes, les plus denses.

Supposez une maison ; — si, en Italie, l'*étage noble* — *piano nobile* — est le plus élevé, à cause du besoin d'air et de fraîcheur; à Paris, à Londres, à Pétersbourg, à Vienne, c'est le premier étage qui est le plus recherché et se loue le plus cher.

Les degrés de la pyramide n'indiquent donc pas des degrés de supériorité, mais des nécessités d'équilibre, — des degrés de densité; — une assise de pierres molles, légères et friables ne supporterait pas la pyramide; de même qu'une assise de poëtes, de musiciens, de grands seigneurs, de monarques ne soutiendrait pas la société; — ce sont donc ceux qui doivent être dans la société en moins grand nombre qui occupent les étages supérieurs, lesquels doivent être plus étroits et plus légers.

En effet, — supprimez le n° 9, la société peut s'arranger pour s'en passer.

Supprimez le n° 8, elle s'en passerait un peu plus difficilement; — elle pourrait être troublée, mais non détruite.

Supprimez le n° 7 — elle serait attristée, un peu sotte, — mais elle subsisterait, etc., etc., et ainsi de suite.

Mais supprimez le n° 1, et la pyramide entière croulerait à l'instant même.

Prenons une autre figure pour rendre ma pensée plus claire.

Ouvrons la *Cuisinière Bourgeoise* :

A chaque instant, pour une sauce, pour un ragoût, — vous voyez :

Il faut une *pincée* de sel ou de poivre, — *quelques grains* de girofle, — *un bouquet* de persil, — *une demi-feuille* de laurier, — *un filet* de vinaigre, — *deux gouttes* de...., — *un soupçon* de...., — *un zeste* de... etc., proportions calculées, étudiées, éprouvées, — tellement, que si on met, au lieu d'une pincée, une poignée ; un verre au lieu d'un filet ou de deux gouttes, votre sauce est gâtée, votre ragoût n'est pas mangeable.

S'il s'agit de riz au lait que vous voulez parfumer à l'amande, et que, au lieu d'une demi-feuille de laurier-cerise qui lui donnerait un goût très-agréable, vous en mettiez quatre ou cinq feuilles, — vous empoisonnez vos convives.

Revenons à la pyramide.

L'homme naît laboureur, agriculteur, pêcheur, chasseur, etc.; un petit nombre seulement, — soit par une faiblesse de complexion, soit par une aptitude très-décidée à une autre chose — doivent exceptionnellement s'adonner à d'autres professions.

Car, au point de vue de la première nécessité, de l'alimentation, ils consomment sans produire.

La tendance de la vraie politique, celle des vrais gouvernements, devrait donc être de ne pas laisser se rétrécir la base de la société, — de ne pas laisser se trop modifier la proportion entre la production et la consommation, de retenir le plus possible le laboureur aux champs. — Pour le retenir aux champs, il faut que sa condition s'améliore au moins autant que celle des autres classes.

Il faut qu'il trouve dans sa profession la protection, la liberté et la satisfaction de tous les appétits humains, — la richesse, fruit du travail, la considération, les honneurs, etc.

De temps en temps, le gouvernement ou ses organes font entendre quelques phrases plates, convenues — sur l'agriculture; — ces phrases sont répétées par les candidats à la députation.

Je m'en rappelle un exemple.

Sous l'empire un certain M. Dumas — de l'Institut, je crois, — sénateur, j'en suis certain, — ministre de je ne sais plus quel ministère, présidait un concours agricole.

Il crut devoir faire un discours.

Ça commençait ainsi :

« Bons paysans,
» Votre profession, si elle n'a pas l'éclat de
» celle des armes, etc.

Et puis ça continuait comme ça pendant une demi-heure.

J'entrai, à ce sujet, dans une des cinq ou six grandes colères que je me souviens d'avoir eues, et me jetai sur le premier bout de papier blanc que je trouvai, et je l'envoyai ensuite au premier journal hospitalier qui se présenta et je me régalai de houspiller le ministre sénateur.

« Avec un peu de tact, un peu de science politique, un peu de bon sens, lui criai-je, ce que vous auriez dû dire, c'est précisément le contraire de ce que vous avez dit », etc.

Les gouvernements — dis-je — et les candidats à n'importe quoi, font quelques phrases, toujours les mêmes, à propos de l'agriculture, et puis c'est fini. Il n'y a donc pas à s'occuper de ce qu'on dit ; — voyons ce qu'on fait : remarquons, d'abord, que dans l'argot politique on appelle *grands ministères* les affaires étrangères — c'est celui qui prête le plus à la piaffe ; il est réservé au chef du cabinet ; — l'intérieur, les finances, et la guerre ; tandis que l'agriculture, l'instruction publique, la justice et le commerce sont des *petits ministères* que l'on confie aux doublures, aux confidents de théâtres : bien plus, à chacun de ces ministres de dernière classe, on donne généralement deux de ces petits ministères, le commerce et l'agriculture, l'instruction et les cultes, etc.

Je défie qu'on trouve une autre hiérarchie, une autre combinaison aussi absurde, aussi à l'envers du bon sens.

On pousse toutes les villes à s'agrandir, à s'embellir ; en s'agrandissant, elles étendent la zone corrompue et pestiférée qui règne autour de toute ville, zone dans laquelle le cultivateur, s'apercevant que le plus rude travail ne le conduit qu'à vivre assez mal, et que toutes les professions urbaines, presque toutes moins fatigantes, sont toutes mieux rétribuées — n'a plus qu'un désir, quitter les champs pour la ville.

Et, d'ailleurs, ces constructions, ces embellissements exigent plus d'ouvriers en tous genres, — on les enlève aux champs; alors les garçons se font charretiers, maçons, etc., les filles servantes, couturières, blanchisseuses, etc., pour commencer. Chaque homme qui quitte les champs pour la ville est un producteur de moins — et devient non pas un consommateur de plus, — mais deux ou trois consommateurs, car il consomme deux ou trois fois ce qu'il consommait étant paysan, il a de nouveaux besoins, de nouveaux désirs, de nouveaux appétits, de nouvelles tentations; — il prend de nouvelles habitudes — je ne parle que « pour mémoire », comme disent les notaires et les avoués, de l'influence sur les mœurs.

Les armées permanentes contribuent encore à désaffectionner l'homme de la terre — la vraie mère, la vraie nourrice; — il prend, étant soldat, des habitudes qu'il ne peut plus satisfaire que dans les villes.

Ceux qui sont restés aux champs, quand leurs parents devenus citadins daignent encore aller les voir quelquefois — soit au temps des vendanges — soit surtout pour exciter leur admiration et leur envie, ceux qui sont restés voient ceux qui sont partis revenir avec de plus riches vêtements, plus d'assurance, un autre langage, d'autres manières.

Ceux-ci leur parlent avec dédain, — les meilleurs avec commisération.

Les garçons ont l'air de « messieurs », les filles, « on dirait quasiment des dames. »

Les garçons ne veulent pas épouser une paysanne; quant aux filles, Dieu sait....

Non, — je crois que le diable sait mieux que Dieu jusqu'où vont leurs rêves.

Ils s'en retournent, — ils laissent la famille triste, préoccupée, soucieuse; — on ne se parle pas, parce que chacun se livre à part soi à ses regrets, à ses désirs, à ses projets.

Ni la fortune, ni la considération, ni les honneurs, ni les plaisirs bruyants ne viendront les chercher aux champs.

Quelquefois, — on apprend qu'à la suite d'un concours régional ou agricole, on a décoré un exposant, un membre d'une société d'agriculture, d'horticulture, etc.; mais soyez sûr que c'est un « Monsieur » — qui a demandé à l'agriculture un prétexte pour parler, pérorer, avoir un titre — comme il l'aurait demandé à toute autre carrière; un faux agriculteur, « un paysan pour de rire, » un laboureur en chambre.

Le paysan regarde autour de lui — il cherche si parmi ses enfants il y en a un plus intelligent, plus hardi — il privera toute la famille pour le faire sortir de sa classe — il diminuera la ration déjà exiguë pour le mettre à l'école — non pas pour qu'il sache lire, écrire et compter — non pour qu'il obtienne cette instruction primaire sans laquelle on est un infirme — et qui devrait être depuis si longtemps gratuite et obligatoire.

Non pour qu'il lise et apprenne et devienne savant en agriculture,

Non, non — son but est tout autre — il veut qu'il soit ou curé ou huissier (à la campagne, on aspire l'H de Huissier — on dit Monsieur le Huissier).

Ah! si l'on pouvait obtenir aussi qu'une des filles entrât servante au château de Monsieur tel — ou chez le notaire, ou l'avocat — ou ce riche marchand de la ville !

Avez-vous vu comme Babet est brave — comme elle veut qu'on l'appelle maintenant Élisabeth — comme elle a montré et des pendants d'oreilles, et une bague, et une chaîne ? — Il paraît qu'on est joliment payé à la ville, puis....., les cadeaux !

Le premier fils, le plus intelligent, sera donc curé ou huissier; un autre va apprendre un métier, s'il est heureux, il deviendra commis en nouveautés, un troisième est déjà soldat — le moins doué, le moins ingénieux, le moins vif restera auprès du père pour l'aider et lui succéder dans son état, parce que c'est un « propre à rien »; Toi, tu es trop bête, tu resteras avec moi, tu seras paysan. La fille qui restera pour aider la mère sera la moins jolie, la moins adroite — une est déjà servante — l'autre sera couturière du moins pour commencer, et, si par hasard, leur maître ou leur maîtresse leur donne un ordre dont l'exécution exige de la force, elles demanderont si on les « prend pour des paysannes »; elles seront convaincues qu'elles se sont élevées — les malheureuses!

Mais est-ce leur faute ? Qui relève leur profession à leurs propres yeux ?

.... du beau nom de paysan,
Dans les villes de boue on a fait une injure.

Et le curé, croyez-vous qu'il relèvera leur profession à leurs yeux? Non, il leur parle de l'Immaculée-Conception, de Notre-Dame de la Salette.

Et voyez même ceux qui sembleraient devoir prendre les intérêts des paysans,

Les soi-disant républicains — de temps en temps ils prononcent le nom de l'agriculture, de l'agriculteur, mais pour produire un certain effet dans une phrase.

Voyez ceux qui se prétendent les plus avancés — les communistes, les socialistes, ils ne demandent, ils ne veulent conquérir et prendre que pour « la classe ouvrière »; mais examinez bien leurs discours et leurs actes — vous verrez qu'ils n'entendent, par la classe ouvrière, que les ouvriers des villes et qu'ils ne pensent pas du tout aux paysans et ne les comptent pas; dernièrement, n'a-t-on pas inventé comme terme injurieux, le mot de *rural* et de *ruraux*; et qui a donné cette acception à ce mot? — les républicains qui se disent les plus républicains. Il contestent aux ruraux le droit de voter,

Et cela sous prétexte de leur ignorance.

Et vous, vous croyez donc ne pas être ignorants? Ah! mille fois plutôt l'ignorance que la bibliothèque d'idées fausses et de phrases creuses que vous avez dans la tête!

Le peuple, ça devrait être toute la nation, en commençant par les paysans.

Non, le peuple — c'est un nom de parti, c'est le nom d'une des chances sur lesquelles on joue —

rouge, noir, pair ou impair, manque et passe et peuple.

Étonnez-vous donc alors que l'on abandonne l'agriculture et que la base diminue en largeur, en profondeur et en solidité !

Que du n° 1 — on grimpe, selon son intelligence, sa hardiesse, ses chances, sa paresse, son ambition, ses vices.

Aux autres assises de la pyramide — que l'on aspire à se jucher aux professions les moins fatigantes, les moins pénibles, les mieux rétribuées, — les plus fécondes en chances périlleuses, mais brillantes.

Mais naturellement il ne tarde pas à arriver que ces assises, ces classes se trouvent encombrées ; — il y a bientôt plus de maçons que de bâtisses, plus de servantes que de conditions, plus de couturières et de modistes qu'il n'y a d'ouvrage à coudre — aucun ne retournera aux champs.

Vous aurez également plus d'avocats que de causes, plus de médecins que de malades.

Mais il y a pis : — un grand nombre, grâce aux privations de la famille, se sont mis en route pour ces fameuses professions libérales ; — ils ont fini « leurs études, » il faut maintenant « faire son droit » ou suivre les cours de médecine.

C'est long, c'est cher — et puis il y a tant d'occasions, tant de tentations, de flânerie, de distractions ! — il y a aussi le défaut de capacité, d'aptitude ; beaucoup n'arrivent pas jusqu'au dernier examen ; ils renoncent par lassitude, par découragement, par manque d'argent.

On a vu des bacheliers commissionnaires décrotteurs et chiffonniers ; croyez-vous qu'ils retourneront à la charrue ou à l'atelier ?

Non, les filles et les garçons ne quitteront plus le chapeau — elles sont demoiselles, — ils sont « messieurs », ils sont Parisiens ou du moins citadins à perpétuité; les garçons vivent dans les estaminets de demi-tasses et de petits verres qu'ils tâchent de gagner au billard ou aux dominos, tout en causant politique; quant aux filles, elles ont leur beauté et la jeunesse à vendre, et tous les jours s'augmente, dans une proportion dont on ne s'effraie pas assez, le nombre des gens qui entrent dans une société où il n'y a pas de place pour eux; des gens qui ont faim et qui ne peuvent gagner leur vie, parce que leur vie est chère — parce que leur pain quotidien coûte six ou huit francs la livre, alors ce n'est plus à Dieu qu'il faut dire: « Donnez-nous aujourd'hui etc., » c'est au diable qu'il faut le demander et qu'on le demande.

C'est toute une nation de gens qui ont fait des rêves splendides, qui ont de violants et variés appétits, de nombreux et exigeants besoins qu'ils ne peuvent réaliser et satisfaire qu'en troublant tout par le vol ou la violence; pour vivre, il leur faut être en haut — et comme ils sont tout en bas — ils ne peuvent espérer et tenter qu'une chose — bouleverser la société et la mettre sens dessus dessous — comme une omelette qu'on retourne dans la poêle.

De cette tendance qui va tous les jours s'aggravant, il résulte nécessairement que la société normale, logique, possible, représentée tout à l'heure par une pyramide régulière, solide, avec une base large, massive, équilibrée, a aujourd'hui la forme et la situation peu rassurantes que voici :

9
Rois, etc., prétendants, jouant sur le passé, sur l'avenir, les révolutions, l'engouement, le hasard, les trahisons, les malheurs du pays. Les prêts à tout, les fruits secs des professions dites libérales, les avocats qui jouent aux dominos au café de Madrid.

8
Ministres et fonctionnaires en exercice — les échelons, les complices et les ennemis d'iceux, ceux qui veulent arriver aux places, ceux qui veulent y revenir, certains généraux de plume et d'écritoire, certains fruits secs des professions dites libérales — les décavés, les déclassés — tous ceux qui, partis pour être avocats, médecins, etc., sont restés à moitié chemin — la bohême littéraire et politique.

7
Poètes, écrivains, versificateurs — perruquiers-poètes, etc. — journalistes avec ou sans honnêteté, avec ou sans talents, savants et pseudo-savants, philosophes de papier, agronomes en chambre — femmes compromises, qui entrent, non plus en religion, mais en feuilleton.

6
Arts d'agrément : — musiciens, peintres, sculpteurs, photographes, plagiaires, faiseurs de pencils, pasticheurs, etc.

5
Professions dites libérales : médecins, avocats, professeurs, chimistes, etc. et en général tous ceux qui peuvent grimper et se jucher sur cette assise.

4
Commerce et industrie.

3
Métiers de luxe : orfèvres, couturiers, tailleurs, coiffeurs, etc.

2
Métiers indispensables forgerons, charpentiers, maçons, etc.

1
Agriculture, ceux qui n'ont pu en sortir.

Je le répète, voilà où nous en sommes, — et il n'y a pas beaucoup de raisons pour que cela finisse.

Parce que les hommes lancés les uns contre les autres, au nom parfois de vrais besoins et de vrais droits, mais presque toujours (faut-il laisser presque ?) au bénéfice de quelques ambitieux et de quelques intrigants, n'ont jamais cette idée raisonnée qu'un philosophe racontait être venue à deux vieilles femmes qui se querellaient devant la cheminée :

— Tais-toi, disait l'une, ou je te jette mon pot à la tête !

— Et qu'est-ce qu'il y a dans ton pot, dit l'autre ?

— Il y a du lard et des choux, dit la première.

— Nous ferions mieux de manger ensemble le lard et les choux, dit la seconde.

— Tu as raison, dit la première.

VII

De tout temps, les politiques, les prêtres, les savants et les voleurs ont tenu à avoir une langue mystérieuse, langue sacrée, argot, latin et grec de cuisine.

J'ai voulu apprendre et comprendre la langue sacrée, l'argot de la finance, en ce qui regarde les impôts, — j'ai lu, j'ai compulsé, j'ai interrogé.

J'en suis revenu avec la conviction que cette science (?) a été créée de pièces et de morceaux — comme ces habitations de paysans, auxquelles on adosse et ajoute successivement et l'écurie à droite, et l'étable à gauche, et le toit à porc derrière — et la cabane des lapins sur un angle, et le poulailler sur un autre. — C'est-à-dire que les lois d'impôts, de taxes, de contributions ont été des expédients imaginés d'abord pour parer à des besoins éventuels, lesquels besoins sont devenus, d'*aigus* qu'ils étaient d'abord, *périodiques* et *chroniques* et ont fait passer l'expédient à l'état d'institution et de nécessité.

Il n'y a pas à y chercher un monument appartenant à un ordre quelconque d'architecture, ni une science ; la seule condition de ces impôts qui. leur donne de l'unité, c'est qu'on peut répondre pour tous ce que répondait un contrôleur de finances à qui on disait : Mais c'est nous prendre l'argent dans la poche. — Eh, dit-il, où voulez-vous que je le prenne ?

Cette fameuse science, ça n'est pas plus malin que le procédé de quelqu'un qui, à court de combustibles pour la cuisine, et ayant brûlé d'abord le bois coupé et destiné à cet usage, cherche autour de lui et brûle d'abord des planches hors de service, puis de vieilles chaises, puis des chaises neuves, etc,

C'est ainsi qu'en fait de finances et d'impôts, on arrive à créer, sous Louis XIV, les « contrôleurs des perruques, » et sous Louis XV à rencontrer, en chassant dans la forêt de Sénard, un paysan qui porte une bière : — Où portes-tu cela, mon ami ? — Au village, Monsieur. — Pour qui ? — Pour Jean-

Pierre qui est mort. — Et de quoi est-il mort? — Il est mort de faim, Monsieur...

Une preuve incontestable, selon moi, de l'état absurde et sauvage de la façon dont sont perçus les revenus de l'État, c'est que le ministère des finances occupe 70,000 employés et que cette perception coûte 200 millions par an, — cause de la division, de la multiplicité et de la diversité des objets imposés.

C'est le même procédé que celui des sauvages mohicans et hurons qui coupent un palmier par le pied pour en récolter le fruit, ou tuent un bison pour manger une partie de la bosse qu'il a sur le dos.

Encore un peu plus et ce moyen de se procurer de l'argent rappelle celui des alchimistes qui fabriquaient de l'or à cent francs le louis d'or.

VII

Il faut placer avant tout, dans la question des impôts, un principe ou plutôt un axiome de raisonnement et d'humanité.

L'impôt ne doit commencer qu'au-dessus des objets de première nécessité, c'est-à-dire de la subsistance rigoureusement nécessaire pour que ceux qui le payent, ne meurent pas de faim.

Au-dessous, il y a tyrannie et inhumanité criminelle, et de plus, inégalité choquante.

C'est le rôle de ce qu'on appelle les impôts indirects.

D'autre part, le but de tout gouvernement et de

la science politique doit être de rendre la vie plus facile, plus douce, plus assurée avec un travail proportionné à la force de l'homme.

Les impôts indirects, frappant les objets de première nécessité, rendent la vie de chaque jour plus difficile à conquérir et le sujet d'un combat perpétuel.

De plus, ils établissent entre le riche et le pauvre une égalité de dépenses sous certains rapports qui ne serait légitime que s'il y avait égalité de recettes et qui constitue une déplorable inégalité.

Il importe peu à un homme riche que le pain coûte un sou de plus, que la viande renchérisse de 10 centimes, — que le petit vin pur qui se vend trois sous chez le vigneron provençal, soit payé huit et dix sous, mélangé d'eau et de drogues malsaines, chez le marchand de vin.

L'homme riche, pour subvenir à cette cherté, n'aura jamais qu'à diminuer quelques petites choses sur ses caprices — peut-être même sur ses aumônes.

Mais le pauvre, lui, doit diminuer quelques bouchées du pain difficilement gagné et parcimonieusement distribué à sa famille.

Ajoutons que les taxes encouragent la fraude de la part des marchands.

VIII

J'ai publié autrefois un travail tristement curieux, j'ai comparé les prix des diverses denrées les plus usuelles, les plus indispensables, payées par le riche qui achète en gros et paie comptant, aux prix des mêmes denrées achetées par le pauvre en détail et à crédit.

J'ai dû ajouter que ce dernier est sans cesse trompé sur la qualité et sur la quantité, parce qu'il est à la merci de celui qui fait crédit.

Pour ne citer qu'un exemple : A cette époque, le sac de charbon qui, acheté d'un seul coup par le bourgeois aisé, lui coûtait 7 francs,

Revenait à l'ouvrier, qui l'achetait en détail et par deux et quatre sous à la fois — même en payant chaque fois, à la somme de 20 et quelques francs.

Ajoutons encore que s'il ne paie qu'au bout de la semaine et du mois, — il aura de mauvais charbon, et ne recevant pas la mesure exacte, il le paiera encore plus cher.

Je terminais cette revue comparative par ces mots grotesquement tristes — mais tristement vrais :

Il n'y a pas beaucoup de riches qui auraient le moyen d'être pauvres

Et notons qu'à Paris, en 1866, il y avait cent cinq mille cent dix-neuf individus indigents, pauvres inscrits et assistés,—c'est-à-dire un sur dix-sept habitants. Sans parler des pauvres honteux, les plus pauvres de tous, ceux qui cachent leur misère avec plus de soin que les mendiants n'en apportent à mettre la leur en vue et en valeur, ceux dont l'habit éploré mais propre et décent, est payé de bouchées du pain épargnées.

On en est venu aujourd'hui à discuter l'impôt sur le revenu, et cet impôt rencontre une opposition acharnée ; — il ne lui manque cependant, pour être tout à fait juste, raisonnable et productif, que d'être l'impôt unique remplaçant tous les autres avec une immense économie dans la perception, avec une vraie égalité dans la répartition — c'est-à-dire supporté par chacun, non à poids égal pour tous, mais en proportion des forces de chacun.

Je remettrai l'or et l'argent à leur place, et j'établirai que la rente que l'on veut préserver est précisément ce qu'il faudrait atteindre ; — je ne veux donner que peu à la fois à mes lecteurs de ces questions sérieuses — mais qu'il est temps d'examiner une bonne fois à la lumière du bon sens. C'est, du reste, beaucoup moins ennuyeux qu'on pourrait le croire, surtout quand un ami en a ôté la coque et le brou — comme des noix qu'on sert écalées et cassées.

Aujourd'hui, je me borne à énoncer une proposition — sans la développer autrement :

Tous les impôts, taxes, protections, etc., sont supprimés.

Il n'y a plus qu'un seul impôt.

Cet impôt unique est sur le revenu.

Il se paiera par un nombre égal pour tous, de journées de travail ou de revenu, le travail étant le revenu de la plus grande partie de la population.

Ainsi, si l'Assemblée fixe pour une année ou un certain nombre d'années la quote-part de chaque

Français à vingt-cinq ou cinquante journées—(chiffre que j'émets arbitrairement).

L'ouvrier qui gagne trois francs par jour, aura à payer soixante-quinze francs — ou cent cinquante francs.

Le négociant, le rentier ou le propriétaire, qui a cent mille francs de revenu, paiera un nombre égal de journées — c'est-à-dire — vingt-cinq ou cinquante fois deux cent cinquante francs.

Au-dessous d'un revenu de 1200 francs on ne paierait rien.

Allons au-devant de quelques objections — car l'application de ce système présentera des difficultés : — croyez-vous que le système actuel n'en présente pas et n'en présentait pas surtout dans les commencements?

Il est des professions plus ou moins aléatoires, donnant des revenus qui, d'une année à l'autre, d'un jour à l'autre, peuvent varier beaucoup en plus ou en moins.

Comment s'assurer de la véracité des déclarations?

A la première objection, je réponds que le revenu accusé et la quote-part payée, le seraient sur l'année précédente.

A la seconde, qu'on éprouve aujourd'hui les mêmes difficultés et la même crainte de fraude sur les impôts de vente et de locations, dont le prix réel est le plus souvent dissimulé — ainsi que sur beaucoup d'autres impôts actuels.

Mais j'ajouterai qu'il serait peut-être bon, en fait

de réforme, de ramener l'habitude en France de faire entrer l'honneur dans nos affaires et dans nos relations.

On ferait affirmer sur l'honneur et par écrit la véracité des déclarations, et en cas de fraude, la publicité du *Journal Officiel* et des affiches reproduiraient l'affirmation sur l'honneur et le mensonge du délinquant.

Il faudrait peut-être — hélas! je le crois — ajouter quelque autre pénalité, telles qu'une amende et la privation temporaire de certains droits.

En attendant qu'on ait fait entrer dans les esprits, dans les mœurs et dans la vraie morale, que les impôts sont légitimes et nécessaires; qu'à ceux qui les paient ils apportent par l'association et par une bonne direction, des avantages qu'ils ne pourraient obtenir individuellement, même au prix d'une somme cent fois plus forte que ce qu'ils paient.

Mais avant d'en arriver là, il faut pouvoir prouver : 1° que la charge des impôts est également ou plutôt équitablement répartie sur tous; 2° que rien n'est ni perdu, ni détourné, ni gaspillé; 3° que les dépenses sont faites dans l'intérêt de tous.

Et pour prouver cela il faut commencer par le rendre vrai.

Alors les impôts ne seraient plus ou ne paraîtraient plus une redevance imposée par un maître, un tribut payé par des serfs à un seigneur qui s'en sert à son gré, mais un pique-nique — une cagnotte — une association — une assurance mutuelle.

Chacun payant sa part en proportion de ses forces et des bénéfices qu'il retire de l'association.

Tromper sur son revenu, ne serait plus cette fraude réputée jusqu'ici innocente — par laquelle tromper un gouvernement, qui semble prendre arbitrairement dans nos poches, n'est qu'un péché véniel qui se traduit populairement par « voler le gouvernement, ça n'est pas voler ».

On saurait qu'en ne payant pas sa part, on ne vole plus un maître, mais des associés.

Pour cela, il faudrait que les impôts, c'est-à-dire l'impôt unique, la somme à demander, la façon de le percevoir et de le dépenser fussent réglés par des représentants qui ne seraient ni ignorants, ni paresseux, ni corrompus; qui mettraient tous leurs soins à ne permettre ni les vols, ni les abus, ni les gaspillages, ni les dépenses de vanité; — à réduire au nécessaire les appointements des fonctionnaires, qui n'ont pas besoin d'être plus riches que les autres citoyens.

Mais pour cela, il faudrait en venir à nommer pour nous représenter, exclusivement des hommes intelligents, honnêtes, laborieux, dévoués, qu'on connaîtrait depuis longtemps, qu'on aurait étudiés, — et il faudrait repousser résolûment les candidatures des bavards, des intrigants et des charlatans.

Ah! certes, il y a beaucoup à faire, et malheureusement les réformes c'est un mot, un boniment d'arracheur de dents, une amorce, — une arme de guerre, — mais les réformes, qui en veut réellement ?

Il nous manque des hommes à vues élevées, à sentiments d'abnégation, — décidés à attaquer les abus non plus pour les conquérir, mais pour les détruire, — tandis que nous n'avons que des rafistoleurs, des raccommodeurs de fayence, qui recollent les assiettes qu'ils ont cassées, pour y manger eux-mêmes le *fricot* de ceux auxquels ils ont fait violemment quitter la table au milieu du repas.

IX

Que veut dire « révolution et république sociales », pour presque tous ceux qui la demandent et pour presque tous ceux qui la repoussent, — pour ceux qui affrontent, en son nom, la prison et la mort, — et pour ceux qui aiment mieux mourir que de la laisser s'installer ?

Pour les uns comme pour les autres, république sociale, ou familièrement « la sociale et le communisme, » — c'est simplement un comparatif ou un superlatif de république, — *republicanus, republicanior, republicanissimus*, — républicain, social, communiste, — comparatifs et superlatifs créés par la vanité de ceux qui la demandent et par la peur de ceux qui la refusent. — C'est comme, en style de déportation, Afrique moins et Afrique plus, — et dans le peuple, — républicain de troisième, de deuxième et de première classe.

Une révolution sociale est une révolution qui, trouvant la société mal assise, a pour but et pour résultat d'en changer ou au moins d'en modifier les bases; — il faut arriver avec des théories étudiées, des plans conçus, — ce n'est ni dans les cabarets, ni dans les brasseries, — ajoutons ni dans les bureaux de rédaction des journaux — qu'on fait ces études-là, — et je voudrais savoir combien d'entre les meneurs du peuple ont à ce sujet des idées suffisamment élaborées et digérées.

Quelques-uns, comme Maître Gambetta, qui au moins, avoue son ignorance, nient le socialisme ; — d'autres, comme Louis Blanc, prennent un dada, — comme « le droit au travail » et brodent dessus des phrases qui nous ont coûté cher en 1848 ; — je ne sais que M. Rochefort qui, au moment de son élection à Paris, ait eu l'audace d'annoncer qu'en un quart d'heure, une fois député, il résoudrait les questions sociales. — La vérité est qu'il n'y avait jamais pensé de sa vie, — et qu'il répondait à cette question d'un électeur qui n'en savait pas plus que lui, — comme ce juge qui, réveillé en sursaut à l'audience, s'écrie : Qu'on le guillotine!

— Mais il s'agit d'un pré.
— Alors qu'on le fauche!

La révolution de 89-92 était une révolution sociale, elle était faite contre des abus monstrueux, des priviléges de castes, des tyrannies réelles; — elle a renversé en grande partie ce qu'elle attaquait; — mais les vainqueurs se sont transformés en héritiers et en successeurs, — les abus n'ont pas été tués, mais conquis, et si la révolution de 89 semble avoir fini, c'est qu'elle a continué sa marche sous terre, comme le Rhône.

Les moments d'apaisement et de disparition ont été des phases, tout au plus des entr'actes, pendant lesquels les machinistes derrière la toile posaient les décors de l'acte suivant.

La révolution a réussi quatre fois comme bataille ; mais à quoi ça sert-il ? elle est toujours à refaire comme problème :

Trouver un état social qui permette à tous ou au moins au plus grand nombre de vivre en paix et en liberté avec le moins de peine et le moins de travail possible.

Ces batailles livrées tantôt pour atteindre ce but, — tantôt et le plus souvent sous prétexte d'atteindre ce but, — ont satisfait l'ambition, la vanité et l'avidité de beaucoup de gens, et surexcité l'ambition, la vanité et l'avidité d'un plus grand nombre ; — elles ont remplacé le travail par le jeu — la persévérance par le sort.

Tel est arrivé en quelques heures aux sommets de la fortune et de la puissance, qui, dans le cours ordinaire des choses, et, sans révolution, eût usé une vie laborieuse à végéter dans les derniers rangs de la société — ou se serait tout au plus élevé, à force de travail, d'études, de persévérance, à une situation médiocre et moyenne.

De même que l'ancienne loterie, quand une vieille

femme gagnait un « ambe », avait soin d'envoyer sous ses fenêtres une troupe de musiciens, armés de trombones, de trompettes, de clarinettes, etc., qui réveillaient tout le quartier et faisaient que toutes les voisines de l'heureuse gagnante, soit en privant leurs maris et leurs enfants, soit en faisant danser l'anse du panier, selon leur condition, reportaient aux bureaux de loterie cent fois la valeur de l'ambe gagné.

On proclame et on répète les noms de ceux qui ont gagné un lot — et on ne parle pas assez de tous les fruits secs, de tous les décavés, de tous les déclassés qui attendent dans les brasseries, les cafés, les cabarets et les « carrières d'Amérique » — un bouleversement qui leur donne quelque chance de monter à la surface.

Les révolutions qui ne sont pas sociales — ne font que remplacer les titulaires des abus, les possesseurs des places et de l'argent par de nouveaux titulaires et de nouveaux possesseurs; — loin de produire aucun bien à la nation, loin d'avancer d'un pas la solution du problème social — elles ruinent le pays et reculent indéfiniment le progrès.

Ce sont des émeutes au bénéfice de tels ou tels et rien de plus.

Quant aux révolutions sociales, les seules qui aient le sens commun, ce n'est pas par la force, par la violence, par l'émeute, par l'intrigue, par les bouleversements qu'elles peuvent se faire.

C'est par l'étude, par le travail, par l'application

assidue des esprits à la recherche de la vérité et des moyens d'y parvenir.

Les ambitieux, les intrigants, les avides ne savent que le nom des réformes qu'ils n'ont jamais étudiées.

Les plus forts sont ceux qui peuvent écrire ces noms sur un drapeau rouge sans trop de fautes d'orthographe ;

Et, à coup sûr, si jamais la révolution-problème doit être résolue — ce n'est pas par les avocats, orateurs de balcon, ni par cette variété de l'avocat, la variété écrivante, qui délaie dans les journaux des phrases creuses sur des questions nullement étudiées. Je sais, dans une vie retirée et solitaire, quelle immense lecture et quelles longues heures passées à digérer cette lecture il m'a fallu pour arriver à savoir le très très-peu que je sais — et à voir des lueurs.

X

Qu'a-t-on gagné jusqu'ici ? quelle est la situation réelle du pays ?

En haut, un luxe insolent, mêlé d'inquiétude, d'insomnies, de terreurs.

Au milieu, de la gêne, des désirs violents, de l'envie, de l'anxiété.

En bas, des besoins nouveaux, la faim, la haine.

La féodalité, l'aristocratie ne sont pas détruites ; —elles sont remplacées ou transformées : l'agiotage, le capital, certaines industries, certains commerces — mal réglés, mal équilibrés — ont ressaisi tous les prétendus droits qu'on croyait avoir abolis — certaines cheminées d'usines, et mieux encore, certains porte-feuilles, se sont élevés, comme autrefois les tours et les donjons — ce n'est plus le seigneur, c'est l'argent qui exerce aujourd'hui, dans de bien autres proportions qu'autrefois, le droit de jambage sur les innombrables vassales que le luxe et la misère jettent sur le trottoir.

Et cependant il est une révolution, une révolution sociale qu'il faut faire, une révolution qui seule arrêtera la série d'émeutes successives et de guerre civile dont se compose notre histoire depuis trop longtemps — celle qui permettra à tous les habitants d'un pays de vivre en travaillant, mais celle-là, je le répète, ce n'est pas en combattant pour donner à Pierre la place et les appointements de Paul, qu'on y arrivera — c'est en engageant tous les bons cœurs et tous les bons esprits à chercher la solution du problème.

Et pour cela — il faut commencer par établir un gouvernement stable et logique ; — faire le calme et le silence pour qu'on puisse penser, — dessécher le marais pour qu'on puisse bâtir.

Les monarchies ont fini leur temps — s'il s'en élève encore en France — ce sera un accident qui ne tardera pas à nous rejeter dans les troubles et les batailles ; — la république seule, à cause de son élasticité, qui lui permet d'admettre, sans révolution, les modifications, les changements, les essais même, nous donne des chances de paix durable et nous permettra de marcher à la recherche et à la conquête des progrès sérieux.

Il faut d'abord modifier le suffrage — supprimer le scrutin de liste — établir le vote à deux degrés à la commune.

Le citoyen qui choisit dans sa commune, pour le représenter au chef-lieu, un de ses concitoyens qu'il connaît depuis son enfance, dont il sait la vie publique et la petite vie — celui-là fait un choix sérieux, logique, éclairé — digne d'un homme libre et d'un homme sensé.

Celui qui vote telle ou telle liste pleine de noms qu'il ne connaît pas — vote comme un imbécile; — comme un mouton dans un troupeau — qui saute là où le bélier a sauté; — aussi bien à l'abattoir que dans les champs herbus.

Le premier vote — ou mène l'autre voter.

Le paysan, l'ouvrier — fût-il moins ignorant qu'il ne l'est en France — n'a pas le loisir d'étudier les questions politiques; — surtout embrouillées comme elles sont à dessein aujourd'hui.

Il ne peut discerner les qualités nécessaires à un bon député; il ne peut surtout savoir si celui qui, récitant son « boniment », — inscrit ces qualités sur le tableau qu'il frappe de sa baguette, — les possède en réalité au dedans de sa baraque.

Au moment où la foire à la députation s'ouvre, le bruit de la musique et des pitres et des paillasses l'assourdit; il lit, il entend crier : — C'est ici que l'on voit le vrai républicain, le vrai ami du peuple; — venez voir ce phénomène — entrrrez — *prrrenez* vos billets, nommez-moi; — vous serez riches; — il n'y aura plus d'impôts; — vous serez tous décorés; — le soleil mûrira régulièrement les moissons que la pluie aura gonflées; — les harengs et les sardines rompront vos filets; — vous aurez des places, de l'argent, des honneurs, etc. — entrrrez ! — nommez-moi !

Il ne pense pas à se dire : — Mais, ce phénomène a dépensé bien de l'argent pour établir sa baraque et peindre son enseigne; — pour payer la musique, et le pitre et le paillasse qui font la parade devant la porte; — mais il n'est pas des nôtres, — il n'est pas de notre pays; — personne d'ici ne connaît ni lui ni son père; — pourquoi dépense-t-il tant d'argent pour se dévouer à nos intérêts? — nous ne sommes ni ses parents ni ses amis.

En général, quand on achète quelque chose en gros, c'est pour le revendre en détail.

Mais le paysan et l'ouvrier n'a qu'à regarder autour de lui, — il saura bien à qui il ira sans honte et avec confiance demander du secours s'il est besogneux, de l'appui s'il est opprimé, un conseil s'il est embarrassé.

Il se dira :—Ah ! un tel — son grand-père était laborieux et bon; — son père était juste et intelligent, — il est, lui, juste, intelligent et secourable, — il a étudié — il étudie encore, il est assez riche pour avoir du loisir, — s'il ne l'est pas, aidons-le soit en cultivant son champ pendant son absence, — soit en lui offrant quelques écus de nos économies pour son voyage ; — envoyons-le au chef-lieu — nous représenter et voter pour nous ; — il sait nos besoins, — il nous aime, — il ne se laissera pas attraper, — il ne se joindra pas à ceux qui veulent nous attraper ; n'attendons pas qu'il se présente à nous ; — d'ailleurs, comme le service qu'il nous rendra ne lui rapportera ni places, ni honneurs, ni argent, — c'est une corvée, un travail du moins, un grand dérangement, et c'est à nous à le prier.

Il ne vient pas au café, — ni au cabaret, — nous faire des discours auxquels nous ne comprenons pas grand'chose.

Mais nous le trouverons chez lui, — arrosant ou bêchant son jardin, ou instruisant ses enfants, — ou lisant et étudiant sous les arbres, — ou faisant la partie de son vieux père — ou à la pêche, ou à la chasse . . . .

Si j'insiste sur le règlement du suffrage, c'est que tout dépend du suffrage et du vote. En république, je suis presque le seul à m'en préoccuper, — cependant qui oserait affirmer que . . . .

Si demain — ou M. Thiers qui en a, dit-on, menacé — ou les chefs du parti rouge (j'entends par chefs ceux qui ont plus faim et plus soif que les autres, car de lumières, de science, ils n'en ont pas plus que ceux qu'ils prétendent conduire), ou les bonapartistes qui se disent sûrs du vote comme les rouges, se décidaient à appeler le peuple aux urnes, et y réussissaient.

Qui oserait affirmer que la France ne serait pas dans une horrible anxiété — se sentant jouée — elle — sa fortune, sa liberté, son existence — aux cartes ou aux dés, — et avec des cartes biseautées et avec des dés pipés ?

Et c'est dans cette situation que par lâcheté, faute d'oser en sortir, vous osez audacieusement rester !

XI

Cela nous étonne, nous qui vivons seul au bord de la mer, — mais il paraît que cela est tout simple pour les gens qui sont au centre des affaires.

La république, la monarchie, — telle caste, telle nuance, — ça ne représente ni des idées ni des principes, — ça représente des cartes ou des chances sur lesquelles jouent les pontes et les grecs qu'on appelle les hommes politiques.

Tel joue sur la rouge aujourd'hui qui, si la rouge est trop longue à sortir, ne se fera aucun scrupule de porter sa mise sur la noire, — tel passe du pair à l'impair, — tel autre met son enjeu à la fois à cheval sur deux ou sur quatre numéros.

C'est ce qui explique les alliances, les rapprochements les plus monstrueux. Ainsi M. Thiers a dit en pleine assemblée des représentants de la France « — Maître Gambetta est un fou furieux qui nous coûte la moitié de nos morts, la moitié du territoire perdu, la moitié de notre ruine. »

M. Thiers n'a pas osé répéter cette grave accusation devant Maître Gambetta. Maître Gambetta n'a pas osé sommer M. Thiers de la répéter.

Ils ne s'en veulent pas plus que deux avocats qui plaident l'un contre l'autre, — on assure qu'ils se voient et sont d'accord sur plusieurs points, cherchant, il est vrai, réciproquement à se duper.

M. Thiers a dit à Maître Gambetta : — Écoute, mon petit, ne sois pas cassant, — crois-en un homme qui a joué ton rôle autrefois, — les oncles qui ont fait leurs farces sont la providence des neveux qui les imitent; — fie-toi à moi, n'abreuve pas mes cheveux blancs d'avanies et d'amertume, laisse-moi un peu jouir de mon reste; amuse-toi, mais tranquillement, sagement, — mon héritage t'est assuré; — ne va pas gaspiller d'avance ce que je te garde, — je suis un homme d'ordre, je ne touche pas au capital, — les revenus me suffisent; — ne crois pas que je laisserai rien à cette gothon de droite, ni aux d'Orléans, ni aux centres. — Tu seras mon unique héritier, — je suis ton bon oncle, — appelle-moi l'oncle Thiers, comme on disait l'oncle Tom.

—Va-t-en dans les départements, leur dire de ne pas faire de bruit et de ne rien casser dans la maison; — prends toi-même des airs convenables, sois moins débraillé, — montre-moi des égards; — remplace les balcons par des banquets, — laisse-moi finir tranquillement mon petit règne ; — j'ai 76 ans, — après moi le pétrole; — tu viendras me voir le matin pour ne pas te nuire dans le parti.

— Pars avec ma bénédiction.

XII

A propos, je lisais cette nuit une lettre de Cicéron, lettre trop longue pour que je la transcrive, mais comme la pluie battait les vitres et m'empêchait de dormir, j'ai déclaré la journée commencée et je me suis mis à feuilleter le volume, soulignant quelques passages.

Tenez, pour vous faire partager mon opinion, je vais transcrire ici quelques-uns des plus courts de ces passages, — qui pourraient s'écrire aujourd'hui aussi bien qu'alors. Choisissez ceux qui s'appliquent à nous et à notre situation.

« Entre les prétendants, personne ne s'inquiète de la prospérité et de l'honnêteté de la République, chacun veut être le maître, et c'est tout[1].

» Ni l'un ni l'autre n'a pour but notre bonheur;— l'un et l'autre veulent régner[2].

---

1. Dominatio quæsita ab utroque, non id actum beata et honesta civitas ut esset.
2. Neutri σκόπος est, ut nos beati simus, uterque regnare vult.

» La paix ne consiste pas seulement à avoir déposé les armes ; elle consiste à n'avoir à redouter ni les armes ni la domination de personne[1].

» Nous n'avons pu servir un maître, et nous servons un de ceux qui servaient avec nous[2].

» Parmi ceux de leurs ministres et de leurs amis, auxquels ils ont donné les provinces à gouverner, il n'y en a pas un qui ait su gouverner ses propres affaires pendant deux mois[3].

» A propos de ce qui passe, il y a bien un peu de chagrin chez les « honnêtes gens, » — c'est-à-dire ceux qui possèdent et qui jouissent, mais ce chagrin est, comme de coutume, stupide et stérile[4].

» La foule et le bas peuple sont portés pour un changement[5].

» Sachez bien que celui-là même qui nous conduit

---

1. Non pacem in armis positis, sed in abjecto armorum et servitutis metu.
2. Dominum ferre non potuimus : conservo servimus.
3. Jam quibus utatur vel ministris vel sociis, sed iis provincias quorum nemo duo menses potuit patrimonium suum gubernare.
4. Dolor esset aliquis bonorum, id est lautorum et locupletum, sed hebes, ut solet.
5. Multitudo et infimus quisque propensus in alteram partem, multi mutationis cupidi.

ne sait pas où il nous mène; nous lui obéissons, il obéit aux circonstances [1].

» On est si abattu, — qu'on aime mieux être tyrannisé dans cette tranquillité où nous croupissons, que de recommencer la lutte, même avec les chances les plus favorables [2].

» Les hommes d'affaires et les paysans ne veulent que la tranquillité; — croyez-vous que cela les effraierait d'avoir un roi ? — N'ont-ils pas toujours accepté tout pouvoir qui leur a promis ou donné cette tranquillité [3]?

XIII.

La révolution de 1848, — grâce aux gilets, aux bonnets, aux phrases et au dénoûment, — a été une parodie de 1789 et de 1792.

La présidence et le règne de Napoléon III ont été la parodie du 18 brumaire et du premier empire.

1. Hoc tamen scito ne ipsum quidem principem scire quid futurum sit: nos illi servimus, ille temporibus.

2. Usque enervatus, ut hoc otio, quo nunc tabescimus, mallimus τυραννεῖσθαι, quamcum optima spe dimicare.

3. An fœneratores, an agricolas, quibus optatissimum otium, nisi eos timere putasne sub regno sint, qui id nunquam, dummodo otiosi essent, recusarunt?

1871 — nous a montré à la fois une parodie de 1848 et de 1793.

Quelle est la parodie, quelle est la farce bouffonne ou tragique — ou bouffonne et tragique — qui est maintenant à l'étude ou en répétition ?

Hélas ! — ne réussirons-nous pas à montrer au monde une exception à cette règle indiquée par l'histoire ? — à toute révolution succède une réaction, — la seconde excessive et violente comme la première : — dans les États monarchiques, la monarchie, remplacée par la République, reprend le pouvoir ; — dans les pays républicains, après une monarchie révolutionnaire, c'est la République qui revient.

Quand les deux fanatismes du progrès exaspéré et du recul opiniâtre, — tignasses et perruques, — sont tombés fatigués l'un par l'autre, — l'oscillation causée par leur lutte détermine un milieu, où le pouvoir restera plus ou moins longtemps ; — heureux si ce pouvoir ressuscité et admis pratique ce qu'il y a de possible et de sensé dans celui qui l'a renversé et un moment remplacé, — et s'il sait accepter l'héritage sous bénéfice d'inventaire.

Le progrès n'agit pas comme une épée, — mais comme une vrille, en tournant et en prenant son point d'appui sur l'obstacle lui-même.

A vrai dire — le monde devient tous les jours plus difficile à gouverner, — et quand je lis dans les journaux qu'une comète vient de se mettre en route pour nous réduire en poudre et en cendres je me dis : Peut-être l'Être suprême ne voit-il pas, lui-même, d'autres moyens d'arranger nos affaires.

C'est en vain qu'on voudrait se le dissimuler ; — il y a en route pis qu'une comète, — c'est une révolution sociale ; — ça finira-t-il par un branle-bas général, un sens dessus dessous complet, un gâchis, un chaos ? — Puis, les éléments divers reprendront-ils naturellement leur place d'après les lois de la pesanteur ?

Ou quelques hommes de génie, aidés par des hommes énergiques, intelligents, honnêtes et dévoués — réussiront-ils à donner à la société des lois nouvelles, une nouvelle organisation ? — à la faire glisser sur une pente plus ou moins douce — avec plus ou moins de cahots et de secousses — au lieu de la voir se précipiter ?

XIV

Voyons la plus ancienne société dont nous ayons l'histoire — c'est celle des Indiens.

Le brahmane (le prêtre) en venant au monde, est placé au premier rang sur cette terre ; souverain seigneur de tous les êtres, il doit veiller à la conservation du trésor des lois civiles et religieuses [1].

Tout ce que ce monde renferme est, en quelque sorte, la propriété du brahmane [2].

1. Lois de Manou, 99.
2. Id. — Id. — 100.

C'est par la générosité du brahmane que les autres hommes jouissent des biens de ce monde[1].

— Un brahmane de dix ans doit être considéré et obéi comme un père par un kchatriya, âgé de cent ans[2].

— Un roi, mourût-il de faim, ne doit pas recevoir le tribut d'un brahmane (liv. VII, 134).

Après s'être levé à l'aube du jour, le roi doit témoigner son respect aux brahmanes (liv. VII, st. 37).

—Qu'un roi se garde de rien prendre à un brahmane, car le brahmane irrité le détruirait, lui, ses armées, ses équipages, par ses seules imprécations (X, 313).

Cependant les concessions arrivent, — la classe des prêtres, les brahmanes, a besoin de la classe militaire, les kchatriyas.

Aussi :

— Le kchatriya tire son origine du brahmane, le kchatriya ne peut pas prospérer sur le brahmane, ni le brahmane s'élever sans le kchatriya (X, 320-19).

—En s'unissant, la classe sacerdotale et la classe militaire s'élèvent dans ce monde et dans l'autre (X, 322).

— Les forces du roi dépendent des autres, — les forces du brahmane dépendent du brahmane (XI 32).

—Autant le sang du brahmane blessé répandu à

---

1. Lois de Manou, 101.
2. Id. — Id. — liv. II, st. 135.

terre rougit de grains de poussière, autant de milliers d'années l'auteur de ce méfait restera dans le séjour infernal (XI, 207).

— Dans l'Asipatravana, forêt qui a pour feuilles des lames d'épée (XII, 75).

Un brahmane, possédant le Rig-Veda entier, ne serait souillé d'aucun crime, même s'il avait tué tous les habitants des trois mondes (XI, 261).

Après le brahmane tiré de la bouche de Brahma, vient le *kchatriya* tiré de son bras—c'est la classe militaire, la classe des rois (I, 89).

Ensuite le *vaisya*,—classe des laboureurs et des marchands — tiré de la cuisse de Brahma (I, 90).

Ensuite le *soudra*, tiré du pied.

— Le soudra n'a rien à faire dans la vie que de servir les classes précédentes (I, 91).

— On ne doit pas donner un conseil à un *soudra*, ni lui enseigner aucune pratique de dévotion, ni aucune loi (IV, 80).

— Les hommes qui exercent à tort les arts libéraux sont des voleurs (IX, 259).

— Le mariage d'un membre d'une des classes sacerdotale, militaire et commerçante — avec une fille *soudra* est impur (X, 4-12).

— L'abandon de la vie pour le salut d'un brahmane fait parvenir au ciel les hommes de vile naissance (X, 62).

— Que le *soudra* qui se livre aux occupations des supérieurs —soit dépouillé ou banni (X, 96).

— Servir les brahmanes est l'action la plus louable et la seule récompensée pour un *soudra*..

— Un *soudra* ne doit pas amasser de richesses

superflues, car cette insolence offenserait les brahmanes (X, 129).

Que tout homme, selon ses moyens, fasse des présents aux brahmanes, — après sa mort il obtient le ciel (X — 129).

— L'homme qui a imposé silence à un brahmane doit se purifier, ne rien manger pendant vingt-quatre heures et se prosterner devant lui (XI, 204), etc.

Toutes les sociétés, — comme toutes les religions qui ont suivi — se sont plus ou moins modelées sur la religion et la société indiennes.

Les révolutions ont amené des alliances ou des guerres entre les classes privilégiées ; — quelquefois une de ces classes a fait des promesses aux *soudras* pour se servir d'eux et renverser sa rivale ;— mais, la guerre finie, on a toujours remis le *soudra* à sa place.

Parfois, une des classes priviligiées l'a emporté sur les autres ; — le pouvoir s'est déplacé ; — mais il y a toujours une, deux ou trois classes privilégiées et..... des *soudras*.

Toujours, — considérant la nature comme marâtre — ou Dieu comme un père injuste, la société n'a pas cru qu'il y eût assez pour un partage égal entre ses membres, et elle a décidé que le plus grand nombre aurait peu, pour qu'un petit nombre eût beaucoup.

Cela a duré longtemps et dure encore jusqu'à un certain point, mais cela ne peut plus durer.

Cela a duré parce que les classes vivaient séparées, — parce que les rois se montraient vêtus de la pourpre, marchaient au bruit du canon et entourés d'hommes armés, — parce que surtout, à part les classes privilégiées, on tenait les peuples dans une sacrosainte ignorance, ignorance qui a été la base du pouvoir souverain des prêtres, même sur les rois, tant qu'ils ont pu garder la science pour eux ; — aussi voyons-nous chez les Indiens, les brahmanes édicter des peines sévères contre le « vol de doctrine », — c'est-à-dire l'usurpation de la science — fait par les trois autres classes, — l'arbre du bien et du mal, le fruit défendu est dans toutes les religions et dans toutes les sociétés.

Parce que les *brahmanes* et les *soudras* de tous les temps mangeaient les bons morceaux entre eux dans le fond de leurs temples et de leurs palais ;

Parce qu'ils savaient mettre une sourdine à leur tournebroche ; parce que les femmes nobles et les femmes riches, qui ont été longtemps les mêmes— réservaient le velours et la moire pour les salons où elles ne rencontraient que des femmes traînant comme elles le velours et la moire, — et qu'il était réputé de « mauvais goût, » pour une femme, — peine sévère justement redoutée — de paraître dans les rues autrement que vêtue simplement et de couleurs sombres, de façon à n'être pas remarquée et à passer inaperçue comme dans un bal masqué.

Pendant longtemps, lorsque, malgré la garde soigneusement montée autour de l'arbre de la science, quelque quidam hardi en volait quelques fruits plus ou moins mûrs, on tâchait d'étouffer le quidam, et si on ne réussissait pas à le supprimer, on l'acceptait, on l'initiait, et on en faisait un des plus sévères gardiens de cet arbre contre la gourmandise publique.

Mais aujourd'hui l'arbre a été mis au pillage, — on a gaulé les fruits; beaucoup s'en sont indigérés au lieu de s'en nourrir. « Les voleurs de doctrine », trop nombreux pour être acceptés comme recrues, ont été déclarés des ennemis et ont accepté le rôle d'ennemis.

La bourgeoisie, qui a hérité de la noblesse, a tout perdu par sa vanité.

Elle a voulu triompher dans la rue; — elle a fait jeter devant sa porte les plumes des faisans et des perdrix, et les cosses de pois de primeur de son dîner de la veille.

Elle a adapté à ses tournebroches des musiques bruyantes, provoquantes et agaçantes.

Les femmes ont traîné la soie et le velours sur le pavé et dans le ruisseau.

Les bourgeois invitent des journalistes à leurs dîners et à leurs bals, à condition que les journalistes publieront le « menu » du dîner, vanteront les mets et célébreront les vins, — et raconteront les jupes de brocart et décriront les épaules de satin.

Tout ce bruit a dérangé et éveillé ceux qui croyaient faire de bons dîners avec du pain, du fromage et des côtelettes de porc frais, surtout s'il y avait beaucoup de cornichons,

Ceux qui croyaient s'amuser en se promenant dans les champs, le dimanche,

> Toi — z'en bazin,
> Moi — z'en nankin,
> Tous deux en escarpins,

A aller cueillir dans les bois au mois de mars les violettes, — au mois de mai le muguet,

Et dans les blés, au mois de juillet, les bleuets pour en faire des couronnes, dont les filles se croyaient suffisamment parées, — et avec raison, puisqu'elles étaient trouvées charmantes par leurs amoureux.

Les provocations de la bourgeoisie ont produit ce qu'elles devaient produire. — Tout le monde aujourd'hui veut manger des faisans, des perdreaux et des pois de primeur ;—toutes les femmes veulent traîner du velours sur le pavé.

XV

De révolutions en révolutions, — après beaucoup de batailles, on a enfin conquis quelque chose,
Et quelque chose de durable, — C'est :

L'ÉGALITÉ DES DÉPENSES.

Si cette égalité consistait dans un partage égal du revenu de la France, par exemple, — savez-vous ce que chaque Français aurait à dépenser par jour?

Une somme qui, selon les divers économistes, varierait de cinquante-deux à quatre-vingt-douze centimes.

Aussi n'est-ce pas cela que l'on veut. Tout le monde veut être riche, — donc on ne pense pas à diviser les gros morceaux, mais à se les disputer et à se les arracher tout entiers les uns aux autres.

Voici l'heure du déjeuner de mes poules; — je voulais leur émietter un morceau de pain, mais il m'échappe des mains, une des poules s'en empare et se sauve avec, jusqu'à ce qu'une autre le lui enlève pour se sauver avec à son tour; mais celle-ci se le verra également arracher, avant d'avoir pu en prendre une becquée; quelques-unes des plus fortes mangeront une partie de pain, une autre partie, la plus grosse, sera perdue, traînée et salie sur la terre et dans le ruisseau; le plus grand nombre des poules n'ont rien.

L'agiotage, certaines affaires industrielles jouent le rôle de ces poules voleuses et accapareuses,

Parce qu'on ne s'entend pas sur la richesse réelle, parce qu'on prend le signe, la représentation pour la chose.

Côté triste et inquiétant : il n'y a pas assez pour tout le monde.

Côté heureux et consolant : la France possède un territoire très-étendu et très-fertile et le plus favorisé par la nature de tous les pays de l'Europe.

Si l'on faisait un partage de la terre, chaque Français aurait pour sa part cent cinquante ares de terre.

L'Anglais — dans un partage égal — n'aurait que cent ares — le Belge — quatre-vingts.

La France est très-loin de donner ce qu'elle peut donner.

Au lieu de se disputer avidement, haineusement, le pas assez qu'il y a, il faut l'accroître — ça se peut faire — et ça doit se faire sous peine de voir la France disparaître dans une guerre civile qui sera bientôt une guerre sociale.

Mais pour cela, il faudrait sortir de la petite politique, de la fausse politique,

Ne plus voir tout un pays combattre bêtement pour que les honneurs, les abus, les gros traitements, appartiennent à tel groupe de cent hommes, ou à tel autre groupe de cent autres hommes.

Il faudrait étudier sérieusement les questions qui, comme l'incendie dans une prairie desséchée, nous entourent d'un cercle de feu qui se rapproche chaque jour.

Le paupérisme, la situation de la classe ouvrière, l'industrie, le vote, les impôts.

Ensuite l'agriculture, l'instruction publique, l'armée.

On nomme bien quelques commissions, mais elles n'ont pas besoin même de regarder : — leur rapport est fait d'avance; d'après leur composition, les unes donneront un résumé favorable au gouvernement actuel dont elles font partie, — les autres une solution contraire à ce gouvernement, parce qu'elles espèrent faire partie d'un gouvernement rival.

Il est à peu près établi par les statistiques que la production de la France, répartie également entre tous les individus, donnerait pour chacun environ 75 centimes par jour.

Mais, comme il y a énormément de gens qui dépensent dix fois, et beaucoup de gens qui dépensent cent fois cette part de 75 centimes,

Il y a conséquemment immensément d'autres gens qui n'ont pas ces 75 centimes, — ni même la moitié.

Or, de toutes les égalités réclamées, il n'en est jusqu'ici qu'une seule conquise ou à peu près. — C'est, je l'ai dit, l'égalité des besoins et des dépenses.

Comment faire?

Augmenter infatigablement la production, — car la France, pays fertile entre tous, est loin de produire tout ce qu'elle peut produire. — Il faut donc courir à l'agriculture comme on court à un incendie.

Loin de là, grâce à la petite politique, à la politique d'expédients et d'intrigues, tout tend à agrandir les villes et à y attirer une population qui diminue le nombre des producteurs et augmente hors de toute proportion le nombre des consommateurs; — car, je l'ai déjà dit, — le paysan devenu ouvrier dans les grandes villes, consomme deux fois et souvent quatre fois ce qu'il consommait dans la ferme.

Ce qu'il faudrait obtenir, ce serait le retour aux champs, à la terre, notre bonne nourrice, — *alma mater*, — la seule source de la vraie richesse.

M. Foulon-Ménard, dans une brochure très-intéressante sur les « fonctions de l'État », donne un moyen singulier mais possible peut-être pour arriver à ce but :

« Tout propriétaire faisant acte de résidence et de gestion personnelle sur un domaine de tant d'hectares, ou de simple présence continuelle sur un domaine double d'étendue, sera autorisé à ajouter à son nom patronymique, le nom de sa terre et à signer, avec cette addition, tous les actes authentiques. »

XVI

La France est un pays d'engoûment et d'ostracisme perpétuel, — et naturellement, l'angle de dénigrement est égal à l'angle d'engoûment ; — il faut donc que l'homme, quel qu'il soit, écrivain, artiste, politique, profite de sa veine pour jouer *son tout* ; — l'homme momentanément à la mode — par une action grande ou brillante, ou étrange, par un hasard, par un ridicule peut-être — cet homme peut tout oser, tout risquer, tout prendre ; — on lui offre, on lui donne tout ; — mais aussitôt que la veine s'arrête — qu'il mette son gain dans sa poche et s'enfuie loin de la table du jeu : — au jeu de la mode on ne se rattrape pas.

Combien avons-nous vu, combien verrons-nous encore d'exemples de cette folie humaine, mais dont les spécimens les plus frappants appartiennent à la France !

M. Leverrier découvre une planète ; je ne puis apprécier ce qu'il y a de mérite à découvrir une planète, ni de quelle utilité cette découverte peut être pour l'humanité, je sais seulement que beaucoup d'astronomes de province en ont découvert et que sur la fin de sa vie François Arago les faisait découvrir par ses secrétaires.

Toujours est-il que M. Leverrier ayant découvert une planète fut un moment à la mode ; — il eut tous les talents, — toutes les vertus, — toutes les capacités ; — on lui offrit toutes les places, toutes les décorations, tous les bureaux de tabac, et on le nomma député.

Liszt était un pianiste, auquel je ne conteste aucune des qualités du pianiste — la force, l'agilité, l'égalité des doigts ; — Lizt est à la mode, les Hongrois lui offrent un sabre, qu'il jure de ne tirer que pour la liberté ; les grandes dames se le disputent, quittent pour lui leurs maris et leurs enfants.

Le général Trochu — a essayé de rendre deux immenses services à la France ; — le premier est la fameuse brochure en 1867 — dans laquelle il disait, avec preuves à l'appui, la vérité sur la situation d'infériorité de l'armée française ; — ça n'était pas mûr, on lut à peine la brochure, et le général tomba en disgrâce.

On se le rappela après la première défaite de l'armée française ; — cependant ça n'était pas encore le moment ; — il émit alors une idée logique dont le bon sens est établi par les traditions militaires de tous les siècles :

« Toute ville assiégée sera prise dans un temps donné, si elle n'est pas secourue par une armée libre au dehors. »

Cette vérité est surtout un axiome avec les tristes progrès de l'artillerie moderne.

Le général Trochu demande alors que l'armée du maréchal de Mac Mahon retourne sur Paris ; — on ne l'écoute pas ; — son heure allait venir, mais elle n'était pas venue.

Elle vient : — le général Trochu est à la mode ; l'empereur, l'impératrice, la république — tout l'acclame et se met sous sa protection ; lui seul peut et doit sauver le monde ; — il sauvera tout le monde ; — il est gouverneur de Paris, chef du gouvernement de la défense nationale — héros — demi-dieu — dieu — dieu et demi : — on espère, on attend, on exige tout de lui.

Il n'y a plus besoin d'armée de secours — allons donc ! pourquoi faire ? le général Trochu n'est-il pas là ? — ça suffit ; — il sortira avec des troupes mal armées, indisciplinées, ça ne fait rien, il peut, il doit détruire l'armée prussienne.

Mais — entre l'ennemi du dehors et l'ennemi plus cruel et plus dangereux du dedans — entre les Prussiens et l'émeute, il hésite, il temporise ; — poussé par les clameurs publiques et par ses collègues du gouvernement, il sort, remporte un petit avantage sans résultats, mais très-meurtrier ; — les grands stratéges MM. Gambetta, Freycinet, de Serres

— annihilent les armées des départements — éparpillent les forces : — on ne vient pas au secours de Paris : — il arrive ce que tout le monde savait d'avance : — Paris est affamé, Paris doit se rendre.

XVII

Les fameuses fortifications de M. Thiers — ont fait ce qu'elles pouvaient faire ; — prolonger un peu les misères et les douleurs d'un siége sans en modifier le résultat, si ce n'est en augmentant les exigences du vainqueur — et en donnant le temps à l'émeute de s'organiser, à la Commune de s'installer et de s'emparer des forts.

Je suis de ceux qui, en 1840, étaient vivement opposés aux fortifications de Paris [1].

Il faut dire que généralement alors — en voyant d'accord pour élever ces fortifications et le roi Louis-Philippe, et M. Thiers, et l'opposition la plus avancée — il était permis de penser que la crainte d'une invasion étrangère, que rien ne faisait prévoir, n'était qu'un prétexte, — que c'était non pour protéger, mais pour contenir Paris, qu'un gouvernement et surtout un ministère de résistance voulaient ces fortifications — dont l'opposition espérait bien s'emparer quand elles seraient construites.

1. *Guêpes*, 1840 — édition Lévy.

J'étais de ceux qui se refusaient à croire que la France, avec trente-huit millions d'hommes et surtout de Français, ne pourrait pas toujours élever sur ses frontières une de ces haies vives de poitrines et de bras, une de ces invincibles murailles vivantes que la mitraille peut trouer et abattre, mais qui se réparent et se relèvent d'elles-mêmes au son du tambour.

D'ailleurs, en 1840, il faut se rappeler quelle était la situation de la France : une longue et heureuse paix l'avait enrichie en hommes et en argent et avait donné à l'Europe des gages certains qu'il n'y avait plus à craindre d'elle l'esprit d'aventures, de conquêtes et de batailles qui lui avait fait troubler le monde pendant si longtemps; — d'autre part l'Afrique et sa guerre perpétuelle avaient été à la fois une école, un gymnase et une pépinière où s'était formée une brillante phalange d'officiers braves, énergiques, expérimentés. — Bugeaud, Cavaignac, Lamoricière, Bedeau, etc., etc., — et une armée toujours entraînée, toujours en haleine.

Il est vrai que M. Thiers était alors fort belliqueux, il avait beaucoup contribué à envoyer une armée à Anvers en 1832, — il avait voulu intervenir en Espagne (nous savons aujourd'hui ce que nous coûte d'avoir voulu intervenir dans les affaires de l'Espagne), et il parlait d'attaquer l'Autriche en Italie (nous savons ce que plus tard ça nous a rapporté).

D'autre part, la nombreuse famille de Louis-Philippe, dont tous les membres avaient pris part avec bravoure et distinction aux dangers et aux succès de l'armée d'Afrique, et dont plusieurs étaient très-populaires, promettait une durée indéfinie à cette situation. — En effet, sans une opiniâtreté aveugle, celle que Jupiter inspire aux rois quand il a décidé leur chute, *quos vult perdere Jupiter dementat*, au moyen de l'élargissement successif et gradué de la base électorale, la France avait devant elle un long avenir de paix et de progrès ; — on n'eût pas enfoncé une porte entrebâillée par laquelle quelques-uns des plus pressés pouvaient entrer et les autres espérer de les suivre.

Il fallait, — pour en arriver à voir l'ennemi en France et surtout devant Paris, — ce que M. Thiers seul semblait seul prévoir, il fallait un concours et une suite de circonstances que M. Thiers pouvait en effet prévoir, ce dont je doute cependant, parce qu'il contribuait énormément pour sa part à les faire naître.

En effet, les quelques hommes qu'on appelle très-singulièrement aujourd'hui orléanistes, — tels que M. Guizot, M. Thiers, M. Barrot, etc., orléanistes à la façon des trois Scipions, qui furent appelés l'Africain, l'Asiatique et le Numantin pour avoir abattu Carthage, renversé Antiochus et détruit Numance,

Pour arriver ou revenir au pouvoir, ces hommes

d'État attaquaient, harcelaient, diminuaient, excavaient « le trône de Juillet ».

Une fois au pouvoir, ils dépopularisaient le gouvernement par une résistance acharnée aux idées mêmes qu'ils avaient préconisées, et aux complices qui les suivaient et les avaient aidés à enfoncer une porte qu'ils n'avaient rien de plus pressé que de leur jeter sur le nez.

Ce sont eux qui, en ce temps-là, pour cueillir les fruits de l'arbre, ont tellement courbé et abaissé ses branches qu'ils les ont rompues.

Ce sont eux qui, de relais en relais, d'étapes en étapes, ont amené la république de 1848.

Ce sont eux qui, ensuite, ont voté pour le prince Louis et ont amené l'empire; — ce sont eux, — M. Thiers surtout, — qui avaient entretenu, développé et embelli la légende napoléonienne.

Il fallait tout cela, il fallait l'empire également amené par eux, pour que nous eussions une guerre avec l'Allemagne.

Revenons au général Trochu.

Peut-être ce qu'on attendait, ce qu'on ne tarda pas à exiger du général Trochu était au-dessus de ses forces, — peut-être eût-ce été au-dessus de la puissance humaine — je ne suis pas en position de porter sur ce sujet un jugement définitif; — mais on a fait de lui — ce que le roi de Schiller fait du beau page plongeur : il jette la coupe d'or dans un gouffre; le page plonge et la rapporte demi-mort. — Le roi lui donne la coupe, et lui dit : Je vais la jeter encore une fois et tu auras ma fille si tu reviens ; — il jette la coupe, le page plonge et ne revient plus.

La veine du général Trochu était épuisée, — il n'est plus héros ni demi-dieu, — il est lâche, il est traître, — il a trahi l'empereur et l'impératrice pour la république ; — puis, il a trahi la république... pour qui ? on ne le dit pas, on ne le sait pas, — mais il n'y a pas besoin de le dire ni de le savoir.

L'angle de réflexion (dénigrement) est égal à l'angle d'incidence (engoûment).

MM. Rouher, Palikao, Chevreau, Piétri, etc.,— bonapartistes avoués, avérés, attachés à l'empire ou par la complicité ou par la reconnaissance, ayant amené, déclaré et commencé la guerre, — sont venus reprocher amèrement à M. Trochu, bonapartiste tout au plus d'occasion, de ne pas s'être fait tuer pour l'empire, sans penser que pour faire ce reproche, ils n'étaient pas eux-mêmes aussi morts qu'il eût été décent de l'être.

Mais c'est comme cela et ça sera toujours comme cela.

Le général, qui avait accepté l'engoûment, s'est montré moins résigné au dénigrement : — il a fait un procès.

Il ne peut se dissimuler que ce procès, malgré la condamnation de ses agresseurs, il l'a perdu devant le tribunal : — je ne crois pas qu'il l'ait également perdu devant l'opinion des gens de bon sens.

Je ne dirai à ce sujet qu'un seul mot : — S'il est un genre de procès qui ne doive, qui ne puisse pas être jugé par le jury, — c'est un procès politique.

Le jury sera toujours entraîné par le mouvement capricieux et le courant vertigineux de l'opinion publique.

Et je dirai aussi : — Puisse l'exemple des ennuis qui assaillent les gens en place quand ils descendent l'autre versant du pouvoir, effrayer suffisamment et décourager le plus grand nombre possible d'ambitieux !

Et guérir, chez la majorité des citoyens, ce que M. Guizot appelait, en se grattant : « l'acarus du pouvoir ! »

XVIII

Depuis la révolution de 89, — deux circonstances condamnent la France à l'agitation : — à côté de gens que toute une vie de vertus et de travail conduit péniblement à une modeste aisance et graduellement à certaines positions et à certains honneurs hiérarchiquement atteints, et à une considération renfermée dans une certaine sphère, on a vu des soldats, des avocats, des journalistes, sorte d'avocats à plume, des financiers, etc., atteindre tout d'un seul coup, ou même d'un seul saut, non pas seulement les premiers grades et les premiers honneurs de leur profession, mais aussi les sommets du pouvoir et de la fortune.

Et ce ne sont jamais ou presque jamais les premiers en réalité parmi les soldats, les avocats, les journalistes, les financiers, qui gagnent ces parties hasardeuses; non, ce sont ceux qui, par leur médiocrité de talent et de fortune, par le peu de considération qu'ils ont obtenu, par une vie gaspillée, par une jeunesse débraillée, ont perdu l'espoir d'arriver par les chemins frayés et les grandes routes honnêtes; ce sont les fruits secs, les soldats indisciplinés, les avocats d'estaminet, les journalistes de coulisses, les financiers de pile ou face, qui osent risquer ces aventures, parce qu'ils apportent au jeu cet avantage qu'ils ne risquent rien contre tout.

Le second point, et qui est la conséquence et le corollaire du premier, c'est que, vu les exemples fréquents qui montrent la loterie à côté du travail et de l'honnêteté, — toutes les professions dites libérales se sont trouvées encombrées; — on veut être avocat ou journaliste pour être ministre, ou pour le moins ambassadeur. Il y a longtemps qu'on a dit : La littérature mène à tout, à condition d'en sortir. — Les soldats, eux-mêmes, étudient pour devenir orateurs, écrivains, journalistes. Une fois là, pas si bêtes que de s'occuper de leur métier; on avance bien plus vite à la Chambre que sur les champs de bataille, et surtout que dans la pratique assidue des études spéciales et des devoirs obscurs, — et puis on vit plus « longuement. »

Il n'est donc pas mauvais qu'il pousse dans les régions du pouvoir quelques orties et quelques genêts, et comme disent les trompes de chasse dans la fanfare du *Renard*, je crois :

> Les ronces et les épines,
> Démêlent nos cheveux.

Il y a longtemps que je demande que la puissance politique ne donne pas d'argent, qu'il n'y ait pas en France, de fonctions rapportant plus de douze mille francs par an ; on se débarrasserait de ceux qui ne cherchent, dans les révolutions et les désastres de la patrie, que la satisfaction des appétits vulgaires et des complices qui les servent et les aident pour avoir les miettes.

Et qu'on sache bien que, pour le fonctionnaire, le roi, l'empereur, le ministre, le préfet, le député, etc., etc., il n'y a plus de vie privée. Quoi! vous voulez que je vous confie mes affaires, et vous espérez que je ne voudrais pas savoir comment vous conduisez les vôtres!

Majesté, Excellence, plus de vie privée pour vous, mon bonhomme ; je veux vous mettre dans la maison de verre du Romain, de verre grossissant même, pour ne pas perdre les détails ; je veux vous voir tourner dans un bocal comme un poisson rouge ; je ne veux pas vous perdre de vue ; je veux voir ce que vous mangez, ce que vous aimez ; je veux savoir ce que vous faites la nuit et ce que vous ne faites pas le jour ; je veux savoir si vous digérez bien.

Et alors les nations ne passeraient plus misérablement leur vie de nations à payer des cabotins qui se battent sur leur tête à qui jouera mal les premiers rôles et touchera les gros appointements.

Vous souriez, vous appelez ça un paradoxe.

Eh bien! je vous le dis en vérité, ce serait le salut, mais ça ne se fera pas.

XIX

Il y a quelque chose de navrant dans le contraste autrefois ignoré, mais aujourd'hui mis en lumière par la presse, entre le luxe, les plaisirs et les jouissances de quelques-uns, — et les privations, le dénûment et la misère de beaucoup. Tous les jours les journaux racontent les fêtes, les bals, les festins des heureux, — disent les parures des femmes, donnent le menu des repas, etc.,

Et, à quelques colonnes de là, publient la liste des suicides causés par la misère.

Ce n'est pas seulement à la presse qu'il faut s'en prendre de ce contraste affligeant pour beaucoup, irritant pour quelques-uns.

Autrefois l'aristocratie se contentait d'être riche, heureuse, de s'amuser, — mais n'était nullement désireuse de donner ses plaisirs en spectacle à ceux qui ne les partageaient pas. On savait mettre une sourdine à son tournebroche. Les femmes du monde réservaient leurs parures pour les salons où elles se rencontraient entre elles, et se piquaient de passer inaperçues dans la rue et comme déguisées par une sorte de domino de simplicité ; mais aujourd'hui, il semble que le bonheur des privilégiés ne serait pas complet, s'ils n'y joignaient la triste et pâle envie des spectateurs pauvres et affamés. « Loin de mettre une sourdine au tournebroche », on a inventé des tournebroches à musique qui font savoir à tout le monde quels bons dîners on fait, qui chantent le détail des primeurs, des gibiers en temps prohibé, et des vins à un franc la goutte.

Et les femmes du monde traînent dans la fange des rues des robes de mille francs, de mille cinq cents francs, de deux mille francs, etc.

De plus, il n'est sorte d'agaceries, de provocations qu'on n'adresse aux journaux pour obtenir d'eux qu'ils disent à leurs lecteurs les somptuosités, les splendeurs des fêtes que l'on donne, — sauf à se plaindre hypocritement ensuite d'une indiscrétion dont on leur a soigneusement fourni les détails, — parce qu'on ne se contente pas d'être heureux et de s'amuser, — on veut être vu heureux, — être vu s'amuser.

On a parlé quelquefois du plaisir égoïste qu'éprouvent certaines personnes à entendre la pluie, la grêle et la neige battre les vitres au dehors, étant elles-mêmes à couvert, au sec, auprès d'un bon feu. Mais pour augmenter ce plaisir, il serait féroce de vouloir que les voyageurs, mouillés, trempés, grelottants, les regardassent de la rue à travers les vitres ruisselantes et sous les gouttières, en se disant : Sont-ils heureux d'être à l'abri, d'être au sec devant un bon feu ! — D'exiger que les *autres* aient plus froid de leur feu, plus faim de leur repas, et se sentent plus mouillés de leur abri.

Exprimer ce désir serait s'exposer à faire briser les vitres, — et il est plus prudent de fermer ses volets.

XX

Je parlais tout à l'heure de vin à un franc la goutte : — ça n'est pas une invention, ni même une exagération.

J'ai lu, dans un livre allemand, je crois :

La ville de Brême a subi à peu près toutes les formes connues de gouvernement : — elle a été capitale de l'archevêché de Brême, — puis ville libre, — puis ville impériale, — puis chef-lieu du département français des Bouches-du-Wéser, — puis elle a été république ; — je ne sais aujourd'hui si elle est encore république ou redevenue ville impériale, ou appartenant au Hanovre.

C'est là que se faisait, que se fait peut-être encore le fameux « vin de la rose », **Rosen-Wein.**

Ce vin de la rose mis en tonneaux en 1624, — fut payé 300 rixdalers (1,200 fr.) la pièce de 204 bouteilles.

Or, aujourd'hui, — sans tenir compte de la plus-value donnée au vin par l'âge, en additionnant seulement les frais de location et d'entretien de la cave, — les contributions, les intérêts composés, etc., — chaque pièce coûterait près de six cents millions de rixdalers, — une bouteille, deux millions sept cent cinquante mille rixdalers (dix millions de francs), — le verre, un million quatre cent mille francs, — et la goutte entre 1,300 et 1,400 fr.

Pendant l'occupation française, de 1807 à 1813, quelques généraux de l'empire mirent sans façon à sec plusieurs tonneaux de ce précieux nectar.

Aussi les bourgeois de Brême prétendent-ils que leur ville a payé à la France, grâce à la soif de ses généraux, une contribution plus forte que tout le reste de l'Allemagne.

XXI

Ce n'est pas seulement en France, car il ne faut pas être injustes pour nous-mêmes, que ce contraste affligeant et imprudent frappe les yeux, offense les esprits et ulcère les cœurs.

En même temps qu'on nous racontait les fêtes de Saint-Pétersbourg, à l'occasion du mariage de la fille de l'empereur, — on nous racontait aussi que les populations de provinces entières mouraient littéralement de faim.

En ce moment, c'est de Londres qu'on nous envoie et qu'on célèbre dans le monde entier, par les innombrables voix des journaux, les splendeurs des fêtes données pour ce même mariage.

Remarquons en passant que la vieille Renommée mythologique, dont cependant on se plaignait autrefois, était quelque chose de bien petit, de bien mesquin, en présence de la renommée moderne.

C'était avec terreur et indignation qu'on la représentait avec cent bouches, cent oreilles et cent yeux.

Aujourd'hui, un journal qui ne parlerait que par cent bouches, ne paierait pas son imprimeur; — le journal *le Figaro* en a cent mille; — le moindre de ses *reporters* se fâcherait d'être comparé à la Renommée antique, qui ne pourrait plus aujourd'hui se placer qu'en qualité de portière et ne serait pas des premières et des plus huppées.

Mettez en face des récits qui nous viennent de Londres depuis quelques jours, ces lignes empruntées à un vieux numéro de *Quarterly Review* :

« La richesse chez nous est si mal repartie que la généralité de notre population est condamnée à un travail et à des efforts qui n'aboutissent qu'à une *pauvreté sans remède*, qu'elle ne soutient sa misérable existence que par les secours de charité que détermine la crainte qu'elle inspire, etc. »

J'emprunte à un écrivain anglais cité par M. Buret, quelques lignes seulement :

« Il est impossible de donner une idée des scènes dont je suis témoin aux personnes qui n'y ont pas assisté elles-mêmes. A celui qui voudrait les comprendre dans toute l'étendue de leur hideuse réalité, je dis : Allez et voyez... Je citerai deux exemples, mais qui ne sont pas pires que des centaines d'autres : je suis allé dernièrement voir une femme et un enfant ; je les trouvai dans une cave, couchés sur un méchant lit, la mère dans un accès de fièvre, l'enfant près d'expirer ; le plancher était presque aussi humide que le sol de la rue et les murs étaient couverts de végétations de pourriture ; ce trou ne renfermait pas une parcelle de nourriture ou de combustible ; le père de famille avec un autre enfant était assis sur un banc à côté d'un métier immobile, arrêté par le manque d'ouvrage et la maladie.

» Dans une autre cave, une femme était étendue, (une femme en couches et mourante) ; sur le métier était un enfant mort ; il y avait une semaine qu'il était mort ; l'homme me dit qu'il n'avait pas d'argent pour le faire enterrer. » (*Report of the Ministry to the poor.* — *January* 1833.)

Je trouve dans ce même rapport un fait qui démontre que ce n'est pas seulement en France que :

« Les maisons des pauvres rapportent plus aux propriétaires que les maisons les plus élégantes et les mieux entretenues : on ne leur loue qu'à la semaine ; — une cave de Liverpool se loue de 4 à 6 shillings par semaine. (*Buret.*)

» Un prix aussi exorbitant tente les spéculateurs qui bâtissent sans cesse de nouvelles maisons pour les pauvres. » (*Villermé.*)

. . . .

XXII

Qui nous délivrera, — nous délivrera-t-on jamais de la morale de papier et des phrases toutes faites ?

On prétend que ces grandes fêtes font « aller le commerce » ; — le nombre des suicides de marchands ruinés ne diminue pas pour cela.

Ce serait, d'ailleurs, tout au plus exclusivement au commerce de Paris que profiteraient ces magnificences chantées par les journaux, — et dont la France tout entière paie les frais, — opération que j'ai traduite ainsi :

Prendre de l'argent dans toutes les poches, pour le remettre dans quelques-unes.

Mais au moment où l'on vient d'accomplir l'acte digne d'éloges de rendre les matelas aux pauvres qui n'en avaient plus, ce qu'il eût mieux valu faire au commencement qu'à la fin de l'hiver, — au moment où on avoue officiellement la misère,

Que fait-on des « pierreries de la couronne » ? Ces inutilités qui représentent une grosse somme d'argent, eussent payé peut-être notre rançon, si, comme je le demandai aussitôt qu'elle fut fixée, on les eût mises alors en loterie. — Certes, l'appât de ces trésors et la sympathie que nous excitions alors.., je le crains, plus qu'aujourd'hui, eût fait placer dans le monde autant de billets qu'on en eût voulu faire.

Je crains, dis-je, que nous n'excitions plus les mêmes sympathies dans le monde,

Parce que nous ne les méritons plus.

Alors, nous étions écrasés par un ennemi envahisseur et préparé depuis longtemps à une guerre pour laquelle nous ne l'étions pas du tout.

Mais aujourd'hui nous n'avons plus d'ennemis que nous-mêmes — et ces ennemis-là sont mille fois plus inexorables et plus cruels que les Prussiens.

Je sais que chacun des partis monarchiques réserve ses bibelots pour son roi ;

Mais,

Le temps en est passé.

D'abord, la royauté a été invisible, les « grands rois » demeuraient cachés au fond de leurs palais, — c'est alors que la royauté a été la plus forte.

Puis elle a été terrible : Salmonée faisait rouler son char sur un pont d'airain pour imiter le bruit du tonnerre — origine des tambours qui battent aux champs quand le « gouvernement » passe ;

Puis riche et prodigue : Héliogabale, Caligula, etc., et avec moins d'éclat et de crimes, Louis XIV, etc.

Mais aujourd'hui, je vous le dis en vérité, si nous devons avoir encore un ou plusieurs monarques, il faudra en revenir pour les empereurs à la redingote grise de Napoléon, plus grand avec elle, — vous savez ce que je pense de cette grandeur, — qu'avec le manteau semé d'abeilles d'or ;

Et, pour les rois, au vieil habit bleu de Frédéric II, et au chapeau gris, et au parapluie de Louis-Philippe.

Le bon sens aurait conseillé, n'en dût-on tirer aucun parti, dût-on les jeter à la mer et les ajouter au terrible trésor qu'elle renferme, de supprimer ces oripeaux, en même temps que la grosse liste civile, et tous les gros traitements : 1° par économie ; 2° pour faire disparaître toute cette piaffe du pouvoir qui séduit tant de gens, et diminuer le nombre des candidats.

A qui ces oripeaux ont-ils fait le moindre plaisir depuis le départ de l'impératrice ?

A qui ont-ils tenu chaud cet hiver ?

Le moindre cotret eût été cent fois plus utile.

XXIII

La liberté ne peut exister, et surtout persister, sans la simplicité des mœurs — or, le goût, la passion, le besoin du luxe va toujours croissant ; cela finira, mais comment cela finira-t-il? Quelques rêveurs demandent des lois somptuaires; — elles n'ont jamais servi à rien, et Tibère refusa d'en faire, vu leur inutilité ; il est vrai que celles qui ont été promulguées l'ont été par les Césars romains, par Henri III, par Louis XIV, par Louis XV, et qu'il n'y a que l'exemple venu d'en haut qui puisse réformer le luxe. Les Suédois n'avaient pas de luxe sous Charles XII, ni les Prussiens sous le grand Frédéric; mais il ne paraît pas être dans les idées des rois modernes de donner de semblables exemples.

On ferait bien rire les reines et les impératrices et les *présidentes* de notre temps, en leur disant que la femme de Charlemagne, le plus grand et le plus puissant monarque qui ait jamais été, — savait le compte de ses jambons et se plaignait quand on lui en avait dérobé quelques-uns.

Pour Charlemagne lui-même, rien, dit Éginhard, ne le distinguait du peuple dans ses vêtements.

Ce n'est pas non plus de nos évêques et de nos prêtres que viendra l'exemple de la simplicité : — ils disputent aux femmes à prix d'or les plus belles et les plus riches dentelles, — et j'ai vu à Nice un simple vicaire inviter les *dames* de la ville à venir voir sa collection de points de Valenciennes, d'Angleterre, de Malines, et ses guipures, et exciter leur envie en faisant passer sous leurs yeux les diverses jupes et ornements dont il s'affuble pour prêcher la parole d'un Dieu qui n'eut toute sa vie, disent les prêtres eux-mêmes, qu'une seule robe grossière faite par sa mère dans une étable.

N'aurions-nous donc d'espérance que dans notre inconstance, qui fait qu'à une mode, à une institution, à une politique, à une vie, à une qualité, à un pantalon, à une forme de manches ou de gouvernement, — pour cesser d'être, il suffit d'avoir été ?

XXIV

Voici trois fois — 1830 — 1848 — 1870 — que nous voyons le même coup.

Chaque fois on renverse un pouvoir existant en jetant le peuple sur lui ; — le pouvoir renversé, ceux qui ont pris sa place trouvent que tout est bien, que tout doit être fini et veulent arrêter le peuple ; — ce qui était la justice du peuple devient rébellion, insurrection, etc., on en tue quelques milliers, on en déporte, on en met au bagne et en prison quelques autres milliers, — et on recommence.

La politique peut-elle toujours consister à faire tuer, tous les vingt ans, quelques centaines de soldats par le peuple ; puis à faire, par les soldats et par la justice, tuer, déporter, emprisonner quinze ou vingt mille, tant coquins, que dupes, égarés, trompés, imbéciles ?

A chasser violemment quelques centaines de fonctionnaires gras et repus, et à les remplacer par un nombre égal de fonctionnaires maigres et affamés ?

A notre époque la pauvreté est devenue le *paupérisme*, c'est-à-dire, une armée ennemie, — qui tend tous les jours à se grossir, à s'organiser,

Se grossir parce que l'augmentation et le raffinement des besoins accroissent tous les jours le nombre des pauvres; parce que tel se sent, se croit, se proclame pauvre parce qu'il ne mange pas des perdreaux arrosés de château-yquem.

S'organiser, — parce que tous les jours s'augmente le nombre des aristocrates sans places que l'instruction mal dirigée jette dans le monde en ennemis.

Il faut rechercher les causes de la pauvreté — et en même temps voir celles auxquelles il est possible de remédier, — puis chercher les remèdes de ces causes; — nous les prendrons une à une; — quant aux remèdes, j'aurais, hélas! plus d'une fois à dire: Je ne sais pas, — mais enfin, les symptômes de la maladie bien constatés, il peut se trouver d'autres médecins plus habiles.

XXV

Commençons :
Une des causes de la misère est l'abandon de l'agriculture, de la vie des champs, par cette masse que l'industrie appelle et entasse dans les grandes villes, en lui promettant un travail moins rude et des salaires plus élevés, — mais à laquelle elle ne peut assurer un travail soutenu.

L'habitant des campagnes est généralement pauvre, mais il n'est que pauvre; — il y a, en France surtout, la terre et du travail de la terre, pour tout le monde ; — c'est dans les villes que la pauvreté devient la misère, l'épouvantable misère.

Les habitants des campagnes ne contribuent que pour un nombre insignifiant à la population des hôpitaux, et n'ont que rarement et en très-petit nombre recours à la charité publique.

Le paysan souvent semble à l'habitant des villes plus pauvre qu'il ne l'est en réalité ; — son habitation a un aspect nu et misérable ; — ses vêtements sont grossiers, — ses aliments communs et peu variés. Mais il ne souffre en général ni du froid ni de la faim ; — ses membres endurcis, son estomac robuste s'accommodent si bien de ce régime que l'on voit souvent, presque toujours même, le paysan devenu riche n'en pas changer et continuer le même genre de vie.

Tout le monde vit plus longtemps aux champs qu'à la ville ; — mais cette différence est sensible surtout à l'égard des pauvres. Le rapport de la mortalité à la population est de 1 sur 40 dans les campagnes ; — il était il y a quelques années dans ce qui formait le XII° arrondissement de Paris, peuplé d'ouvriers, de 1 sur 26.

L'air des champs est plus pur, — les travaux rudes en apparence, sont plus salutaires et plus *variés*, ce qui est un point important sur lequel je reviendrai tout à l'heure.

Des statistiques qui n'ont pas été contestées ont établi en Angleterre, dans des districts agricoles, comme le comté de Durham, par exemple, que 210 individus sur 1.000, arrivent à l'âge de 70 ans ; — tandis que dans les districts industriels, comme Liverpool et Manchester, on n'en compte que 63 ; — mais ce calcul ne donne pas encore la triste vérité, car cette différence est surtout fournie par la classe ouvrière.

La dégénérescence de la classe ouvrière dans les villes est constatée par les résultats du recrutement militaire.

Le nombre des exemptions pour défaut de taille ou faiblesse de constitution, qui est à peu près de 2 sur 7 dans les cantons agricoles, est de 2 sur 8 dans certains cantons industriels, et dépasse la moitié dans certains autres.

Il est un autre point.

Les *progrès* de l'industrie ont amené l'extrême division du travail. Tandis que le paysan, qui marche, qui conduit la charrue, qui sème, qui herse, qui fauche, qui porte, exerce toutes les parties de son corps par des exercices variés, — un ouvrier ne fait qu'une seule opération, toujours identique, — c'est-à-dire un petit nombre de mouvements toujours les mêmes et sans cesse répétés.

On sait combien se développent les jambes des danseuses, combien s'atrophient les jambes et les cuisses des postillons.

Eh bien, beaucoup des travaux de l'industrie, altèrent au plus haut degré la forme humaine, exagèrent certains muscles, certains membres, aux dépens des autres.

A la campagne, je le répète, on est pauvre; mais on n'est que pauvre; — une chaumière quelquefois, bâtie en pierres et en terre, et couverte de paille, est le seul abri, — parfois même il faut le partager avec la vache et l'âne; — mais on n'y peut pas mourir de froid, — les enfants ramassent du bois, — on n'y peut pas mourir de faim; il y a des champignons, des fraises, des arbouses, des sorbes, des noisettes dans les bois;

Des salsifis sauvages, de la chicorée dans les prés;

Des oiseaux qui, l'hiver, se prennent à tous les piéges, des lapins qui se jettent dans les collets; — il y a des poissons et des écrevisses dans la rivière.

Et puis, les plus pauvres peuvent, sans frais, nourrir trois ou quatre lapins.

Presque jamais un paysan ne refuse un morceau de pain à un passant; — il ne le refuse jamais à un voisin.

Les femmes et les enfants se rendent utiles par des travaux en rapport avec leurs forces et avec leur âge; — les femmes filent et sarclent, les enfants mènent les troupeaux de chèvres, d'oies et de dindons, ou ramassent des glands pour le cochon, ou cueillent de l'herbe pour les lapins.

On est libre, on ne dépend que de Dieu et du ciel, du soleil et de la pluie; — le travail est attrayant; — on sème, on plante, on greffe, et on voit croître, et on récolte; c'est un poëme jamais terminé, c'est un spectacle jamais fini, dont l'intérêt ne diminue jamais.

On n'a guère de voisins, à moins qu'ils ne deviennent des amis, — sans quoi on réserve et on échange toutes ses affections dans la famille ; — au lieu de diviser son cœur en monnaie de billon, de part et d'autre dépensée, gaspillée au hasard, on paie en quelques grosses pièces de bon aloi, on paie en or de cœur ;

Les fêtes, les plaisirs gratuits se succèdent d'une façon certaine ;—**mars**, on cherche sous les feuilles les premières violettes, les iris fleurissent sur la crête du toit de la chaumière ;—**avril**, les oiseaux commencent à chanter ;—**mai**, voici les premières fraises mûres et l'aubépine en fleurs ; — **juin**, les cerises ;—**juillet, août, septembre**, les autres fruits, les foins, la moisson ; — **octobre**, les vendanges ; — **novembre, décembre, janvier, février**, la chasse, etc.

Le chaume de la maison est couvert du plus splendide velours vert ; — on fait de grands feux de bois mort, qui ne coûte que la peine de le ramasser.

Et comme les mets les plus grossiers semblent exquis ! — quels estomacs ! quels appétits!

Les enfants atteignent dix-huit ans, — vingt ans, — on se *fréquente* avec les enfants des chaumières voisines, on s'est toujours vus, toujours connus, on sait toute la vie les uns des autres, on connaît mutuellement ses qualités et ses défauts ; on se marie — et on recommence le cercle, en mettant ses sabots dans l'empreinte des sabots de son père — et allant peut-être un peu plus loin que lui.

On n'est pas attristé par l'aspect du luxe, des joies, des plaisirs de la ville ; — M. de Rothschild ne voit pas de plus beaux couchers de soleil ; —

le roi n'a peut-être pas de si belles chicorées dans son jardin.

Et la pluie qui dans les villes fait de la boue, comme elle a ravivé nos prés! Quel foin! les chevaux du roi n'en sauraient manger de meilleur!

Roi!

Si j'étais roi, je garderais mes moutons à cheval!

XXVI

Mais dans les centres industriels — quel contraste! Ah! il faut avoir vu les taudis où s'entassent certains ouvriers; — dès le seuil ces réduits s'annoncent par des vapeurs méphitiques sortant des allées obscures, des escaliers étroits et escarpés.

J'emprunte ces détails à un rapport d'une commission officielle, cité par M. Eugène Buret — sur la situation de la classe ouvrière à Lille (Nord).

« Des caves obscures dans lesquelles l'air n'est jamais renouvelé, — il est infect; — les murs sont plâtrés de mille ordures..... S'il existe un lit, ce sont quelques planches sales, grasses, — c'est de la paille humide et putrescente; — les fenêtres toujours closes, garnies de verres et de papier si noirs, si enfumés que la lumière n'y saurait pénétrer; — il est certains propriétaires qui font clouer les croisées pour qu'on ne casse pas les vitres en les fermant et en les ouvrant; — par terre, de la cendre, des ordures, des débris de toutes sortes, — une odeur fade, nauséabonde et cependant vive et piquante, —

odeur de saleté et d'ordures, — odeur de maladie. »

Mais pour voir la misère de la classe ouvrière, c'est dans le pays le plus riche du monde qu'il faut se transporter — en Angleterre ; — j'emprunte à M. Buret et à divers recueils anglais les exemples que voici :

« La misère anglaise se distingue de celle des autres pays par son aspect fantastique, par le costume grotesque qu'elle se compose avec les lambeaux de vêtements autrefois portés par les classes aisées et qu'elle va ramasser dans la boutique des chiffonniers [1] !

» Il est constaté que beaucoup d'ouvriers de Spitalfields ne vont pas à l'église faute de vêtements [2] !

. . . .
. . . .

« Au rez-de-chaussée, la pièce unique de la maison, dont le plancher était de quelques pouces plus bas que le fumier de la petite cour, vivait une famille de dix personnes. Ce réduit, qui n'a pas dix pieds carrés et moins de sept pieds de hauteur, était loué 1 shilling 6 pence par semaine, environ 2 francs. L'homme, le chef de famille, tremblait la fièvre ; la maladie et le jeûne l'avaient réduit à une maigreur extrême, et il n'y avait de vivant en lui que le regard, regard transparent, animé par le feu de la fièvre et dont il était impossible de soutenir la douloureuse expression. Cet homme, âgé de 37 ans, Anglais de naissance, teinturier en soie de profes-

[1]. M. Eugène Buret.
[2]. *Handloom Weavers Inquiry*. Report, PART. II of James Mittchell.

sion, pouvait gagner, lorsqu'il était occupé, jusqu'à 18 shillings par semaine, nous disait-il ; mais il n'avait pu trouver d'ouvrage depuis cinq mois. L'officier de secours m'affirma qu'il avait toujours eu une bonne conduite, et que ce n'était ni la paresse ni le vice qui l'avaient réduit en cet état. Sa femme, accroupie près d'un foyer délabré, tenait un petit enfant au sein ; trois autres enfants tout jeunes, et pieds nus, étaient en dehors de la cabane. Le père nous avoua que les autres étaient sortis dans l'espoir de *trouver quelque chose, en mendiant ou autrement.* Il n'avait depuis cinq mois d'autre moyen d'existence que ce que le bureau de secours consentait à lui donner et ce que rapportaient les enfants.

« Une autre famille habitait une chambre unique, située au-dessus du rez-de-chaussée, bien éclairée, assez grande, mais à laquelle on arrivait par un escalier sale et obscur, dont chaque marche branlait sous les pieds. Cette famille se composait de huit personnes, toutes présentes au moment de notre visite. Le chef de la famille était un tisserand en velours, jeune encore et Anglais de naissance. Il gagnait 7 shillings et demi par semaine, mais il n'était pas constamment occupé. Son logement lui coûtait 2 shillings et demi la semaine, et il y avait près de deux mois qu'il n'avait pu payer le loyer. Le seul objet qui garnissait la chambre était le métier à tisser ; il n'y avait pas un meuble, ni chaise, ni ni table, ni lit. Dans un coin était un gros tas de paille hachée, à demi caché par un lambeau de toile, et dans cette paille étaient enfouis trois enfants *tout nus,* comme des animaux, sans un reste de haillons sur le corps! La femme nous tournait le dos, essayant en vain de rattacher les débris de ses vêtements de manière à se laisser voir décemment; l'homme était vêtu d'un habit bleu après lequel brillaient encore deux ou trois boutons ciselés; il n'avait pas de chemise. Il nous reçut poliment et nous exposa avec tristesse, mais avec calme, toute l'horreur de sa condition. Il tenait une Bible à la main au moment où nous entrâmes, et comme l'officier de secours lui demandait pourquoi il n'allait point à l'église, il montra sa poitrine nue et sa femme immobile de honte dans un coin, ses enfants qui se blottissaient les uns derrière les autres pour éviter nos regards, et il répondit que bientôt il ne pourrait plus sortir, même pour aller demander de l'ouvrage. Cette famille passait pour être honnête; l'officier de secours avait déjà plusieurs fois distribué des vêtements, mais le manque d'ouvrage avait forcé le père d'échanger contre du pain les dons de la charité. Cette chambre, nous disait le malheureux, n'avait pas toujours été aussi vide que vous la voyez; il fut un temps où j'aurais pu vous offrir un siége; mais tout a passé, pièce à pièce, chez le *pawn-broker*, c'est le prêteur sur gages, industriel patenté, le fléau des classes pauvres, dont l'espèce est aussi nombreuse et aussi nuisible que celle des vendeurs d'*esprit* (de gin).

« Voici ce qu'un tisserand de Bethnal-Green répondit à l'un des commissaires chargés de l'enquête qui concerne sa profession : — « Avez-vous des en-
» fants, demande-t-on au pauvre ouvrier? — Non,
» répond-il; j'en ai eu deux, mais, grâce à Dieu,
» ils sont morts! — Est-ce que vous exprimez de la

» satisfaction de la mort de vos enfants ? — Oui, je
» suis débarrassé du fardeau de les nourrir, et eux,
» pauvres chères créatures! ils sont affranchis des
» misères de cette vie mortelle. — Combien payez-
» vous de loyer? — Il serait mieux de me demander :
» Combien devez-vous payer ? Payer son loyer est
» devenu chose inaccoutumée chez les tisserands ;
» je dois payer cinq ou six shillings la semaine,
» et c'est une des misères de notre profession que
» nous devions payer un loyer si élevé. Il nous faut
» beaucoup de place, beaucoup de jour, etc... [1] »

« Les *Wynds* de Glascow, dit M. Symons [2], comprennent une population flottante de 15,000 à 30,000 habitants. Ce quartier se compose d'un labyrinthe de ruelles, sur lesquelles s'ouvrent une foule sans nombre de passages qui conduisent dans de petites cours carrées, au milieu de chacune desquelles pourrit un fumier. L'aspect extérieur de ces lieux révolte tous les sens, et cependant il ne prépare pas encore aux horreurs, au dénûment, qui attendent le visiteur dans l'intérieur des habitations. Dans quelques réduits de ce quartier, visité pendant la nuit, nous avons trouvé une couche d'êtres humains, étendus sur le plancher, jusqu'à quinze et vingt personnes, les unes vêtues, les autres nues; hommes, enfants, entassés pêle mêle, les uns à côté des autres. Leur lit se composait de paille moisie étendue sur le plancher et mélangée de haillons. Il n'y avait

---

[1]. *Handloom Weavers Inquiry*. PART. II. Report of James Mittchell, p. 242.

[2]. *Arts and artisans at home and abroad*, by J. I. Symons, p. 116 et suivantes.

généralement que très-peu ou pas de meubles (*furniture*) dans ces réduits; le seul objet de confort qu'on y rencontre, c'est un feu. Le vol et la prostitution sont les seules sources de revenu de cette population.

« J'ai vu beaucoup de misère en mon temps (c'est le ministre d'une paroisse de la ville d'Édimbourg qui parle), mais jamais je n'ai été témoin d'une accumulation de misère semblable à celle qu'offre en ce moment cette paroisse (*Old Church*). Quelques-uns des Irlandais qui y vivent sont bien misérables, mais les plus misérables, et de beaucoup, sont des Écossais. J'ai vu une femme et cinq filles, avec une autre femme, dans une maison où il n'y avait ni siége, ni table, ni lit, ni draps, ni aucune espèce d'ustensiles de cuisine. Cette femme recevait la plus large aumône qu'accorde la charité, 2 shillings 6 deniers la semaine. — Je vois souvent la même chambre occupée par deux couples mariés, qui n'ont de lit ni l'un ni l'autre. — Je suis entré le même jour dans sept maisons où il n'y avait pas de lit, et dans quelques-unes pas même de paille. J'ai trouvé des vieillards octogénaires couchés sur des planches nues. — Beaucoup dorment dans les mêmes habits qu'ils portent pendant le jour. — Je peux citer le cas de deux familles écossaises, vivant dans une misérable cave, lesquelles étaient venues ici de la campagne, dans l'espoir de trouver de l'ouvrage. Depuis leur arrivée, elles avaient eu deux morts, et une troisième personne d'entre elles était à l'agonie. Dans le lieu qu'elles habitent, il est impossible de distinguer à midi une figure humaine sans lumière artificielle. Dans un coin, on voyait un tas de paille putrescente pour une famille; dans le coin opposé un autre tas de paille pour la seconde famille. Dans un troisième coin était un âne, tout à fait l'égal ici de ces humaines créatures. Il y a de quoi faire saigner un cœur de diamant, à voir une pareille accumulation de misère dans un pays comme celui-ci[1]. »

« Le fait est, dit Chambers, dans le journal d'Édimbourg, en parlant de la condition du grand nombre des travailleurs de cette ville, le fait est qu'ils vivent dans une condition telle que si on lui compare l'existence de la plupart des animaux domestiques, l'existence de ceux-ci est une vie de luxe[2]. »

« J'ai vu bien des gens, dit M. Alison, surtout des femmes, incapables de se procurer des vêtements pour aller à l'hôpital ou renvoyés comme incurables, repoussés par les autres institutions de charité: ils périssaient par suite du besoin et de la nudité, et ne recevaient de secours qu'à leurs derniers moments de quelques-uns de leurs voisins un peu moins misérables. — « J'ai été témoin, au mois de mars 1840, d'un fait précisément de cette nature : je trouvai une jeune femme, qui avait précédemment servi dans une famille respectable, étendue sur le plancher d'une chambre obscure, avec une couverture en lambeaux, la tête appuyée sur une pierre. Elle était à la dernière période de la consomption. Elle m'assura qu'elle n'avait pas eu d'autre lieu de repos

1. Evidence given by the Rev. D. Lee, minister of the Old Church, before the commissionners of religious instruction, 1 février 1836. Voyez : On the management of the poor in Scotland, p. 0.
2. Chamber's Edinburgh Journal, february 16, 1839.

depuis six semaines, et qu'elle n'avait vécu que de ce que lui avait donné une pauvre veuve avec laquelle elle vivait, et qui recevait du workhouse 9 deniers la semaine. Elle mourut avant que je pusse la faire admettre à l'hôpital[1]. »

« Au printemps de 1838, saison qui fut très-rigoureuse, j'ai vu trois jeunes femmes avec chacune un enfant naturel au sein, sans ouvrage, plongées dans la dernière détresse, et auxquelles on refusa l'entrée du workhouse. Les aumônes que leur faisaient leurs pauvres voisins étaient insuffisantes pour les faire vivre. Après quelques semaines de rude souffrance, les trois enfants moururent, sans aucun doute, des suites du froid et de la privation de nourriture. »

. . . .

XXVII

On ne peut regarder sans terreur la misère physique où peut tomber, où tombe si souvent l'ouvrier des villes et surtout des grandes villes (il y a à Paris un indigent légal — c'est-à-dire assisté, — certaines statistiques disent sur douze habitants, d'autres sur neuf — et elles ne tiennent pas compte de la misère honteuse, dissimulée, qui lutte et attend la mort sans rien dire; — à Paris, sur 24,000 décès 9,000 ont lieu à l'hôpital.

Mais cette misère est encore accrue par une mi-

---

1. *On the Management of the poor in Scotland*, page 34.

sère morale non moins douloureuse et beaucoup plus étendue, parce qu'elle provient de besoins factices, qui ne se contentent pas des nécessités de la vie, — une fringale, une boulimie plus exigeantes, plus féroces que la faim naturelle.

C'est de cette misère morale, plus dangereuse encore que l'autre pour la société, que nous causerons tout à l'heure, ce qui par une transition naturelle nous amènera à parler de la misère des femmes et des enfants, et de Paris considéré comme siège du gouvernement.

Ne vous fatiguez pas, mes chers lecteurs, de me voir appuyer sur ce sujet peu récréatif : — là est la vraie politique. Assez d'autres publicistes, hommes d'État et vauriens se battent dans la mâture et sur les huniers et pour arborer un pavillon de telle ou telle couleur ; — surveillons les vers térébrants qui percent la coque du navire et le feront sombrer dans un temps plus ou moins long.

XXVIII

Il faut trouver le mot de l'énigme du paupérisme ou se résigner à un bouleversement social non-seulement en France, mais dans le monde civilisé tout entier.

Les prétendus hommes d'État, politiques, diplomates, économistes, même dans leurs plus grands succès, ne peuvent obtenir que des sursis.

Ce qu'on appelle l'économie politique ne s'occupe guère que de **la richesse des nations**: — il faut que quelqu'un s'occupe de **la misère des individus.**

Car cette misère des individus accompagne si inexorablement le progrès extrême de l'industrie et du luxe, — qu'on se demande si la misère est la mère, ou la fille, ou la sœur du luxe — ou si elle est seulement son ombre.

Prenons quelques chiffres presque au hasard.

Dans le département de la *Creuse*, pays sans industrie, — tout le monde est pauvre, mais il n'y a qu'un indigent sur 330 habitants.

Dans le département du Nord, le plus **riche**, le plus industriel peut-être de tous, il y a un indigent *officiel* sur 6 habitants.

La Dordogne, pays pauvre et non industriel, un indigent sur 388 habitants.

Le Rhône, un de nos plus *riches* départements, un sur 9.

Combien faut-il de misères pour faire **une** aisance ?

Combien pour faire **une** fortune ?

Combien doivent mourir de faim pour qu'**un** vive dans le luxe ?

Peut-on arriver à ce que tout le monde boive de la bière double dans de grands verres ?

Faut-il se résigner tous à la petite bière ?

Faut-il laisser faire et se manger les uns les autres ?

XXIX

La société moderne, — ou du moins ceux qui prétendent la diriger, — sont dans la situation de Jésus, le fils de Marie, — qui se trouva « au désert » n'ayant que cinq pains et deux poissons pour nourrir cinq mille hommes.

C'est déjà un grand et beau miracle que de multiplier à l'infini ces cinq pains et ces deux poissons.

Mais ce miracle, que nous n'avons pas beaucoup de chance de voir se reproduire, serait insuffisant aujourd'hui, d'abord parce qu'il ne s'agit plus d'un seul repas, mais de deux repas par jour et toujours;

Ensuite parce que les convives ne se contenteraient plus de pain et de poissons, mais veulent des truffes et du vin de Champagne.

Le sphinx est toujours là avec son énigme sociale à résoudre.

Il ne manque pas de gens qui disent aux populations inquiètes :

« Envoyez-moi au sphinx, — je suis un grand devineur d'énigmes, et je vous sauverai ; payez-moi le voyage un peu grassement, et vous ne tarderez pas à m'en dire des nouvelles. »

On leur paie le voyage, ils vont gaiement jusqu'à cinq cents pas de la demeure du monstre, — et là, ils trouvent une auberge où ils mangent, ils boivent, ils dorment, ils s'amusent, — se contentant de demander des délais au sphinx, de le faire attendre et patienter avec des promesses, des rendez-vous pris et ensuite ajournés; — puis, à bout d'inventions dilatoires, ils lui disent : Sphinx, montrez-vous indulgent, laissez un moment de côté la grande énigme, et contentez-vous, pour le moment de nous proposer de petits rébus faciles, des charades innocentes, des devinettes à l'usage des enfants, — ça nous exercera et ça nous préparera tout doucement à la solution de votre grand problème.

Le sphinx a la douceur apparente des usuriers, qui accordent, pendant quelque temps et avec une certaine facilité, le renouvellement des lettres de change, à la condition d'intérêts toujours croissants, qui ne tardent pas à décupler la somme à payer, laquelle finira un jour par venir à une échéance inexorable, sans merci, où il faudra payer capital, intérêts, intérêts des intérêts, frais et tout.

Il est semblable à un fameux faiseur de mariages, — l'inventeur de la profession, n'en déplaise à M. de Foy, qui n'est que le second, et seulement l'Améric Vespuce du mariage en boutique.

M. Williaume annonçait en ce temps-là, comme M. de Foy et deux ou trois autres aujourd'hui, qu'il avait dans ses cartons des héritières ou des dots plus ou moins immenses en disponibilité; puis, conciliant le désir d'augmenter le chiffre de « ses affaires » avec la dignité de la « profession qu'il inaugurait », après avoir fait savoir que c'était « dans les hautes classes de la société qu'il avait coutume de faire luire le flambeau de l'hyménée », il annonçait en manière de post-scriptum — que « son secrétaire plaçait des domestiques. »

Le sphinx donc a des subalternes, des secrétaires auxquels il permet de proposer aux conducteurs des nations modernes quelques énigmes faciles, quelques logogriphes élémentaires, semblables aux premiers exercices de piano destinés à délier les doigts des enfants.

Mais je vois avec inquiétude que nos maîtres, et ceux qui ont entrepris notre salut ne se tirent même pas de ces petites difficultés et semblent prêts à chaque instant à jeter non pas seulement leur propre langue, mais aussi la société tout entière aux chiens affamés et hurlants qu'ils ont ameutés et qui la menacent; que feront-ils quand viendra le jour de l'échéance fatale, jour auquel il faudra sans remise résoudre le grand problème ou périr?

Voici par exemple quelques-unes des devinettes proposées :

Un négociant a une dette écrasante à payer, — il n'en peut retarder le paiement, et encore pour un temps assez court — qu'en promettant d'énormes intérêts.

Il est vrai qu'il a un nombreux domestique très-chèrement payé, des équipages et des chevaux, — une galerie de tableaux d'un prix inestimable; — sa femme a des diamants évalués à une très-grosse somme.

Que doit-il faire?

Supprimera-t-il les domestiques, en les remplaçan par une bonne avec de petits gages? — enverra-t-il les voitures et les chevaux au Tattersall, — vendra-t-il les diamants de Madame?

0.

Ou bien se chargera-t-il d'une autre dette accrue par des intérêts plus forts, — et, pour payer ces ntérêts en gardant son luxe extérieur, condamnera--il sa nombreuse famille bientôt en guenilles à se faire servir dans des plats d'argent du pain sec et des harengs saurs, pas toujours en quantité suffisante, par de nombreux domestiques en livrée galonnée, qui mangeront de bons morceaux à l'office?

Remplacera-t-on le souper à certains jours par une promenade dans la galerie des tableaux ?

La femme, amaigrie par les privations, ne pouvant s'acheter une jupe neuve, se consolera-t-elle en faisant mettre sur ses misérables haillons, par des femmes de chambre coquettement et richement vêtues, ses diamants si heureusement conservés?

Les devineurs jurés, — ceux qui ont promis de nous délivrer du sphinx, — réfléchissent un moment et s'écrient : Eh! mon Dieu, que dirait-on ? Il faut tenir son rang : il doit garder ses diamants, sa galerie, ses chevaux, sa voiture, sa livrée et les diamants de sa femme.

A un autre, dit un des secrétaires du sphinx :

Formez un groupe de vingt personnes, — supposez que sur ces vingt personnes il y ait un homme de génie, — c'est beaucoup, c'est même peu probable, mais ce n'est qu'une supposition; supposez avec la même hardiesse un homme ayant un caractère, — supposez deux hommes très-instruits, — et deux très-intelligents et très-laborieux, — deux ou trois taillés sur le modèle commun, médiocrement intelligents, assez peu instruits, mais cependant n'étant pas complétement dénués d'instruction et d'intelligence et d'honnêteté, mais suivant naturellement et résolûment le plus grand nombre, — et les dix autres non-seulement ignorants, mais ayant la tête remplie d'idées fausses, de préjugés, de billevesées de tous genres ; — sur ces dix il faut compter un ou deux fainéants, piliers d'estaminets, et un amant de cœur de la Vénus du ruisseau, etc.

Par qui ferez-vous choisir le gouvernement du pays, — par les sept premiers? — par la première dizaine? — par la seconde dizaine?

Les devineurs jurés s'aperçoivent que cela demande réflexion, — ils prennent des attitudes méditatives; — l'un appuie son coude sur une table et son menton sur sa main, — un autre se prend le nez d'une poignée,—un troisième fait tourner ses pouces, — un quatrième se gratte la tête avec l'index.

Puis, ils se consultent, mettent en commun le produit de leurs réflexions et de leurs lumières acquises par l'étude de la question.

Ils sourient, ils croient avoir *enfoncé* le secrétaire du sphinx par une solution si triomphante que si le sphinx avait un peu de pudeur et de respect humain, il se précipiterait comme lorsqu'il fut vaincu par Œdipe.

Et le plus malin d'entre les devineurs jurés se charge de communiquer la réponse, en dissimulant à peine un sourire vainqueur.

Nous ne confierons, dit-il, le soin de choisir un gouvernement, ni aux sept premiers, qui sont des aristocrates;

' Ni à la première dizaine, parce que les trois qui la complètent se laisseraient naturellement entraîner par l'influence de l'homme de génie et de l'homme à caractère ; — le résultat serait le même que si on se contentait des sept premiers.

Nous ne confierons pas cette mission non plus aux derniers, qui n'ont ni les lumières ni l'indépendance — et, dans leur ignorance de la géographie, prennent volontiers pour des phares les feux qu'allument les naufrageurs pour attirer les navires sur les récifs, — et qui, d'ailleurs, médiocrement assis dans la vie, trouveront que tout va mal et voudraient sans cesse tout bousculer, — sans parler du souteneur de filles, et des deux forts au billard, etc.

Nous confierons, mon brave homme, et vous ne vous attendez pas à celle-là, — le soin de choisir le gouvernement à tous les vingt composant le groupe, — et nous compterons les voix.

— Chaque voix, dit le secrétaire du sphinx, comptant pour...

— Pour une voix, naturellement, répond l'orateur des devineurs jurés.

— Mais, dit le secrétaire du sphinx, remarquez que c'est absolument comme si vous donniez cette mission à la dernière dizaine, puisque c'est elle qui, suivie par les trois incertains, décidera par le nombre, — c'est-à-dire aux ignorants, aux esprits égarés ou faciles à égarer et à l'écume de la société.

— La question est décidée, répondent les devineurs, avec le sourire de la supériorité placide et convaincue.

Il se présente une autre question, c'est celle de l'Assemblée des représentants du pays.

Quand ils sont candidats, — ils offrent leur vie entière « avec ce qu'ils ont d'intelligence, d'énergie, de dévouement, etc. » — Vous connaissez la phrase.

Ils n'auront plus « qu'un but, qu'une préoccupation, qu'une occupation, — les affaires du pays ; » — ils s'y consacrent « corps et âme. »

Une fois réunis, — ils sont en réalité *le gouvernement*, puisque le chef du pouvoir exécutif, aux termes de la loi décrétée par eux-mêmes, « n'exerce ses fonctions que sous L'AUTORITÉ DE L'ASSEMBLÉE. »

Quelles sont, — en apparence du moins, — les conséquences de cette situation?

1° L'abandon de toutes autres fonctions pouvant usurper une partie de leur temps, de leur énergie, de leur intelligence;

2° L'assiduité la plus entière aux travaux de l'Assemblée, — l'indemnité payée en jetons de présence, divisant cette indemnité en un nombre de séances présumé, sous une forme approchant de celle des billets du chemin de fer « aller et retour »;

C'est-à-dire qu'une carte, délivrée aux députés à l'heure annoncée pour le commencement de la séance et refusée une demi-heure après — doit être rendue par eux à la fin de cette même séance, contrôlée et mise en réserve — jusqu'au paiement hebdomadaire ou mensuel de l'indemnité.

3° Un nombre d'absences fixé, après lequel le député est déclaré démissionnaire;

4° L'Assemblée, sous *l'autorité* de laquelle le chef du pouvoir *exerce ses fonctions* — doit être, comme lui et ainsi que lui, *permanente*.

Car, sans Assemblée — fût-ce pendant un jour — le chef du pouvoir devient absolu, ou ne peut plus exercer — despotisme ou anarchie. — Il ne doit donc être donné aux députés que des congés personnels — d'une durée limitée — et, sauf de rares exceptions, avec suspension du traitement.

Le président, ou chef du pouvoir exécutif, ne peut pas plus donner un congé à l'Assemblée, que l'Assemblée ne peut donner un congé au président, — et encore ce second cas serait possible, — puisque c'est l'Assemblée en réalité qui donne le mouvement générateur à la machine, et qu'elle n'aurait qu'à se mettre en communication directe avec les autres rouages, — auxquels le chef du pouvoir exécutif communique d'ordinaire l'impulsion qu'elle lui donne.

Donc à la rigueur — l'Assemblée pourrait dire à M. Thiers : — Allez vous reposer — ou, Allez vous promener ; — surtout s'il y avait (c'est le comble de l'imbécillité qu'il n'y en ait pas encore) un vice-président.

Car la maladie, la fatigue, pourrait envoyer le président se reposer ou se promener.

Mais le président ne peut pas envoyer l'Assemblée se promener, se reposer, — ni lui dire : Allez-vous-en là-bas voir si j'y suis.

On sait ce que c'est que la commission dite de permanence, et on a vu, lors du dernier congé à quoi elle a servi ; — c'est comme au collége, quelques élèves en retenue un jour de sortie : — ils *brochent* leur *pensum* avec trois plumes — et dorment sur leurs pupitres.

Je sais bien que c'est le système de M. Thiers et que, lors de son ministère de 1840,

« Le cabinet du 1er mars 1840 venait au monde en pleine session ; — les séances furent suspendues pendant vingt-quatre jours — et, durant ce temps-là, M. Thiers tint dans son cabinet une séance à huis-clos ; — il convoqua un à un les députés des différents groupes, les conservateurs, le centre, la droite, le centre gauche et la gauche ; — il prêcha en tête-à-tête, variant son thème à l'infini et ayant pour chacun une édition revue, corrigée, augmentée — on appela ce travail le système des conquêtes individuelles (*Mémoires d'un bourgeois de Paris*). »

5° L'Assemblée doit être renouvelée par fractions.

Des élections générales nous exposent trop en France à des courants en sens successivement contraires — aux caprices de la mode ; — à chaque nouvelle Assemblée tout sera à refaire, et probablement à démolir ; — il faut que l'élection assez fréquente d'un tiers de l'Assemblée vienne infuser à la Chambre — pour satisfaire même les fantaisies et les lubies du pays ; mais aussi ce qu'il y a de bon dans les innovations et les véritables progrès, — un peu de sang nouveau.

Mais il ne faut pas que ces élections faites sous l'impression du moment, sous l'empire de la mode, avec l'inflexibilité d'un courant — viennent tout bouleverser et tout remettre en question.

Il ne faut jamais dételer, — mais ajouter de temps en temps un cheval de renfort qui s'attellera tantôt devant pour monter une côte roide, tantôt derrière pour descendre une pente dangereuse.

6° Il faut entièrement proscrire un abus, dont je veux à peine croire l'existence — et que l'on m'assure être en usage, — c'est qu'on vote par procuration, c'est que le vote d'un absent est déposé par un ami ou un compère.

XXX

La France voit depuis quelque temps diminuer sa population ;— cette question, dont on semble ne se pas préoccuper suffisamment, doit être étudiée.

Cette dépopulation tient à plusieurs causes :

D'abord, il faut reconnaître qu'un pays a des habitants en proportion de la facilité qu'il a de les nourrir.

Pourquoi, dit un philosophe ancien — les moutons, dont les femelles ne font qu'un ou deux petits à la fois, se sont-ils si prodigieusement multipliés, quoique mangés un peu par les loups et beaucoup par les hommes? tandis que les loups, qui ont des portées de quatre ou six louveteaux, sont assez rares et vont en diminuant? Ce n'est pas à cause de la guerre que leur font les hommes, car on tue trois mille moutons au moins dans le temps qu'on tue un loup.

C'est que la terre est couverte d'herbe et fournit aux moutons une table toujours abondamment servie, tandis que le loup ne trouve sa nourriture qu'avec parcimonie, peine et dangers.

Cela posé, — reconnaissons encore que les vraies richesses pour l'homme consistent dans la subsistance, les commodités et les douceurs de la vie. Ces richesses viennent de la terre et du travail.

L'or et l'argent ne sont qu'un signe de ces richesses, imaginé pour la facilité des échanges ; — en eux-mêmes, l'or et l'argent ne sont que des cailloux, — et la fable de Midas, une des plus sages de l'antiquité, nous montre l'homme mourant tristement de faim s'il s'avise de confondre le signe avec la chose signifiée, — ce qui est la tendance de la société actuelle.

La grande multiplication de l'espèce humaine en comparaison des autres espèces, tient à ce que l'homme est, de tous les êtres créés, celui qui fait le plus facilement pâture de tout.

Chaque animal ne peut vivre que d'un nombre restreint d'aliments. L'homme vit de tout ce que mangent tous les autres ; il mange les moutons comme le loup ; il mange l'herbe comme le mouton ; il mange les grains et les fruits comme les oiseaux, et il mange les oiseaux eux-mêmes ; de plus, il a su, par son industrie, multiplier autour de lui les éléments de sa subsistance.

Diminuez demain la moitié des pâturages — ou imaginez une sorte de moutons qui mange trois fois plus que l'espèce aujourd'hui existante, il faudra nécessairement que le nombre des moutons diminue sur la terre des deux tiers.

Imaginez une race de loups qui puisse se nourrir de l'herbe des champs et des feuilles des arbres, et la terre ne tardera pas à être couverte de loups.

De même, les hommes ne peuvent se multiplier que s'ils peuvent multiplier et accroître en même temps leur subsistance.

Cette subsistance, au lieu de s'accroître, peut se diminuer de deux manières : ou la terre et l'industrie de l'homme produisent moins, ou chacun des hommes consomme davantage.

Or, nos gouvernements, « *absorbés* par ce qu'ils appellent *la question politique* », ne s'aperçoivent pas que, par une tendance qui augmente tous les jours, nous pratiquons à la fois ces deux moyens d'être misérables.

La multiplication et l'agrandissement des villes non-seulement enlève des bras à l'agriculture, — ce qui est le premier moyen, — mais augmente dans une bien plus grande proportion la consommation, — ce qui est le second moyen.

Le paysan devenu citadin prend en peu de temps des habitudes qui, d'abord excès superflu, folie en commençant, deviennent bientôt usage, habitude, nécessité ; — le paysan qui devient citadin représente à la fois un producteur de moins, et facilement trois consommateurs de plus, — c'est-à-dire qu'il ne tarde pas à consommer trois fois pour le moins ce qu'il consommait aux champs, — c'est-à-dire qu'il réalise ce que je disais tout à l'heure, la création de cette race de moutons qui mangerait trois fois autant que la race actuelle.

J'en citerai un exemple et une preuve.

Il y a quelques années, un paysan de la montagne, — c'est-à-dire des Alpes, — m'amena son fils, — un grand et beau garçon de dix-huit ans, pour travailler chez moi au jardin.

Il me demanda un prix qui me parut exagéré — et je lui fis remarquer que son fils étant nourri chez moi, ne pouvait prétendre au même salaire que ceux que je ne nourrissais pas.

—La nourriture, me dit-il, qu'est-ce que c'est que ça? cinq ou six sous par jour; il ne les dépense pas chez nous; ça ne vaut pas la peine d'en parler.

Eh bien, — quelques mois plus tard, mon gars avait pris de telles habitudes, tant de besoins nouveaux, que je crus devoir lui offrir — en dehors de ses gages — trente sous par jour pour se nourrir dehors et à ses frais — et qu'il refusa mon offre comme insuffisante, — s'en alla et se fit domestique dans une auberge.

Il en est de même pour les filles qui descendent des montagnes ou viennent des champs dans les villes; — elles ne tardent pas à quitter leur costume, le plus souvent pittoresque et joli, pour se déguiser en citadines, ce qui à la fois les enlaidit et exige un revenu qu'elles ne peuvent presque jamais gagner par le travail, — du moins par un travail honnête.

Si vous avez préparé un dîner pour six personnes — et qu'il en vienne douze, ou que les six arrivent avec un appétit double de celui que vous avez supposé, vos préparatifs et votre dîner sont insuffisants — et vous serez obligé peut-être de n'en laisser asseoir à votre table — que la moitié, — c'est-à-dire : ou tous mangeront à moitié de leur appétit, — ou bien la moitié feront un bon dîner et l'autre moitié ne mangeront pas du tout.

XXXI

Il est incontestable aujourd'hui que les besoins de l'homme vont s'augmentant dans une proportion qui dépasse les progrès de la production.

Ou il faut produire davantage, ou il y aura un certain nombre d'hommes qui ne mangeront pas — et qui, selon Malthus, sont de trop sur la terre et n'ont rien à y faire, si ce n'est de mourir le plus vite possible, — convives retardataires pour lesquels il n'y a pas de couvert mis dans la société — Il y a pour eux une chance meilleure, ce serait de ne pas naître — et la civilisation s'occupe de ce problème, — ne pas laisser naître plus d'hommes qu'on n'en peut nourrir.

Vous voyez encore de nombreuses familles parmi les paysans et les pêcheurs des côtes — parce que, consommateur inutile pendant peu d'années, il est vrai, l'enfant qui naît ne tarde pas à devenir un producteur d'abord suffisant à ses propres besoins, puis un peu plus tard contribuant au bien-être de la famille.

Il n'en est pas de même dans les villes — où, sauf dans les centres industriels — et j'ai parlé dernièrement du triste travail des enfants dans les manufactures, l'enfant qui naît dans un milieu où il consommera énormément plus que l'habitant des champs et où, s'il devient producteur, ce ne sera pas avant d'avoir atteint un certain âge, est une charge, un danger, une terreur pour la famille ; de sorte que dans les villes on ne *consent à avoir* qu'un ou deux enfants ; — je ne parle pas de ceux qui n'en veulent pas du tout.

XXXII

Passons à un autre ordre d'idées ; — les mêmes causes qui s'opposent à l'acceptation des familles nombreuses s'opposent au mariage pour un très-grand nombre, — un certain superflu devenu une nécessité fait de la femme, de l'épouse, un objet de luxe qu'on n'ose pas toujours se permettre.

Le bonheur légitime est si cher aujourd'hui,
Qu'on n'ose plus aimer que la femme d'autrui,
Et, pour peu qu'un jeune homme ait d'ordre et de conduite,
Au banquet de l'amour il vit en parasite.

Autre chose, — toutes ces filles qui quittent la simplicité des champs dans cette zone pestiférée qui s'établit autour des villes et qui, exposées aux désirs, à l'envie, aux séductions, — acquièrent des besoins nouveaux, ne tardent pas, pour la plupart, à demander à leur jeunesse et à leur beauté — des ressources que le travail honnête — qui aurait suffi peut-être à leurs besoins réels, ne peut fournir aux besoins factices et nouveaux qu'elles ont contractés.

Pour les filles, la fécondité est un malheur; — beaucoup s'arrangent pour la prévenir ou en détruire les suites — et la morale, que j'appelle morale de papier, les y aide puissamment en supprimant les *tours* et le mystère pour les enfants abandonnés; en effet on dépose beaucoup moins d'enfants dans ces asiles, mais beaucoup plus dans la rivière, dans les égouts et dans les latrines.

Une des causes du désordre et de la prostitution des femmes dans les villes est un abus que je ne me lasse pas de signaler, c'est l'usurpation par les hommes des métiers qui appartiennent aux femmes par droit de faiblesse; — les métiers d'aiguilles et de ciseaux, les métiers sédentaires, les métiers assis.

Dans une société bien organisée il ne devrait pas y avoir un seul tailleur (et aujourd'hui il y a des hommes couturières); un seul coiffeur, un seul garçon ou commis de magasin, un seul garçon de café ou de restaurant; — beaucoup de places d'expéditionnaires dans les administrations pourraient être occupées par des femmes, etc.

Quant aux hommes, grâce aux plaisirs faciles et sans devoirs que leur offre la prostitution dans les grandes villes, ils n'ont pas besoin de se marier, — ou ils se marient tard, n'apportant à une famille future que les restes ruinés et épuisés de leur jeunesse et de leur vigueur.

Parlerons-nous aussi des mariages d'argent? — Oui certes.

Grâce à la prostitution, que l'état social actuel semble avoir pour un de ses buts principaux d'accroître et d'étendre — en y jetant aussi par le luxe beaucoup de femmes mariées qui font concurrence aux courtisanes, — l'homme qui n'a pas besoin de se marier se contente d'avoir des femmes au lieu d'avoir une femme, à laquelle il faut en même temps appartenir.

La fille honnête ou d'honnête famille ne peut satisfaire les instincts de l'amour et de la maternité que par le mariage.

L'homme les satisfait et les exagère sans avoir besoin de s'y astreindre.

De là se trouve réalisée cette plaisanterie qui a l'air d'un coq-à-l'âne et que je prêtai autrefois à un personnage de comédie (*la Pénélope normande*) :

« Je comprends que les femmes se marient, — mais pas les hommes. »

Il y a donc plus de filles à marier que d'hommes. — L'homme est une marchandise plus demandée, la fille une marchandise plus offerte.

De là ce désappointement cruel pour une belle fille qui se sent très-admirée, qui se voit très-courtisée dans le monde,

A laquelle on dit que baiser, que toucher l'extrémité de son petit doigt est un bonheur céleste, — qu'un regard de ses yeux bleus ou noirs — ravit les âmes, etc.

Qu'elle s'avise de dire ou de laisser entendre à ces débitants de phrases :

— Mais, Monsieur, non-seulement mes regards, mais mes yeux, mais mes cheveux et mes lèvres;

Non-seulement mon petit doigt, mais toute la main et le bras et les épaules et la poitrine et les jambes et..... toute la personne peut vous appartenir, — vous n'avez qu'à me demander à papa.

— Alors, Mademoiselle, combien votre papa donne-t-il d'argent pour qu'on se charge de tous ces attraits et de tout ce bonheur?

XXXIII

Parlons aussi un peu — et sommairement comme de tous les autres points — d'une cause de dépopulation,— l'usage étrange, monstrueux adopté par le plus grand nombre de femmes de faire nourrir leurs enfants par des mercenaires — en attendant qu'on trouve le moyen, en payant, de faire accoucher d'autres femmes à sa place.

De cet usage adopté par tant de femmes — de ne pas nourrir leurs enfants, proviennent d'abord de nombreuses et cruelles maladies pour celles qui se dérobent à ce devoir — et une mortalité épouvantable parmi les enfants nouveau-nés.

Je me suis occupé de cette question, il y a quelques années ; plusieurs écrivains, depuis, en ont dit quelques mots — je ne m'aperçois pas que cette question ait produit de résultat.

D'abord — les enfants abandonnés qui — grâce à la philanthropie hypocrite et à la morale de papier, sont beaucoup moins déposés dans les tours, mais beaucoup plus, je l'ai dit, dans les égouts et dans les latrines, quand ils échappent à ce sort, dont les chances vont tous les jours en augmentant, subissent encore d'autres épreuves que la philanthropie et la morale ont imaginées pour s'en débarrasser.

C'est l'allaitement au loin — en masse, en tas, avec une surveillance et un contrôle insuffisants — qui les livrent à la cupidité criminelle de femmes qui ont fait une industrie et un métier de leur lait — et qui parfois ont abandonné le devoir de nourrir leur propre enfant, pour le bénéfice de nourrir l'enfant d'une autre.

Enfants trouvés et enfants légitimes — les premiers dans une proportion bien plus forte que les autres — trouvent dans l'allaitement mercenaire des chances de mort qu'on ne sait pas assez.

Je ne citerai que quelques exemples empruntés à un ouvrage du D⁰ Brochard.

« A la *Chapelle-Guillaume*, en 1859, il est mort plus de la moitié des enfants mis en nourrice.

7.

A *Chapelle-Royale*, sur 8 il en est mort 8.

A *Miermaigne*, sur 6 il en est mort 6.

Dans certaines communes de *Saint-Eliph, Friaize, Belhomett*, il est mort souvent les quatre cinquièmes, quelquefois la totalité des nourrissons.

A *Saint-Denis d'Authon*, sur 14 il en meurt 12; à *Coudreceau* et à *Frazé*, ils sont tous morts.

Sur vingt-cinq mille enfants envoyés en nourrice, il en meurt vingt mille.

Beaucoup meurent de faim, — beaucoup sont *brûlés*, d'autres sont mangés par les pourceaux.

Je cite ici à l'appui un ou deux faits constatés par le Dʳ Brochard :

« Un nourrisson des petits bureaux meurt chez la femme C..., dans une commune retirée de l'arrondissement de Nogent (Coudreceau). La nourrice déclare à la mairie qu'il *a succombé à des convulsions*. On l'enterre sans qu'il y ait eu de vérification de décès. Six semaines après, une lettre anonyme, partie de Coudreceau, apprend à la malheureuse mère, qui habitait Paris, que *son enfant est mort brûlé*. Cette pauvre femme, au désespoir, s'adresse au parquet de Nogent, qui ordonne une enquête. Les renseignements pris par la gendarmerie concordèrent tellement avec la version de la nourrice, que l'instruction allait être arrêtée, lorsque le procureur impérial, qui m'avait souvent entendu parler de la négligence de ces femmes, ordonna l'exhumation du cadavre, et me chargea de procéder à cette opération. Je constatai que les *deux jambes du cadavre étaient carbonisées*. Voici ce qui s'était passé : cet enfant avait été placé par sa nourrice sur une chaise basse, ses langes ouverts, devant la cheminée. Cette femme étant sortie, les langes de l'enfant s'étaient enflammés et avaient occasionné une brûlure énorme à laquelle le malheureux nourrisson n'avait survécu que quelques instants. »

Un autre :

« La femme X..., jeune et belle nourrice habitant Nogent-le-Rotrou, s'était plusieurs fois présentée à ma visite pour se rendre à la direction. Comme je savais cette femme adonnée à l'ivrognerie, j'avais constamment refusé de lui donner le certificat qu'elle me demandait. Elle alla aux petits bureaux, et ramena de Paris un charmant enfant. Cette femme, me voyant passer un jour devant sa porte, voulut me montrer son beau nourrisson, afin de me prouver que l'on n'avait pas été aussi difficile à son égard à Paris que je l'avais été moi-même. La malheureuse était ivre et elle tenait son nourrisson la tête en bas. On devine quel fut le sort de la pauvre et innocente créature..... Chargé peu de temps après, par le commissaire de police, de constater le décès de ce nourrisson arrivé à Nogent si frais, si rose, je trouvai dans le taudis habité par la femme X. un petit squelette décharné, aux traits crispés, étendu sans draps sur une paille sale et infecte. Ce malheureux enfant était mort de *faim et de misère*. En l'absence de la nourrice, absence qui avait duré toute la matinée, les voisines s'étaient émues des cris plaintifs qu'elles avaient entendus et qui avaient cessé tout à coup. Il fallut enfoncer la porte pour constater le décès de ce nourrisson.

« *La femme X... ne fut l'objet d'aucune condamnation.* »

Un autre fait encore :

« J'ai connu un maire, membre du conseil d'arrondissement, qui parlait sans cesse de progrès et de philanthropie. Je l'engageai un jour, au nom de ce progrès et de cette philanthropie dont il s'occupait tant, à s'opposer dans sa commune à l'industrie ou plutôt à l'exploitation immorale des nourrissons, dont *les cadavres*, selon sa propre expression, *pavaient son cimetière.*—Je sais bien, me répondit-il, que ces enfants sont voués à la mort; mais que voulez-vous ! *C'est le bien-être de ma commune.* Ces femmes n'ont pas d'autres moyens d'existence, et sans les nourrissons, elles tomberaient *à la charge du bureau de bienfaisance.* Après tout, ajouta-t-il, *il y aura toujours des Parisiens.* — Triste et ridicule philanthropie, digne à peine des tréteaux de la foire!

» Un fonctionnaire qui, par sa position élevée dans l'arrondissement de Nogent, aurait pu faire cesser une partie des abus que je signale, accueillit un jour mes doléances à cet égard par ces paroles : « Bah! docteur, il y aura toujours assez d'enfants! »

Et pour finir :

« Madame,

» Je vous écris pour vous donner des nouvelles du cher petit, et en même temps pour avoir des nouvelles de votre santé. Le cher petit vient bien. Il commençait à se nouer, mais je lui ai fait faire un bandage qui m'a coûté 3 fr.; maintenant, il se fortille beaucoup. C'est étonnant comme il ressemble à Monsieur. Je vous prie de m'envoyer des souliers, car il marchera bientôt; il va aussi être temps de le mettre en robes. Le germe des dents le rend si difficile, que je suis obligée de lui mettre du sucre dans tout ce qu'il prend. Je vous prie, Madame, de m'envoyer du sucre et du savon. Mes respects à Monsieur.

« *Votre nourrice.* »

La mère, enchantée de savoir que son enfant va bientôt marcher, qu'il va avoir des dents, envoie tout ce qu'on lui demande. Le nouveau-né, bien entendu, ne tient pas sur ses jambes et n'a aucune apparence de dents; mais l'enfant de la nourrice a une robe et des souliers.

Peut-être reviendrai-je sur ce sujet — et parlerai-je de cette femme célèbre dans sa commune entre les mains de laquelle il était mort tant d'enfants — qu'on l'appelait :

la faiseuse d'anges.

Voilà donc à peu près les causes ou du moins les principales causes de la dépopulation croissante de la France.

Elles sont nombreuses, elles sont tristes, — mais la plupart ne sont pas irrémédiables.

Seulement on ne s'en occupe pas, et on ne s'en occupera pas de longtemps.

Absorbé que l'on est par *la question politique,*

Et nous savons ce qu'il faut entendre par

« *La question politique.* »

Le docteur Brochard a connu une nourrice qui recevait les mois dix-huit mois après la mort de son nourrisson, auquel elle avait substitué son propre enfant. — La négligence : un médecin qui a été « chargé pendant dix-huit ans d'un service considérable de nourrices, a vu souvent les nourrices à l'arrivée ou au départ d'un convoi de chemin de fer, être réellement embarrassées pour reconnaître les nouveau-nés momentanément déposés sur les tables ou sur les bancs des salles d'attente, puis, inquiètes, hésitantes, se décider à la hâte à en prendre un au hasard.

« Je suis convaincu, ajoute ce médecin, qu'un *grand nombre* de mères embrassent des enfants qui ne leur ont jamais appartenu. »

Le docteur Rodet, de Lyon, ex-chirurgien en chef de l'Antiquaille, raconte qu'un de ses clients payait depuis longtemps des mois de nourrice pour un enfant mort. Il lui prend envie de voir son enfant. Ses occupations le retiennent. Il écrit à la nourrice de le lui apporter. Celle-ci est fort embarrassée; elle a bien son enfant à elle à peu près du même âge, qu'elle nourrissait en même temps; mais... il y a un inconvénient.... Bah! on ne s'en apercevra pas! elle apporte l'enfant, il est superbe! On le caresse, on le couvre de baisers. Une vieille parente s'avise de le démailloter, malgré la nourrice qui craint le froid. — Eh! mon Dieu! mais qu'a donc ce garçon? ou plutôt que n'a-t-...? On découvre alors que la nourrice, n'ayant pas de garçon, a substitué sa fille à l'enfant du client du docteur Rodet.

La troisième cause est le désir de transplanter un de ses enfants, surtout quand on en a beaucoup et qu'on est pauvre, dans une famille aisée et riche.

Pour les enfants de la classe riche, on croit avoir tout prévu en faisant allaiter l'enfant chez soi, sous ses regards, en prenant une nourrice sur lieu.

Eh bien, passons sur ce point très-important cependant, que le seul lait favorable à l'enfant nouveau-né est le lait nouveau de sa mère, qui a certaines qualités purgatives indispensables ; tandis que ces filles arrivent avec du vieux lait et de faux certificats de leur maire. Le docteur Brochard cite des exemples, et le docteur Monot affirme que ces certificats, qui rajeunissent ou vieillissent le lait, se donnent, dans la Nièvre, moyennant « une honnêteté au maire ». Le plus souvent ces filles commencent par abandonner leurs propres enfants à leur mari, à des parents, à leurs voisines ; presque tous ces enfants meurent.

En effet, le mari, qui n'a consenti à laisser partir sa femme que pour en recevoir de l'argent, ne travaille plus, vit au cabaret. Les voisines ont autre chose à faire, etc.

Mais ce n'est pas tout. « Tout le monde sait, dit le docteur Monot, de quelle renommée jouissent à Paris les nourrices *bourguignotes*, les nourrices du Morvan. Aussi cette industrie a-t-elle pris une extension inouïe. Ce commerce est le plus important de cette partie du département de la Nièvre. Dans le seul canton de Montsauche, dans une période de sept ans, 2,284 femmes sont accouchées : 1,897 sont allées à Paris « nourrir sur lieu » (deux sur trois). La plupart de leurs enfants (84 sur 100), laissés au pays, y sont morts avant l'âge d'un an.

« Mais, dit le docteur Brochard, ce département de la Nièvre, qui a le privilége de fournir des nourrices aux meilleures familles de Paris, est de tous les départements de la France celui qui compte le plus de scrofuleux. »

« En France, dit le docteur Bourdin, il y a un scrofuleux sur 100 habitants ; dans le département de la Nièvre un sur 34. »

Morts ou crétins, voilà ce que deviennent la grande majorité des enfants qui ne sont pas nourris par leurs mères.

Passons maintenant aux enfants assistés, enfants trouvés, etc.

« Les conditions, dit M. Donnet, archevêque de Bordeaux, dans lesquelles sont placés les pauvres petits enfants trouvés font frémir.

» Au lieu d'être allaités au sein, ils le sont à l'aide d'un biberon et livrés quatre et parfois davantage à la même personne.

» On en confie à de vieilles mendiantes ; dans une commune, on en a placé cinq chez une femme qui sortait de prison pour vol ; huit jours après ils étaient morts tous les cinq.

» Le nombre de ces infortunés envoyés à Cuget en 1862 a été de vingt-quatre ; le nombre des morts a été de vingt-trois. » — (Ferdinand, cardinal Donnet.)

« On croit généralement dans les communes, dit M. de Bethmann, administrateur de l'hospice des enfants assistés et maire de Bordeaux, on croit que l'administration ne place si mal les enfants trouvés que pour en débarrasser la société.
» Souvent ce sont des vieillards infirmes qui donnent des biberons sales aux enfants. La femme Barreau avait charge de sept enfants, la femme Georgette de six. »

« Si l'on ne veut plus d'enfants trouvés, dit M. de Saint-Laumer, administrateur des enfants trouvés d'Eure-et-Loir et maire de Chartres, le but est bien près d'être atteint : dix-huit sont morts sur vingt. »

Il s'ensuit que la période de doublement de la population est de cinquante-deux ans pour l'Angleterre, de cinquante-quatre ans pour la Prusse, de cinquante-six ans pour la Russie et de cent quatre-vingt-dix-huit ans pour la France.

Voilà donc la situation expliquée sommairement ; elle n'est pas belle. Cet état de choses pourrait changer en peu de jours.

Commençons par les enfants trouvés.
Depuis trente ans, il y a une tendance à s'en débarrasser, que je signale depuis trente ans que je

m'attaque à « la morale de papier » qui veut boucher les égouts sans se préoccuper des ruisseaux.

On a commencé par faire des phrases contre les *tours*; puis on les a supprimés, c'est-à-dire qu'on leur a enlevé le mystère; puis, on a constaté avec orgueil qu'on y déposait beaucoup moins d'enfants. J'ai contre-constaté qu'on en déposait en revanche beaucoup plus dans les puits, dans les auges à porcs et dans les latrines.

Puis vous venez de voir ce qu'on fait de ces pauvres petits êtres : on les envoie nourrir, — lisez mourir si vous voulez, — dans les villages, à des *faiseuses d'anges*; on leur donne pour nourrices des vieillards infirmes; « ce n'est que par exception qu'on constate leur décès ».

En même temps qu'on agrandit les villes, qu'on y attire la campagne, et qu'on décuple et centuple les chances de prostitution, de l'abandon des enfants et de l'infanticide.

Il est un moyen simple de remédier à cet état de choses : il faut que la loi et l'administration cessent d'être bégueules : il y a des filles-mères, il y a des enfants abandonnés, il y en aura toujours; ouvrez dans des campagnes, à proximité des villes, des hospices où toute femme enceinte à un certain point de sa grossesse soit reçue avec humanité, et n'oubliez pas que la discrétion et le mystère entrent pour beaucoup dans l'humanité à leur égard. Là, au lieu d'envoyer leurs enfants aux *faiseuses d'anges*, laissez-les nourrir elles-mêmes ; au besoin obligez-les d'accomplir ce devoir ; je suis certain que très-petit sera le nombre de celles qu'il faudra contraindre ; bien plus petit encore sera le nombre de celles qui consentiraient à y renoncer après quelques jours d'allaitement.

Créez dans ces établissements des ateliers pour que ces filles-mères exercent ou apprennent une profession, et coûtent le moins cher possible à l'administration, et en même temps se moralisent par les deux éléments puissants du travail et de la maternité.

De plus, que celles qui sont vigoureuses et bien portantes, qui ont un lait sain et abondant, prennent des nourrissons du dehors. L'administration pourra alors, sur des documents certains, fournir de bonnes nourrices à ces nouveau-nés qui seront allaités sous ses yeux, et pourra proportionner l'âge du lait à l'âge des enfants, etc.

Supprimez alors ces bureaux de nourrices, ces *meneurs* de nourrices et d'enfants, tous ces gens qui se divisent entre eux l'infanticide pour en éluder la responsabilité, comme ces deux religieuses qui, pour faire marcher un âne et ne pas jurer, se partageaient le juron de l'ânier absent ; l'une disait *fich...* et l'autre *tre*.

Supprimez ces hospices où les femmes viennent se débarrasser d'un fardeau importun, qu'elles laissent là sans se retourner comme... vous me feriez dire des sottises.

Puis aussi ces hospices où les enfants ne sont reçus que pour être vidés dans les villages éloignés, sans protection, sans surveillance, sans contrôle et livrés aux « faiseuses d'anges », comme on fait noyer les jeunes chats d'une mère trop féconde, à laquelle on met ensuite un collier de tranches de bouchons de liége, pour « faire passer son lait », suivant un préjugé populaire.

Et l'avantage est aux petits chats, qui meurent immédiatement et n'ont pas une agonie de plusieurs semaines et de plusieurs mois. Jusque-là, comment condamner les filles et les femmes pour infanticide, quand la société ne leur demande leurs enfants que pour les tuer elle-même, que pour les condamner à une mort plus lente et plus douloureuse?

XXXIV

Parlons des cabarets et des cafés.

Il faut s'en occuper à un triple point de vue dont l'un est tout à fait moderne, et contemporain.

Le premier point est l'ivrognerie, sa hideur, ses dangers;

Le second, les vols, les sophistications, les empoisonnements pratiqués par certains marchands;

Le troisième, l'application du cabaret et du café à la politique de la rue — ou plutôt à l'agitation, à la propagation des idées fausses ou exagérées, à l'empoisonnement des esprits.

Il paraît que pour voir l'ivrognerie dans tout son horrible abrutissement, c'est en Angleterre qu'il faut aller voir les boutiques, les palais qui lui sont consacrés — *gin's shop, gin's palace.*

« Un flot d'êtres en guenilles se dirige incessamment vers le temple, sur la porte duquel brillent sur de larges plaques de cuivre les mots *gin, beer, spirits,* — c'est-à-dire oubli, absence, stupeur.

» Une salle de cent pieds de long — toute meublée d'un côté d'immenses tonneaux peints de diverses couleurs — avec les portraits de la reine au milieu.

» Devant les tonneaux un long comptoir ou barre (*bar*) et de nombreux garçons occupés sans cesse à verser. — Il y vient autant de femmes que d'hommes, souvent même les femmes y sont en majorité.

» On s'approche de la barre l'argent à la main avec une sorte de recueillement stupide, — comme si l'on allait communier; — c'est à voix basse que l'on demande ou le *gin* ou le *spirit*; — c'est en silence et avec un sérieux de glace que l'on absorbe le verre que le garçon ne remplit qu'après avoir reçu l'argent, — puis l'on va s'asseoir sur un long banc adossé à la muraille en face des tonneaux; — là on reste immobile, muet, dans une sorte d'extase et de contemplation des tonneaux; — un peu après on fouille dans sa poche et on compte son argent, on retourne à la barre, on boit et l'on revient sur le banc, — d'où l'on retourne à la barre; — et toujours ainsi tant qu'on a de l'argent[1]. »

Personne n'ignore avec combien de rigueur est exécutée en Angleterre la célébration du dimanche

[1]. Eugène Buret.

— toute distraction est sévèrement défendue; — il n'y a d'exception que pour les boutiques de *gin*, — il suffit qu'elles aient l'air fermé, mais il n'y a qu'à pousser la porte pour entrer. — L'État et l'Église semblent d'accord pour comprendre qu'il y aurait danger à laisser un jour par semaine cette affreuse misère — ne pas s'oublier et s'endormir dans l'abrutissement.

D'après les statistiques, — Paris est la ville de France où il se boit proportionnellement le plus d'eau-de-vie ; — eh bien ! l'Irlandais boit deux fois autant et l'Écossais, trois fois autant de *gin* que le Parisien qui en boit le plus ne boit d'eau-de-vie.

En Écosse, ceux qui sont trop pauvres pour acheter du *gin* s'enivrent à meilleur marché avec de l'opium.

J'ai connu du reste à Paris un ouvrier qui ne trouvait plus de saveur qu'à l'éther sulfurique ; — il avait son petit verre dans sa poche, — et allait, plusieurs fois par jour, le faire remplir chez un pharmacien.

En France, comme partout, l'ivrognerie est le fléau des ouvriers de l'industrie.

L'ivrognerie qui, outre des maux sans nombre, engendre nécessairement la perte de temps, la désuétude du travail, l'abrutissement, la diminution des forces et de l'intelligence, conduit fatalement l'ivrogne et sa famille innocente à la plus extrême misère; elle est l'origine des rixes, souvent des crimes; mais il faut dire aussi que c'est souvent la misère, — quelquefois imméritée, — qui pousse à l'ivrognerie, c'est-à-dire à la recherche de l'oubli et de l'absence momentanée d'une existence sans espoir.

Le penchant à l'ivrognerie fait partout la misère et le dénûment et vient les augmenter et les porter à leur plus haut degré d'épouvantable horreur.

Sauf cependant deux ou trois villes manufacturières, l'ivrognerie revêt rarement en France cet aspect de morne hébétement qu'on remarque en Angleterre, — ou du moins cet hébétement est précédé d'une surexcitation babillarde, outrecuidante, provocante.

XXXV

Ce n'est pas d'aujourd'hui que les gouvernements ont dû se préoccuper du danger des cabarets, tavernes, cafés, etc.

Et, en faisant quelques recherches, j'ai trouvé — déjà pratiqué anciennement — un procédé que je croyais avoir imaginé.

On faisait une différence très-marquée entre les marchands de vins, taverniers (*tabernæ — ταβσενεῖα*) vendeurs *à pot*, — c'est-à-dire chez lesquels on venait acheter le vin pour l'emporter, et les *cabaretiers* (*popinæ — κάπη*), où l'on vendait le vin à *nappe et assiettes*; c'est-à-dire qui le donnaient à boire chez eux.

Les premiers pouvaient acheter le vin en gros et en province, tandis que les cabaretiers ne pouvaient s'approvisionner qu'à la halle au vin, c'est-à-dire de seconde main, ce qui les obligeait à vendre plus cher.

De plus,
« Les marchands qui font le détail à pot et les taverniers ne paieront que 108 sous pour le droit du huitième et augmentation — et les cabaretiers, 6 livres 15 sous pour ces mêmes droits. » (Ordonnance du roi Louis XIV, de juin 1680.)

« Il est défendu à tous cabaretiers de recevoir chez eux les habitants domiciliés des villes, bourgs et villages où ils résident, en leurs tavernes et cabarets, pour y banqueter, boire, » etc.

« Ains leur soit loisible seulement d'y recevoir les étrangers passant. »
Par la même ordonnance, il est fait défense et inhibition à toutes personnes de hanter et fréquenter, aller et venir ès tavernes et cabarets des lieux où ils sont domiciliés.
« Et sera le présent arrêt, lu et publié à son de trompe et cry public — (le dernier jour de 1579,— Henry III). »

Voici une ordonnance de Charles VI (janvier 1397) — qui dit :
« Pour ce qu'il est venu à notre cognoissance que gens de mestier, de petit estat et de petite faculté

estant et fréquentant en la ville de Paris, délaissent à faire leurs besongnes, à gouverner leurs mesnages et gaigner leur vie, aux jours ouvrables et sur sepmaine, pour l'inclination qu'ils ont aux tavernes, cabarets, etc.

» Dont plusieurs d'iceux quand ils ont ainsi perdu leur chevance aux dits lieux, sont devenus et deviennent de jour en jour, larrons, meurdriers, robbeurs et gens de très-mauvaise vie :

» Défendons à tous habitants et à tous cabaretiers, etc. — septembre 1397.

» Défense de tenir *assiette* ès ville et faubourgs, ès jours de feste à gens et personnes domiciliaires, surtout aux mariez et ayant mesnage, ains seulement pour les forains et estrangers, etc. (1546-novembre, Henry II.)

» Et pour ce que le nombre des hostelliers, taverniers et cabaretiers est effréné... »
(Charles IX — 1560.)

L'ancien droit coutumier de France permettait aux taverniers vendant vin *à pot et à mesure* à emporter, — ce qu'on appelle encore aujourd'hui en Normandie, *à dépoteyer*, — comme à tous autres marchands, de poursuivre en justice le paiement du vin vendu par eux à pot, et déniait toute action aux cabaretiers pour vin vendu à *nappe* et *assiettes* et bu dans leurs cabarets. »

(Coutume de Paris, art. 126 ; — de Normandie, art. 535 ; — de Calais, 518.) Etc., etc.

Etc., etc.

De même on trouve des ordonnances du roi **Jean** :

« Défendant aux marchands de vin tout mélange de vins différents ou toute adjonction d'eau (1350).

» Le vin ne pourra être vendu sous aultre nom que son cru et provenance réels.

» Il est permis à tous ceux qui vont prendre du vin à la taverne, d'entrer ou aller, ou descendre dans la cave, pour le voir tirer, et enjoint aux cabaretiers de le souffrir. »

(*Diverses.*)

Chose étrange, — par un privilége de Louis XI, qui dura sans être attaqué jusqu'en 1625, époque où on le modifia, — tout Suisse à la solde du roi, pouvait ouvrir un cabaret et y vendre du *vin à emporter* sans payer aucuns droits, et l'ordonnance de 1680 n'attribue cette *franchise* qu'à 180 muids par cabaretier suisse.

Aux ordonnances sur l'*ingénuité* du vin contre les mélanges et les fausses dénominations sont ajoutées les ordonnances sur le mesurage.

Les *étalons* des mesures en tous genres étaient, du temps de Louis XV, confiées dans l'Hôtel de Ville aux prévôt des marchands et échevins.

Nous voyons dans les Capitulaires de Charlemagne que ces mesures-types étaient conservées dans le palais du roi [1].

Chez les anciens, elles étaient déposées dans les temples des dieux.

---

[1]. In palatio habemus (*Cap. reg.*, p. 789).

Un moraliste anglais, vers 1840, constatait avec effroi que, à Glascow, il y avait une maison sur dix où on vendait des liqueurs ; — c'est-à-dire, que les habitants de neuf maisons buvaient assez de *gin* pour faire vivre un établissement de ce genre.

Et qu'à Manchester, seulement dans les districts habités par les indigents, il y avait six cent trente-quatre *gin's shops*.

Je ne crois pas qu'à Paris aujourd'hui on soit beaucoup au-dessous de cette proportion si l'on compte les cabarets et les cafés,—et je pense qu'on pourrait établir que le nombre de ces boutiques est encore, et de beaucoup plus *effréné* qu'en 1860.

Mais cette profusion de boutiques dans les villes et dans les villages mêmes aura sa place dans la partie de notre travail qui traitera de l'extension abusive du petit commerce, au point de vue de deux causes de paupérisme,—c'est-à-dire comme frappant à la fois et le consommateur et le marchand.

Les cabarets et les cafés sont un danger incontestable ; — voyons si, sans arbitraire, armé seulement des lois existantes, le gouvernement peut lutter avec avantage ou du moins avec des chances de succès contre ce danger — en supposant que nous arrivions à un gouvernement qui ne soit pas « complétement absorbé par la question politique », comme disait ce brave M. Cotte, représentant à la fois à l'Assemblée nationale et le département du Var et la fraude électorale, c'est-à-dire un gouvernement qui puisse s'occuper d'autre chose que de conquérir et de garder le pouvoir, et de relever les abus sur les ruines desquels il s'est élevé.

D'abord annuler les impôts sur le vin à *dépoteyer*, sur celui que l'ouvrier achète pour le boire chez lui avec sa famille;—ce vin doit être protégé, c'est-à-dire vendu aussi bon marché que possible, comme le pain, dont il est le corollaire.

Faire retomber cette somme d'impôts et demander le remplacement de ce revenu sur et aux cabaretiers, cafés, etc., où l'on boit sur place.

Ce qui se boit dans ces établissements n'est pas la satisfaction nécessaire d'un besoin, — c'est un plaisir dangereux, abrutissant, mais c'est un plaisir et un luxe.

Il importe peu que la brioche coûte mille écus la bouchée, pourvu que le pain soit à bas prix.

Arriver enfin à cette loi que je réclame depuis trente ans :

1° Le marchand qui vole l'acheteur commet juste le même crime que l'acheteur qui volerait le marchand,— et la peine encourue par l'un est la même que celle encourue par l'autre.

Cesser cette plaisanterie inique et dangereuse d'appeler *vol* et de punir comme *vol* l'acte d'un acheteur qui prendrait un sou dans le comptoir du marchand de vin,

Et d'appeler « *tromperie sur la quantité et la qualité de la marchandise vendue* » l'acte du marchand de vin qui, en ne lui donnant pas la mesure payée, ou en lui livrant une boisson inférieure à la qualité annoncée — vole cinq — dix — vingt sous, — cinq francs à l'acheteur;

2° Supprimer également la plaisanterie, également inique et dangereuse qui consiste à appeler *sophistication* le mélange de substances plus ou moins toxiques livré à l'acheteur;

Tandis que l'acheteur serait appelé *empoisonneur* et puni comme tel, s'il mettait un peu de vert-de-gris ou d'arsenic dans le pot au feu du marchand.

C'est-à-dire :

Le marchand de vin qui empoisonne sa pratique est un empoisonneur;

Le marchand de vin qui vole sa clientèle est un voleur.

Ça a l'air simple. — Eh bien, il y a trente ans que les *Guêpes* ont demandé cette décision sous toutes les formes — sans l'obtenir; — elles ont cependant réussi à faire aggraver quelque peu la pénalité à cet égard; et elles se vantent d'être les auteurs de l'affiche du jugement contre les marchands à faux poids et les sophistiqueurs.

Donc — une pénalité égale et légitime contre la fraude, une rigueur inflexible sur la quantité et la qualité des marchandises vendues — une surveillance incessante en y ajoutant :

Le rétablissement du Droit coutumier de France — c'est-à-dire le refus par les tribunaux de reconnaître les dettes de cabaret — de même qu'ils ne reconnaissent pas les dettes de jeu; — renouveler l'ordonnance de **Jean le Bon** — sur la réalité du nom sous lequel le vin est vendu — et l'obligation aux marchands de vin de permettre au client de voir lui-même tirer le vin qu'il achète, à même le tonneau.

Il est hors de doute que, moyennant cette surveillance rigoureuse qui consiste seulement à enlever aux marchands de vin le droit quelque peu abusif de voler et d'empoisonner,

Surveillance appliquée également aux cafés et aux diverses denrées et préparations qu'ils débitent — c'est-à-dire sur la pureté, la qualité et l'identité des cafés, chocolats — et surtout des liqueurs;

Moyennant une petite ordonnance accessoire que je demande depuis longtemps aussi, à propos des bouteilles, qui devraient contenir exactement le litre ou des fractions exactes du litre;

La responsabilité à un certain point des cabaretiers et maîtres de café — à l'égard des délits commis chez eux;

Puis, au lieu d'accepter l'ivresse pour excuse, l'application du maximum des peines quand le délit a eu lieu au cabaret et au café, — ou un certain temps après en être sorti.

Vous verriez rapidement décroître le nombre de ces établissements, et ceux qui subsisteraient devenir moins dangereux.

En effet, une grande partie des bénéfices dont l'appât multiplie si singulièrement ces *gin's palace* — se compose de gains illégitimes dont la suppression remettrait ce genre d'affaires aux chances des autres commerces.

J'ai souvent constaté, malgré les bénéfices hors de proportion avec ceux des autres entreprises, la grande quantité des faillites parmi les marchands de vins et les limonadiers ; cela tient à la légèreté avec laquelle on entreprend les petits commerces, — ce dont j'aurai à parler.

Ainsi, une surveillance rigoureuse sur les mesures, sur la qualité, sur l'identité des marchandises livrées à la consommation et surtout la vente à crédit à peu près supprimée par le refus de reconnaître en justice les dettes de ce genre, ne permettraient qu'à un petit nombre de ces établissements de subsister ;

Le crédit surtout est la source des abus les plus ruineux pour les consommateurs — les plus injustement productifs pour le marchand.

L'homme qui paie immédiatement, qui donne de l'argent en échange de ce qu'il boit assez bêtement sans soif — est forcé de s'arrêter quand sa poche est vide — et de mesurer sa soif factice sur ses finances réelles et présentes.

L'homme qui boit à crédit n'a d'autre mesure que la confiance ou l'espérance du marchand.

De plus, il n'oserait ni surveiller ni discuter la quantité ni la qualité.

Et s'il s'avise même de vouloir vérifier la note, ce ne sera ni à la première ni à la deuxième fois qu'on la lui présentera ; ce sera trop tard, lorsque le marchand, ayant fermé les écluses de sa liquide confiance, lui dira, comme le berger de Virgile :— *sat prata bibere*, assez bu — et exigera sérieusement le paiement.

Cette cause de ruine s'applique à toutes les denrées consommées par la classe ouvrière.

On trouverait dans les vieilles *Guêpes*, page 290, tome III, édition de 1853, janvier 1847, un aperçu de la différence du prix que paient et le bourgeois aisé qui achète au comptant, et l'ouvrier pauvre qui achète à crédit.

Je citerai ici seulement trois ou quatre chiffres qui ont pu être modifiés depuis.

« La voie de bois que le bourgeois paie de 34 à 36 francs revient, à l'ouvrier qui achète des cotrets, à 61 fr. 60 centimes.

Tout bourgeois a facilement chez lui du vin, quelquefois naturel et très-potable, au prix de 50 centimes la bouteille ;— le vin bleu, fait d'eau, de bois de Campêche, de sureau et de litharge de plomb ; le vin malsain et un peu vénéneux coûte au pauvre qui le boit par verre — au moins 16 sous le litre.

Le café en grains, et de bonne qualité, coûte au bourgeois 2 fr. 20 cent. ; le café mêlé de chicorée, laquelle est à son tour mélangée de terre et de toutes sortes de détritus, pourvu qu'ils soient noirs, — revient au pauvre à 2 fr. 40 cent.

Le meilleur charbon coûte au bourgeois 9 fr. 40 cent. le sac ; — l'ouvrier qui en achète pour deux sous à la fois, quand il en a brûlé un sac, l'a payé 14 francs.

Maintenant, si l'ouvrier achète à crédit, cette différence n'a plus de limites, parce qu'il faut retrancher sur la qualité et sur la quantité au gré et à l'arbitre de l'avidité du marchand, etc., etc.

C'est cette revue que,—sans aucune exagération, — je terminais par ce résumé cité l'autre jour :

Il n'y a pas beaucoup de riches qui auraient le moyen d'être pauvres.

Mais je suppose, — par les procédés que j'ai indiqués, — le public des cabarets, cafés, etc., énormément réduit, — il resterait quelque chose à faire, — quelque chose de très-urgent et de très-grave : — il faut aviser à remplacer ces distractions malsaines au corps, à l'intelligence, au cœur — par d'autres distractions plus saines, plus heureuses, plus intelligentes, plus morales ; — les cabarets et les cafés sont « les cercles » du peuple, — et si les cercles ne valent pas mieux pour ceux qui les fréquentent que les cabarets pour le peuple, il n'est pas aussi urgent de s'en occuper — parce qu'on n'y fait guère de mal qu'à soi-même — et un peu aussi à sa famille, — parce qu'on n'y fait qu'avancer l'état de corruption fatale d'une certaine partie de la bourgeoisie :

Tandis que des cafés et des cabarets peuvent sortir la ruine entière du pays et peut-être de la société.

XXXVI

M. le duc d'Ayen m'a fait l'honneur de m'envoyer un petit volume de lui, — cet ouvrage, qui traite du *revenu*, du *salaire* et du *capital*, est plein de faits intéressants et écrit avec une grande clarté ; je lui emprunte quelques lignes qui viennent à l'appui de ce que j'ai dit sur les cabarets.

« On compte en France 400,000 cabarets et débits de boissons, dont 20,000 à Paris, où on fait une consommation de liquides s'élevant à deux milliards et demi de francs chaque année : — selon les appréciations les plus modérées, la part de la classe laborieuse est de un milliard huit cent millions, ce qui est la sixième partie du salaire. »

« La consommation de l'alcool a subi une progression effrayante. — En 1820, elle n'était que de 350,000 hectolitres; en 1850, elle montait à 885 mille hectolitres, et, en 1869, à 978,000 hectolitres; sans compter ce qui échappe aux droits par la fraude, etc. »

Selon le rapport des délégations ouvrières à l'Exposition de 1868, un groupe d'ouvriers parisiens a demandé qu'on surtaxât les alcools dans l'intérêt des ouvriers.

« Qu'on les accable d'impôts, disent-ils, que ces boissons disparaissent et avec elles la ruine matérielle et morale de la société.

» Cobden disait aux ouvriers anglais : « Je serais un imposteur si je faisais espérer aux membres d'une classe quelconque qu'ils pourront améliorer leur sort en restant imprévoyants, insouciants et paresseux. »

» Franklin, un des fondateurs de la République des États-Unis : « Si quelqu'un vous dit que vous pouvez vous enrichir autrement que par le travail et l'économie, ne l'écoutez pas, c'est un empoisonneur. »

« Le difficile, dit M. le duc d'Ayen, n'est pas de faire une révolution, c'est de n'en faire qu'une. »

XXXVII

Quand on a lu les débats de l'affaire dite « le complot de Lyon », qui a eu sa solution ces jours derniers, on est effrayé et indigné de voir quelle perturbation, quel empoisonnement de folie et de scélératesse ont mis dans les esprits d'une partie de la population française les discours, les « débagoulages » des avocats de langue et des avocats de plume, oracles des cafés, des cabarets, des caboulots, etc. Ces avides et ces ambitieux, pour faire cuire leur œuf à la coque ou leur côtelette, ont mis le feu à la maison, — la flamme ne se montre que de temps en temps par quelques fissures, mais le feu couve et s'étend dans les caves et dans les sous-sols.

Ces réunions ont toujours lieu dans les cabarets et les cafés.

« Gouttenoire, Palosse, Damouzin, Busque, Sillbat, Borinsso », — ces noms semblent inventés ou prédestinés, — et autres se réunissent dans un cabaret « rue de la Charité ».

Puis on se rend « à la brasserie de Georges », on quitte la brasserie pour le « sous-sol de Garcin, maître du *comptoir* national », comptoir d'étain, bien entendu, — ou pour « le café de la Belle-Boule », ou pour le « café du Chat ».

Divers groupes formant la « société de propagation », tiennent des séances fréquentes et correspondent entre eux.

Voici quelles sont les théories, les principes, les idées, les progrès qu'ils s'efforcent de propager :

« Les impôts seront payés exclusivement par les riches, les propriétaires, etc.

» L'armée, qui a massacré les martyrs de la Commune, est supprimée. »

Par les martyrs de la Commune on n'entend pas les otages assassinés, mais leurs assassins.

» La justice et la police sont supprimées, — ainsi que les codes, lois et décrets existants.

» Tous les cultes sont supprimés. »

Dans ces cafés et sous-sols, on lève le voile de cette hypocrisie qui fait semblant de vouloir abolir la peine de mort, et ne prétend en réalité l'abolir que pour les assassins et les incendiaires ; annonce la destruction des riches, des bourgeois, etc., les « travailleurs » sont décidés à ne pas travailler, et à vivre des rentes des autres. C'est ce qu'ils appellent le « droit au travail », formule absurde inventée par Louis Blanc en 1848.

Et quels sont les chefs, les orateurs de ces assemblées du café de Chat, du café de la Belle-Boule, du sous-sol de Garcin, etc.? ce sont un diseur de bonne aventure, des repris de justice, des voleurs, des vagabonds.

Et ne croyez pas que Lyon soit une exception, — toute la France est minée, — les traînées ont gagné les campagnes ; les *chambrées* ne valent pas mieux que les cabarets, et les brasseries, et les sous-sols.

Il existe incontestablement du parti soi-disant républicain, une queue qui se compose d'abord de gens de bonne foi, quelques-uns assez énergiques, trompés, grisés, abêtis par l'éloquence des balcons, des clubs et la phraséologie creuse de certains journaux;

D'ouvriers inhabiles et paresseux, — s'intitulant à tort et exclusivement « les travailleurs » et « la classe laborieuse », et reconnaissables surtout à leur absence de l'atelier et à leur horreur du travail;

Enfin, d'une horde immonde de piliers d'estaminet, d'habitués du cabaret, de souteneurs de filles, de repris de justice, de filous, de voleurs, d'assassins, d'incendiaires, etc.

La politique sérieuse, disons mieux, le salut de la société exigerait que cette queue fût coupée en trois tronçons; — le premier deviendrait l'objet des soins paternels de la société, on ferait tout pour faire voir à ceux qui le composent leur aveuglement; on les aiderait à rentrer dans la voie du travail, de l'honnêteté et du bonheur.

Le second serait mis en surveillance; la société appellerait à elle ceux qui pourraient et voudraient se corriger et mettrait les autres dans l'impossibilité de nuire.

Quant au troisième tronçon, il faudrait le traiter dès à présent en ennemi déclaré de la société et user de représailles... même préventives.

Or, un certain nombre d'avides et d'ambitieux ont réuni, assemblé, ressoudé les trois tronçons; c'est avec cette armée qu'ils montent à l'assaut des places et surtout de l'argent et des jouissances sans travail, quittes à se cacher et à se mettre à l'abri, à les renier, à les repousser, à les laisser tuer dans les rues ou envoyer à Nouméa quand l'insurrection est vaincue, — ou même à les faire fusiller et déporter eux-mêmes quand l'insurrection les ayant portés au pouvoir, ils jugent que le tour est fait, — qu'il n'y a pas moyen d'assouvir la faim et la soif qu'ils ont excitées ; deviennent « conservateurs » de ce qu'ils ont volé, et s'efforcent de faire partie de ce qu'on appelle les « honnêtes gens ».

XXXVIII

Si j'avais l'honneur d'être député, je demanderais un jour la parole pour une motion intéressant le salut de la société, — j'adjurerais mes collègues, prévenus quelques jours à l'avance, d'être présents à la séance, et là, rappelant tous les crimes de cette queue du parti soi-disant républicain, faisant un tableau vrai des dangers dont elle nous menace, je proposerais un ordre du jour conçu à peu près en ces termes :

« L'Assemblée des représentants de la France manifeste par un vote solennel son indignation, son horreur, sa haine et son mépris pour les actes de la Commune, pour les théories qui ont engendré ces actes, pour les hommes qui les ont commis et pour ceux surtout qui les ont fait commettre en se tenant ou se mettant à l'abri de l'expiation ; — elle déclare à l'unanimité qu'elle est résolue à réprimer sans merci et ces folies criminelles et ces crimes odieux et ces théories vénéneuses qui menacent la

France et la société d'une ruine complète et peut-être prochaine. »

On irait alors aux voix, — et on compterait les suffrages et on donnerait une immense publicité aux résultats du vote.

On sommerait de s'expliquer à la séance prochaine et ceux qui s'abstiendraient et ceux qui auraient été absents ; on forcerait certains chefs du parti soi-disant républicain, ou de rompre complétement cette queue qui compose en partie leur armée, — ou de se déclarer hautement les chefs de ces hordes ; — après quoi l'Assemblée serait invitée à rejeter de son sein ceux qui, trop engagés, trop compromis, n'auraient pas voté cet ordre du jour, et accepteraient la solidarité des folies, des crimes et de la punition.

Quant à ceux qui, n'étant pas casés, veulent continuer le mouvement,—je copie ici une note de 1871.

XXXIX

Voici leurs idées en politique et en morale :

« A la réunion publique de la rue de Choisy, le citoyen Passedouet critique *l'épargne*, qu'il appelle « *stagnation du capital* ».

» Le citoyen Millet vient à l'appui du citoyen Passedouet, et explique la pensée de celui-ci : « L'épar-
» gne entrave la consommation. »

En effet, l'ouvrier qui met de côté, pour le cas de chômage et de maladie et pour ses vieux jours, ce qu'il peut gagner au delà des besoins de sa famille, ne consomme pas un assez grand nombre de litres de vin bleu.

L'ouvrier qui va au cabaret ou au café, y prend la triste et égoïste habitude de se livrer à des plaisirs que non-seulement il ne fait pas partager à sa femme et à ses enfants — mais qu'il finit par prendre aux dépens de leurs distractions d'abord, puis de leur aisance, puis de leurs nécessités.

Il boit la joie et la paix de la maison — les robes de la femme et des filles — le pain de la famille.

Il revient ivre, ou du moins excité, hargneux; saisissant ou faisant naître l'occasion ou le prétexte de faire la querelle qu'il sent qu'il mérite.

On souffre de son absence, on redoute son retour.

Quand il a bu le dimanche, il est malade, affaibli, il ne travaille pas le lundi — et alors, ne travaillant pas, il retourne boire — le travail du mardi ne vaut rien — et surtout ne l'intéresse pas — il le subit comme une corvée, comme une tyrannie.

Il ne serait que trop facile de multiplier les raisonnements et les exemples.

Mais il est une tendance qui de notre temps s'accuse de la façon la plus inquiétante, c'est la substitution, au vin, de l'eau-de-vie et de l'absinthe.

Le vin, pris dans une certaine proportion, est indispensable à l'homme qui travaille; — il est réparateur; — dans une proportion un peu plus forte, il excite la gaieté — cette si bonne, si respectable, si saine gaieté, que presque tous les vrais sages ont prêchée et pratiquée.

Les poëtes anciens et les modernes ont chanté le vin et sa douce et féconde influence.

Mais l'alcool, l'eau-de-vie, l'absinthe — ce n'est plus comme le vin, ce n'est plus l'insouciance et la joie que l'on boit — c'est le chagrin, l'envie, la haine, la maladie, la misère, l'abêtissement et la mort en bouteilles.

Cette tendance commençait à se manifester à Paris en 1838 — ou du moins a commencé alors à être observée : — dans l'espace de deux ans la consommation de vin restant à peu près stationnaire, celle de l'eau-de-vie aurait augmenté déjà de près de sept mille hectolitres ; — cette tendance n'a fait que croître, et aujourd'hui — pour une grande partie de la population ouvrière — l'eau-de-vie ou l'absinthe paraissent devoir prendre la place du vin.

Nous passons au second point, que nous ne ferons qu'effleurer parce que les fraudes du commerce auront leur place à part.

Le vin que l'on vend surtout au détail à Paris et dans les grandes villes est frelaté ; — je ne parle pas en ce moment de l'eau de puits que l'on y mêle ; ce n'est qu'un vol.

Je parle des substances que l'on y introduit pour lui rendre la couleur et la force que lui a enlevées le mélange de l'eau ; la plupart de ces substances sont toxiques, ou plus ou moins malsaines ; — c'est un empoisonnement qui rend l'ivresse plus morbide, plus violente, plus sauvage.

Ce vin, grâce à ces mélanges, revenant à bas

prix au marchand, il peut faire plus facilement crédit à l'ouvrier, — parce qu'il ne risque qu'une petite perte contre un gros gain.

Sans le crédit, le buveur qui n'a plus d'argent serait bien forcé de retourner à l'ouvrage ; tous les marchands d'ailleurs savent l'influence du crédit — il n'est presque personne qui n'achète plus facilement et plus légèrement à crédit, — c'est-à-dire, qui n'accepte de prendre un objet désiré ou agréable, un plaisir présent — en échange d'un argent absent, futur, invisible, qui n'existe pas encore.

Le crédit augmente la consommation — et ne permet pas de vérifier trop scrupuleusement la quantité ni la qualité.

XL

Passons au troisième point.

Autrefois on n'avait à s'occuper de l'ivrognerie que pour ses inconvénients et ses vices propres, et Dieu sait que c'était déjà un assez triste et redoutable fléau.

Aujourd'hui il faut s'en préoccuper et s'en préoccuper sérieusement au point de vue de la politique, au point de vue de la tranquillité et de la paix des villes et des nations — peut-être même au point de vue de l'existence de la société.

En effet ce n'est plus exclusivement pour se distraire — pour se réjouir, pour jouer à certains jeux,

—pour traiter certaines affaires particulières que l'on va au cabaret et au café — et tous les jours progressivement, les ouvriers abandonnent le cabaret pour les cafés, qui se multiplient à l'infini; — c'est pour y exercer sa charge et ses fonctions de troisième pouvoir de l'État; — c'est pour gouverner le pays, — pour déployer pour ou contre le gouvernement — plutôt contre que pour — des connaissances acquises, non en feuilletant d'ennuyeux bouquins, mais au fond des chopes et des petits verres.

Les vapeurs de l'absinthe produisent sur les citoyens assemblés l'effet que produisaient pour la sibylle de Delphes, les émanations du gouffre sur lequel était placé son trépied sacré.

Ils voient, ils savent, ils prévoient tout; ils décident, ils règlent tout — ils jugent sans appel et les choses et les hommes; ils résolvent d'un mot les problèmes sur lesquels s'est fatiguée la méditation et la sagesse des siècles.

Sous cette influence inspiratrice, ces hommes qui ont tant de mal parfois à faire marcher médiocrement leurs petites affaires et à gouverner leur famille gouvernent sans hésiter leur pays, — déclarent que Thiers est un citoyen dévoué et désintéressé, — Cluseret un Achille, — Dufraisse un grand écrivain, Gambetta un grand homme et Vermersch un poëte dont Hugo est jaloux.

Ils sont, il est vrai, aidés dans cette besogne si laborieuse de gouverner l'État, par un ou deux ou trois journaux toujours les mêmes, — car ils mettent leur honneur à n'entendre qu'une plaidoirie et qu'un avocat rabâchant des théories insensées, des phrases creuses et sonores, toujours les mêmes — le plus souvent non signées — qu'ils apprennent par cœur, qu'ils répètent sans les comprendre.

Et celui qui retient le mieux les phrases — et recoud le plus facilement les morceaux, — passe aux yeux de ses compagnons et surtout à ses propres yeux pour un homme supérieur, enchaîné, rivé par la tyrannie de la société à un métier indigne de lui.

Il est des maux fatalement attachés à l'humanité, quelques-uns à la société, — un grand nombre aux vices et aux défauts des individus.

Loin de leur faire voir les causes réelles de leurs maux, des avocats, parlant ou écrivant, leur disent : C'est la faute de ceux qui sont au pouvoir.

Rien ne serait si facile que de réformer tout ce qui vous fait une vie triste et laborieuse.

Il s'agit de faire cesser « l'exploitation de l'homme par l'homme », de reconnaître « la souveraineté du peuple » ; ces gens-là, qui ont les portefeuilles et les places boivent la sueur du peuple et s'en engraissent ; — renvoyez-les, chassez-les, mettez-nous à leur place, et à l'instant même, le prix de la journée sera doublé — et le nombre des heures de travail réduit de la moitié.

Vous ne verrez plus un propriétaire inique détenteur de l'infâme capital vous présenter, tous les trois mois, une quittance odieuse ; — les maisons doivent appartenir à ceux qui les bâtissent, et ceux qui les bâtissent sont les maçons, les charpentiers, les serruriers, etc.

Mettez-nous à la place de ces usurpateurs, et toutes les denrées tomberont à bas prix, — tous les impôts, qui écrasent le peuple, seront détruits, etc.

L'ouvrier a lu et entendu ces paroles dans un endroit où il fait chaud, où il est le maître et commande à des messieurs bien mis et aussi obséquieux que frisés, où les dorures et les glaces du café lui semblent le comble de la magnificence; — il a vu lui sourire en recevant ses quatre ou ses huit ou ses douze sous — une dame assise sur une sorte de trône, coiffée et frisée, magnifiquement vêtue, obéie comme une reine par cet essaim de messieurs frisés.

Il rentre chez lui — il trouve une chambre sans feu, un intérieur que les quatre, ou huit, ou douze sous qu'il dépense tous les jours au café suffiraient pour empêcher d'être misérable; — sa femme est maigre, pâle, misérablement vêtue, surtout pour des yeux auxquels vient de sourire la dame du comptoir du café; les enfants sont hâves, chétifs, tristes, mal habillés; — le dîner se compose de légumes cuits à l'eau, peut-être achetés à crédit; la femme se plaint; le propriétaire est venu réclamer deux termes échus; — on est venu de l'atelier, où il n'est pas allé depuis trois jours, demander s'il était malade.... et au lieu de se consoler ensemble, de s'efforcer ensemble de conquérir ce que peuvent donner le travail et l'économie, on s'aigrit, on se querelle.. on ne s'aime plus.

Et, empoisonné par l'absinthe et par les phrases, au lieu de se dire : — O ma paresse, ô ma folie, ô mon égoïsme! Il dit : — O l'infâme société, ô l'exploitation de l'homme par l'homme; ne renversera-t-on pas donc ce pouvoir odieux qui nous écrase? Ah! vienne enfin le jour où Vermersch, Gaillard père, Gambetta, Cluseret, Louis Blanc, Félix Pyat et les

9.

autres amis du peuple monteront au pouvoir et nous donneront enfin ce bonheur qu'ils nous ont promis!

C'est ainsi que se glissent dans les esprits et dans les cœurs le dégoût du métier et du travail, les rêves insensés, les espérances chimériques, les haines injustes, les confiances aveugles, — et que tant de malheureuses dupes se préparent à l'émeute, à la bataille des rues, à la prison, au bagne, souvent à la mort; dont leurs chefs sauront bien se garantir en se mettant à temps du côté des vainqueurs.

XLI

Il y a quelque temps, un ouvrier serrurier avait à faire dans une maison que je ne désignerai pas, un travail assez pressé; il avait fallu changer deux croisées, l'une dans la chambre d'un matelot, l'autre dans celle du patron; — on avait enlevé les vieilles fenêtres, on en avait apporté deux neuves; il n'y avait plus qu'à les *ferrer*; il faisait mauvais temps; le matelot ne voulait plus coucher dans sa chambre — le patron était assez mal dans la sienne, où le vent venait la nuit, quand il lisait, éteindre les bougies — c'était un ouvrage de deux heures. Le maître de la maison qui avait eu diverses occasions de témoigner une cordiale bienveillance au serrurier, le fit prier plusieurs fois de venir poser les croisées; — au bout de quinze jours, il alla lui-même au village, distant d'un quart d'heure, où demeurait le serrurier; il lui expliqua le désagrément de cette situation, et le pria d'y mettre un terme.

Il se passa encore trois semaines.

Puis, un jour, pendant l'absence du patron, le serrurier arriva, posa les fenêtres — et s'en alla sans exécuter deux ou trois petits travaux accessoires convenus.

Le lendemain matin, dès le jour, il arriva avec sa note.

Le bourgeois lui dit : Vous m'avez fait attendre cinq semaines, dans une situation tout à fait fâcheuse, il serait juste que je vous fisse attendre votre paiement pendant cinq semaines; — cependant je n'en ferai rien; — mais vous n'avez pas été assez complaisant pour que je le sois pour vous : — l'ouvrage que vous aviez à faire n'est pas terminé, vous serez payé immédiatement après qu'il le sera, mais pas une minute plus tôt — il y en a pour une demi-heure.

L'ouvrier se plaignit en termes que le patron dut relever avec une certaine sévérité, — puis s'en alla en disant: En voilà encore un qui boit la sueur du peuple !

— Mon ami, dit le patron, je ne sais pas ce que cette boisson aurait d'agréable, mais en tout cas, je ne serais pas assez riche pour me donner le luxe de la sueur à vous, qui doit être fort chère, attendu sa rareté.

Voilà donc les trois aspects sous lesquels devaient être envisagés l'ivrognerie, les cabarets, les cafés.

Causons de moyens que je crois efficaces, à un certain point, pour combattre la funeste et menaçante influence du cabaret et du café.

XLII

Parlons un peu du libre-échange, une des grandes questions de ce temps-ci ;

Le libre-échange est la règle et l'état normal, le troc logique, honnête, et ce qu'on appelait autrefois « troc de gentilhomme » : Prends ce que j'ai et qui te manque, en échange de ce qui me manque et que tu as.

Les premiers produits qu'un pays peut livrer à l'échange avec un autre peuple, sont ceux que son sol, son climat, son aptitude particulière lui fournissent avec le plus d'abondance et de facilité; mais pour plus de clarté, prenons un exemple dans la vie commune et quotidienne.

Je sais bien que les farceurs dangereux et sinistres qui ont imaginé deux morales, dont une qui n'est pas morale, est à l'usage des gouvernants, ont réussi à faire croire à presque tout le monde qu'il y a aussi deux logiques, dont une élastique, à leur discrétion; deux sens communs, dont un n'est pas commun, est très-supérieur et leur appartient exclusivement. Ils ont bonimenté à leur auditoire qu'on ne pouvait juger les affaires et les intérêts d'un pays avec les lumières qui font juger les affaires et les intérêts d'une famille et d'un individu.

Comme les arracheurs de dents, habillés en rouge, juchés sur des cabriolets qui, au son d'une musique assourdissante, disent à la foule : Pour composer cet élixir, j'ai dû parcourir les Indes, l'Amérique, l'Océanie ; j'ai dû apprendre la médecine, la chimie, la dyspepsie, la nécropsie et l'autopsie, etc. Allez, la musique ! » et, le boniment terminé, ils vendent l'eau du ruisseau dans des petits flacons bouchés, cachetés, étiquetés.

J'ai un jardin dont le sol est léger et sablonneux : les pommes de terre y viennent en abondance et d'une qualité excellente.

Mon voisin a, au contraire, une terre forte, lourde, compacte, qui produit facilement des choux, et quels choux !

Je voudrais avoir des choux ; il a envie de pommes de terre ; nous échangeons nos produits ; je plante un peu plus de pommes de terre qu'il ne m'en faut ; lui sème un peu plus de choux.

Un jour, un vieux paysan me dit : Votre terrain léger ne convient qu'à certains produits, vous pourriez l'amender avec la terre d'un pré marécageux qui est à côté ; et si vous fumiez avec le fumier de l'étable au lieu de fumer avec celui de l'écurie, vous pourriez rendre une partie de votre terre plus forte et par conséquent propre à d'autres cultures.

Je me mets à la besogne, j'apporte la terre du pré, j'achète une vache, je défonce et je remue profondément un carré de terre ; je l'amende et le fume et j'y plante des choux.

La première année, ils ne sont pas bien pommés, je n'en ai guère, et ils me reviennent dix fois au prix que me les vendait le voisin par échange. Ma famille et moi nous n'en mangeons pas à notre faim ou nous en achetons un peu au voisin.

La seconde année, mes choux sont plus beaux, je n'ai plus besoin d'apporter la terre, un simple labour suffit au lieu d'un défonçage; j'en ai presque assez, je n'en demande presque pas au voisin.

La troisième année, — où j'ai des choux comme le voisin, qui me reviennent à meilleur marché que je ne les avais par échange, je conclus que le fumier de la vache me revient trop cher, parce que je n'ai pas d'herbe pour la nourrir; alors les choux me coûteront toute ma vie plus que je ne les ai payés par l'échange de mes pommes de terre.

Je renonce à la culture des choux, je double la culture des pommes de terre, et je reviens à l'échange avec le voisin.

Voilà toute la question du libre-échange et de la protection, et j'en reviens à ceci, que ce n'est pas une question, tant c'est simple.

Un peuple ne peut pas être assez bête pour vouloir produire toujours avec beaucoup de peines et de frais, ce que le voisin lui offre à meilleur marché par échange, contre ce qu'il produit facilement et à bon marché lui-même.

A moins d'être Robinson dans son île, il n'est pas nécessaire qu'il produise tout et fasse tout; mais il peut désirer acquérir et s'approprier une industrie quelconque pour laquelle il lui semble que son sol, que son climat, que ses aptitudes ne le cèdent en rien au sol, au climat et aux aptitudes du voisin.

Naturellement, au début, il fera moins bien et plus cher que le voisin ; mais il cherchera, il perfectionnera. Il faut pendant un an grever, si vous voulez, les produits similaires du voisin d'un impôt qui favorise nos nouveaux produits.

Mais ce ne peut être qu'un temps d'épreuve. Protégez votre nouvelle industrie pendant le temps nécessaire pour que l'épreuve puisse être considérée comme concluante —

Pendant dix ans, vingt ans, cent ans s'il le faut, mais fixez un terme que vous puissiez même rapprocher, si vous ne constatez pas de progrès ou s'ils sont plus rapides que vous ne l'espériez.

Que cette protection aille en diminuant à proportion de vos progrès.

Si les progrès ne paraissent pas, si vos efforts n'atteignent pas le but, il faut qu'il y ait un moment où vous disiez : Je me suis trompé, c'est fini.

J'ai vu un homme, un jour, se baignant au Havre, se laisser prendre dans un courant presque invincible qui, à certains moments de la marée, passe devant les jetées ; il essaya de remonter le courant, mais pendant quelques instants il « l'étala », c'est-à-dire, resta en place ; puis, fatigué, il commença à dériver, faisant toujours, pour le remonter, des efforts désespérés et inutiles.

J'allai à son secours, avec peu de risques pour moi, car il nageait bien :—Ah ! me dit-il, je suis perdu !

— Vous n'êtes pas du tout perdu, lui dis-je en le prenant et le soutenant par un bras; obliquez un peu avec moi et sortons du courant. En quinze brasses il était sauvé, en dix minutes il était à terre.

Rien de si limpide que tout cela; mais, sous prétexte de protéger certaines industries, on protégeait certains industriels, et en même temps on protégeait la faim et la misère publiques.

Alors le torrent a grossi, a rompu les digues, et l'on est arrivé brusquement, révolutionnairement, trop vite, au libre-échange qui, néanmoins, doit être le but et ne peut être perdu de vue.

Faisons donc l'enquête, mais ne la laissons pas faire par des intérêts contradictoires, ou du moins forçons-les à lever le masque.

Il y a des industries qui ont de l'avenir, d'autres qui n'en ont pas; des industries qu'il faut soutenir, d'autres qu'il faut abandonner; d'autres qu'il faut pousser en avant; *aucune qu'il faille protéger toujours.*

L'enquête doit porter sur les diverses industries aujourd'hui protégées une à une et séparément.

Il faut à chacune que l'on demande et que l'on sache :

1° Est-elle inhérente et naturelle au pays?

2° Quelle serait son importance si elle était définitivement acquise?

3° Depuis combien de temps l'essaie-t-on?

4° A-t-elle, depuis ce temps, fait des progrès, et quels sont ces progrès?

5° Si elle a fait des progrès, quelle diminution peut-elle supporter et accepte-t-elle dans la protection?

6° Dans combien de temps l'épreuve sera-t-elle considérée comme terminée? c'est-à-dire quand sera-t-il décidé que cette industrie peut marcher seule, sans protection, et affronter la concurrence et le libre-échange, ou qu'elle ne le pourra jamais?

Ces questions posées et résolues, il est facile de dire :

Cette industrie n'arrivera jamais à l'égalité avec le voisin. Cessons des efforts désespérés et sortons du courant.

Telle autre a fait des progrès : on la protégera encore pendant dix ans, en diminuant à telle et telle époque le droit protecteur; dans dix ans, il sera supprimé définitivement.

Telle autre, dès aujourd'hui, peut marcher seule, est acquise à la France et n'a plus besoin de protection.

Alors on saura, on verra clair, on décidera quelque chose ; mais ce qu'on peut décider dès à présent et ce qui n'aurait jamais dû être « une question », c'est que pour aucune industrie, la protection ne peut être éternelle, que c'est une transition, un sacrifice momentané et supportable seulement si la récompense est certaine, du moins très-probable, et n'est pas trop éloignée.

XLIII

Il s'agit :
1° De remettre l'or et l'argent à leur place ;
2° D'établir que l'argent, la rente, etc., que l'Assemblée est tombée d'accord, — à une grande majorité, — de préserver de l'impôt, est précisément ce qu'il serait juste d'atteindre.

Comment l'or et l'argent, qui ne sont rien en eux-mêmes, ont-ils fini par devenir tout ?

Naturellement, comme un seul homme ne pouvait ni tout faire ni tout posséder, tout commerce a commencé par l'échange et par ce qu'on appelle « troc de gentilhomme », c'est-à-dire que — j'ai beaucoup de lentilles et point de haricots, — vous avez beaucoup de haricots et point de lentilles, — vous me donnez des haricots pour des lentilles, une quantité à peu près égale. — Si cependant les lentilles sont plus rares ou réputées meilleures, ou si vous aimez mieux les lentilles que je n'aime les haricots, vous me donnez plus de haricots que je ne vous donne de lentilles.

Mais il vient un jour, où moi, qui n'ai que des lentilles, j'ai besoin d'un cheval, tandis que vous, vous avez deux chevaux, n'ayant besoin que d'un.

Mais ici, il faudrait donner énormément de lentilles, et vous n'en voulez pas tant que cela ; mais vous voulez des bottes, un sabre, et une tranche de veau.

Il faut que j'aille proposer mes lentilles à un cordonnier, puis à un forgeron armurier, puis à un berger ou boucher, jusqu'à ce que j'aie réuni ce que vous exigez en retour de votre cheval.

Il est mille autre cas où l'échange présenterait encore plus de difficultés, ne fût-ce que de fixer à chaque fois la valeur de chaque chose à échanger, par rapport à une chose d'une nature tout à fait différente.

Il a donc fallu chercher un signe qui donnât à tout une valeur de même espèce, — de là on a trouvé la « monnaie », signe des choses et instrument d'échange institué même dans les pays les plus sauvages et n'ayant presque pas d'autre civilisation.

Au Thibet, le corail; dans une partie de l'Amérique, les petites coquilles de mer appelées *porcelaines;* au Mogol, certaines amandes sauvages extrêmement amères, etc., etc.

Ce signe, en Égypte, chez les Grecs, chez les Romains, fut d'abord, et pendant longtemps, une monnaie de cuivre ou de fer.

Ce ne fut que 774 ans après la fondation de Rome, qu'on y vit, pour la première fois, de la monnaie d'or.

Servius Hostilius institua le premier une monnaie de cuivre distinguée par une empreinte. — C'était ou un bœuf ou un mouton, — d'où le mot de *pecunia* signifiant argent, dérivé du mot *pecus*, qui signifie troupeau.

Ce n'est que beaucoup plus tard, que du mot *divus*, dieu, on ajouta, pour signifier les richesses, les mots de *dives*, — c'est-à-dire presque Dieu, — *divitiæ*, — c'est-à-dire puissance presque divine.

Les Latins ont deux mots principaux pour désigner la richesse et n'ont eu longtemps que ces deux mots très-expressifs et très-logiques, — *pecuniosus*, un homme qui a beaucoup de troupeaux, *locuples*, un homme qui a beaucoup de terre.

C'est à l'imitation des monnaies romaines que nous avons eu, en France, un mouton sur les nôtres, le petit aignel d'or, sous Charles VII, et le grand aignel d'or, sous Jean le Bon.

C'est en effet sous ces deux formes, la seule richesse réelle, — la terre et les troupeaux; — toute autre forme n'est qu'une représentation et un signe de celles-là.

C'est en vain qu'on demande aux entrailles de la terre, avec mille périls pour la santé et la vie, des richesses de convention; c'est à la surface de cette bonne mère, *alma mater*, qu'il faut demander les richesses vraies, avec la santé et la joie.

La célèbre monnaie des Spartiates allait au-devant de l'abus du signe ne représentant plus, mais remplaçant les choses comme il est arrivé depuis, à cause de sa commodité : — il fallait une charrette à deux bœufs pour transporter mille drachmes, c'est-à-dire à peu près cinq cents francs de notre monnaie.

On a dû être assez longtemps à atteindre le but de la monnaie, c'est-à-dire à ce qu'on pût se persuader qu'un plat de bonnes lentilles qui, avec un peu d'eau et de feu font un repas, fût représenté exactement par un ou deux ronds de cuivre ou de fer, par un morceau de corail, qui ne sont bons à rien et surtout ne sont pas bons à manger; — mais la nécessité et la commodité l'ont emporté, parce que ce morceau de corail, ou ce rond de cuivre ou de fer qui représentent les lentilles, représentent aussi le morceau de lard qui, mêlé aux lentilles, fera un mets excellent.

Mais à peine la monnaie eut-elle atteint le but désiré et désirable, qu'elle ne tarda pas à le dépasser.

Les vraies richesses, c'est-à-dire les productions de la terre, sans lesquelles les autres ne sont rien, et nous laisseraient mourir de faim, sont d'une conservation difficile et par leur volume et par leur corruptibilité. — De plus, une récolte, malgré le travail et les soins de l'homme, peut manquer par la sécheresse, par une grêle, par une gelée.

De plus encore, le prix des fruits de la terre est variable à l'infini.

Ce n'est qu'à force de sueurs qu'on les obtient.

L'or et l'argent, au contraire, inaltérables aux éléments, représentent sous un très-petit volume facile à serrer, facile à transporter, facile à cacher, une grande quantité des productions du sol.

Bien plus, — l'or et l'argent se transforment, au moment même où vous le voulez, en tout ce que vous pouvez désirer : c'est la verge de Moïse, c'es la baguette des enchanteurs, c'est les cinq œufs donnés par la fée à la Floride de l'*Oiseau bleu*, dont chacun, lorsqu'elle le casse, se trouve renfermer ou un char attelé de colombes, ou des crampons d'or pour gravir une montagne d'ivoire, ou un palais où on lui sert un souper exquis, etc.

Pour se rendre compte cependant de la difficulté qu'on a dû rencontrer à donner au signe et à la représentation la valeur de la chose, il faut se reporter à un équivalent plus récent.

L'or et l'argent, signe et représentation des richesses réelles, ont été, à leur tour, représentés par des billets de banque, par un papier-monnaie; pour que ces billets, pour que ce papier arrive à représenter la richesse réelle, il faut d'abord qu'il représente le signe plus ancien et accepté, c'est-à-dire devenu abusivement une richesse lui-même.

Ça ne s'est pas fait tout seul.

Le premier cheval que j'ai acheté était un cheval percheron ; j'étais fort jeune et nullement expérimenté, ce qui ne veut pas dire qu'on ne m'attraperait pas encore aujourd'hui.

On m'avait adressé, pour me guider, à un vieux capitaine retraité qui s'entendit avec le marchand de chevaux. — Les percherons sont d'excellentes bêtes de messageries, vigoureuses, lourdes en apparence, mais soutenant une course rapide et prolongée ; — ils ont la tête fine et élégante, et dans leur grande jeunesse, ont facilement l'air d'un joli cheval de selle. — On me fit croire qu'un poulain de dix-huit mois était un cheval de cinq ans, —

lequel se mit à grossir entre mes jambes de telle façon que six mois après, il était de la couleur et de la grosseur du cheval de bronze de Henri IV, c'est-à-dire passablement plus gros qu'un cheval de brasseur, ce qui m'obligeait à être, à cheval, dans la position que les acrobates appellent le — grand écart.

Eh bien ! quand il s'agit de payer ce cheval, le paysan ne voulut ni d'un billet de banque ni de l'or pour faire l'appoint, il me répondit obstinément « baillez-moi des écus ». — Or, par écus, il entendait des pièces de cinq francs et mieux de six francs, dès lors démonétisées et perdant quelques sous sur chaque pièce, mais qu'il était accoutumé à voir et à considérer comme une chose précieuse en elle-même, tandis qu'un morceau de papier et l'or, beaucoup plus rare alors qu'aujourd'hui, ne lui représentaient que ce qu'ils étaient, du papier et des cailloux jaunes.

Je dus aller à la ville voisine, perdre sur mon or pour le changer en écus, tandis que j'eusse obtenu le résultat contraire à Paris, et on me fit *endosser* le billet de la Banque de France. Je ne sais si cette institution s'est aperçue que je l'avais alors soutenue de mon crédit, si elle en a été reconnaissante et me rendrait le même service à l'occasion.

Il faut dire que le métier que je fais honnêtement ne m'ayant pas accoutumé à un maniement assidu des billets de banque, qui alors, pendant ma jeunesse, n'étaient que de 1.000 fr. et de 500 francs, je n'ai jamais pris ce signe tout à fait au sérieux, et avant les petits billets qui me sont devenus naturellement plus familiers, lorsqu'il m'arrivait de prendre une voiture n'ayant qu'un billet de banque dans ma poche, je le changeais préalablement pour acquérir une conviction complète que je pourrais payer le cocher.

La vérité est cependant que c'est une valeur moins certaine que l'or et l'argent : le feu et l'eau peuvent les détruire, et il faut qu'ils inspirent une sécurité absolue de pouvoir les échanger à la Banque contre leur valeur nominative en or ou en argent, aussitôt que vous le voudrez.
La moindre hésitation de la Banque à en rembourser un seul à présentation les changerait tous immédiatement en autant de chiffons de papier bons tout au plus à allumer des cigarettes. La moindre bruit, un tumulte populaire, une révolution, une menace de révolution, une émeute, en diminuent à l'instant même la valeur, et peuvent vous laisser sans un sou disponible avec cent mille francs de billets de banque dans la poche.

Le billet de banque est cependant le signe de l'argent comme l'argent est le signe des richesses réelles; mais une longue habitude et la rareté relative des métaux ont donné à ceux-ci une valeur intrinsèque, la Banque ne donne de sécurité pour la circulation de ses billets que parce qu'on sait ou on croit qu'ils ne représentent qu'une partie de « son encaisse métallique », c'est-à-dire qu'elle est toujours en mesure de les rembourser en or et en argent, tous à la fois, ce qui n'est peut-être pas vrai; qu'on me redresse si je me trompe sur ce point.

Ainsi les assignats, qui avaient été émis pour une somme de quarante-cinq milliards — n'étaient pas représentés par deux milliards d'or et d'argent, et ne pouvaient conséquemment être remboursés ; de là un discrédit qui amena en peu de temps à acheter une paire de bottes 20 francs en argent, ou soixante-quinze mille francs en assignats... jusqu'au jour très-proche où ils ne valurent plus rien du tout.

Le même sort cependant peut être réservé à l'or et à l'argent dans certaines circonstances exceptionnelles, rares, mais non pas sans exemple, où le signe ne peut plus remplacer la richesse réelle.

Ainsi, il arrive très-vite, dans une ville assiégée par exemple, que telle denrée représentée d'ordinaire par une petite pièce d'argent ne l'est plus que par plusieurs pièces d'or, — et si le siége se prolonge, finirait par ne plus être représentée du tout par aucun signe.

Le dernier siége de Paris a donné une preuve de la possibilité de cette situation : un lingot de beurre attira plus de spectateurs envieux que n'en avait attiré quelques années auparavant le fameux lingot d'or de 400.000 francs mis en loterie ; cependant on n'a pas alors été réduit aux extrémités où les Parisiens le furent du temps de la Ligue, où on fit du pain avec les os des morts recueillis dans les cimetières.

Prenons par exemple le fameux siége de la Rochelle, en n'oubliant pas que les prix que l'histoire nous a conservés représentent plus que le double aujourd'hui... Voici quelques-uns de ces prix :

Un œuf, — huit livres, — c'est-à-dire 15 francs d'aujourd'hui ;

La livre de peau de bœuf, — trois livres ;

Deux feuilles de choux, — cinq sous ;

La livre de pain de paille, — vingt-deux sous, etc.

On lit dans les *Mémoires* de Pontis, qu'à ce siége un hôtelier nourrit son enfant pendant une semaine en se tirant chaque jour une certaine quantité de sang qu'il accommodait et faisait cuire.

Allons plus loin, — transportons-nous sur le radeau de *la Méduse;* supposons qu'il s'y fût trouvé une bouchée de pain ou dix gouttes d'eau, — celui qui en eût offert un million, un milliard, en billets ou en or, — n'eût même pas obtenu de réponse ; et on comprend parfaitement l'Arabe égaré dans le désert qui, ramassant un sac fermé, espère y trouver quelques poignées de riz, et le jette avec dédain et colère quand il s'aperçoit, en l'ouvrant, qu'il ne contient que de l'or.

Néanmoins, quoique la valeur de l'or et de l'argent ne soit qu'une convention, elle a été acceptée partout à cause de sa grande commodité.

Ainsi, dans les circonstances où l'on veut le transporter ou fuir — si le billet de banque perd quelquefois de sa valeur, l'argent et surtout l'or en prennent une bien supérieure à leur valeur ordinaire.

Un homme qui n'aurait que des richesses réelles, — des terres, du blé, des bestiaux, ne pourrait les emmener avec lui.

De là la facilité recherchée pour ceux qui ne possèdent que le signe au lieu de la chose, — c'est-à-dire l'or au lieu de ce que l'or représente, la terre, les denrées, etc. ; ceux-là peuvent échapper à la fois et, selon les circonstances, ou à la violence de la tyrannie, ou à la juste répression des lois, — et les coquins, comme le philosophe Bias, peuvent dire, en se frottant les mains, je porte tout avec moi, — *omnia mecum porto*.

Tous ces avantages ont accru progressivement la valeur du signe et lui ont fait dépasser de beaucoup la valeur de ce qu'il représente.

Quelle est la terre, — richesse réelle, — qui rapporte autant qu'une somme équivalente à sa valeur, — exploitée à la Bourse, — dans l'industrie, dans l'agiotage, dans l'usure ?

Remarquez, en passant, un petit détail, — entre celui qui livre une marchandise ou un travail, c'est-à-dire une richesse réelle, et celui qui donne en retour de l'argent, c'est-à-dire un signe convenu et une représentation arbitraire de cette richesse : — c'est le premier qui remercie, — et le second s'attend parfaitement à être remercié, il trouverait très-mauvais qu'on ne le remerciât pas, — et prend un air de supériorité accepté et reconnu par l'autre.

Cette aberration cependant, qui a fait donner, avec le temps, une incontestable supériorité au signe sur la chose représentée, n'est pas sans inconvénient, et menace les sociétés, — menace en partie déjà accomplie — d'un malaise d'abord et d'un désastre ensuite.

Mahomet, dans le Koran, apporté feuille à feuille par l'ange Gabriel, donne, comme un des symptômes de la ruine du monde et de sa destruction, — « la découverte qui aura lieu d'un grand amas d'or par la retraite de l'Euphrate ».

Un grand exemple de cette vérité est la ruine de l'Espagne, ruine causée par la découverte du Pérou, et l'or qu'on en apportait à pleins galions ; — on ne travailla plus, on ne produisit plus, puisqu'on pouvait tout acheter ; — l'agriculture et l'industrie dépérirent et disparurent, et graduellement l'Espagne devint le pays le plus pauvre de l'Europe, pour avoir eu trop d'or.

Citons encore Mahomet ; les commentateurs du Koran disent : « Des montagnes d'or d'une élévation prodigieuse ont sollicité l'honneur de lui appartenir, mais lui a fait voir à ces montagnes quelque chose de bien plus élevé qu'elles, — son mépris. »

De ce temps-ci, l'or de la Californie, qui a paru enrichir l'Europe, a d'abord fait une révolution et un déplacement dans les signes de la richesse.

L'or, qui avait été à l'argent dans la proportion
de 13 1/4 à 1 sous Louis XIII,
de 15 1/4 à 1 sous Louis XIV,
de 15 1/2 à 1 sous Louis XVI,

est tombé alors à une valeur à peu près égale à celle de l'argent, — et on le donnait indifféremment dans les paiements. Cela n'aurait rien été, — mais le signe a, par sa multiplicité, perdu de sa valeur ; — toutes les denrées et conséquemment la main-d'œuvre ont enchéri, et la vie est devenue beaucoup plus difficile pour deux ou trois classes de la société, — car tout ne peut suivre de niveau — *passibus æquis* — l'enchérissement des denrées.

Il est arrivé de l'or de la Californie ce qui est arrivé de l'or du Pérou.

Précisément la même chose que lorsque, enfants, nous jouions au loto : — avec des haricots dont cent représentaient deux sous, — un des gamins se glissait à la cuisine et revenait avec deux ou trois poignées de haricots « chipés » dans sa poche, il jouait gros jeu, et y faisait jouer les autres.

Donc le signe, c'est-à-dire la richesse de convention, a graduellement pris l'avantage sur la chose représentée et sur la richesse réelle ; — nous avons dit les avantages et les commodités qui lui ont acquis cette faveur. — Il faut ajouter que bien des maux ont dû leur source à cette invention du signe de la richesse.

Lorsque Jules-César, « prenant tout d'une main pour tout donner de l'autre », ce qu'on appelle la générosité et la magnificence des rois, — corrompit sa patrie pour l'asservir, il n'aurait pu emporter en richesses réelles, en blé, en bestiaux, en vin, ce qu'il emporta en or des temples et du trésor public.

On ne pourrait aujourd'hui corrompre une femme ou un homme en oubliant chez lui trois cents sacs de blé ou cinquante sacs de pommes de terre, ou un bœuf et deux veaux ou une dizaine de moutons, comme on peut le faire, avec moins de scandale, en laissant une bourse ou un portefeuille.

Également un banqueroutier emporte plus facilement une liasse de papiers qu'un troupeau de bêtes à cornes.

Le bien et le mal ont donc contribué à l'importance, dans les sociétés modernes, de l'or et de l'argent, importance qui est devenue telle, que personne ne s'occupe plus des richesses réelles que l'or et l'argent représentent [1].

Que l'on néglige et que l'on abandonne l'agriculture, et le sort qui semble réservé à la société moderne est inévitablement le sort du roi Midas : il n'y a plus que l'argent, il n'y a plus que l'or.

Rappelez-vous ce propos qu'on prête à quelque homme d'État, fort aux dominos, de la première révolution.

Les colonies étaient menacées, ça lui était égal. — Mais où prendrons-nous du sucre? lui dit son interlocuteur, en l'arrêtant au moment où il sucrait la tasse de café qu'il venait de lui gagner. — Mais, reprit-il, chez les épiciers.

— Où prendrons-nous du pain? de la viande, etc.? — Mais à la Bourse.

Et, tous les jours, on semble s'efforcer d'accroître la puissance déjà si exorbitante de l'argent ; der-

---

[1]. *Quod sol atque imbres dederant, quod terra creavit Sponte sua* (Lucrèce).

nièrement, on laissait en liberté, sous caution d'une somme de 30 ou 40,000 francs, une fille publique enrichie.

On vient de mettre en liberté, sous caution, deux habitants de je ne sais quelle ville; je veux les croire honnêtes, respectables, innocents, je veux les croire injustement accusés même d'un délit ne touchant pas à l'honneur; mais cependant si ces deux citoyens n'étaient pas riches, ou n'avaient pas des amis riches, ou n'appartenaient pas à un parti passionné, ils seraient restés en prison.

De même qu'à la place de la prostituée riche, une mère de famille — accusée injustement, peut-être comme elle, ou ayant volé, poussée par les besoins de ses enfants, — aurait attendu son jugement sous les verrous.

Une famille romaine, une branche des Cornélius, devait son surnom d'*Asina* à une anecdote qui montre que déjà la puissance de l'or était arrivée à l'insolence. — Cornélius devait, pour un achat ou pour une autre chose, fournir caution d'une certaine somme; — l'usage était que cette caution fût donnée par deux citoyens; — à l'appel de son nom, il s'avança dans le forum, menant par la bride une ânesse chargée d'or. — Voici, dit-il, ma caution.

XLIV

S'il y a eu dans l'histoire du monde une république puissante, c'est la république romaine.

Peut-être entre deux parties de billard, nos grands tribuns feraient-ils bien de l'étudier un peu.

Eh bien! Servius Tullius, un roi qui eut ceci de particulier qu'un illustre Romain disait de lui : « Il enseigna la liberté au peuple romain », Servius Tullius, roi élu,— prit deux mesures auxquelles les hommes politiques du siècle d'Auguste attribuaient la longue durée et la prospérité de la république :

1° Tout en admettant tout le peuple au vote [1], par une combinaison qu'il serait long d'expliquer, « il eut soin de ne pas laisser le pouvoir au nombre, soin nécessaire pour le salut de la république [2]. »

2° Il établit les impôts en proportion de la fortune de chacun : ceux qui ne possédaient pas plus de quinze cents *as*, ou n'avaient à déclarer au cens que leur existence, en étaient exempts. — Servius Tullius leur donna le nom de « prolétaires », nom dont les avocats bavards et les tribuns d'estaminet et les ouvriers poseurs et ramasseurs de bouts de phrase ont tant abusé. — *Proletarii*, prolétaires, *a prole*, signifiait que la république ne leur demandait que d'augmenter le nombre des citoyens, tandis que les riches ne s'appelaient pas riches, mais *assidui*, — *ab œre dando*, — imposés, donneurs d'argent, ou mieux de cuivre, car c'était la seule monnaie [3].

---

[1]. Nec prohibebatur quisquam jure suffragii.

[2]. Curavit, quod semper in republica tenendum est, ne plurimum valeant plurimi. (Cicéron, *de Republica*.)

[3]. Locupletes assiduos ab œre dando. Eos qui aut non plus mille quingentum œris aut omnino nihil in suum censum præter caput attulissent; — proletarios — ut ex iis quasi proles, id est quasi progenies civitatis expectari viderentur. (Cicéron, *de Republica*).

Plus j'y pense, — et j'y pense beaucoup, — il est telle page de mes petits livres et de mes *Guêpes* qui m'a coûté plusieurs jours et quelques bons morceaux de nuit à penser, à retourner, à étudier, avant de l'écrire en quelques minutes, — plus j'y pense, plus je suis convaincu — que, au-dessus du revenu ou du gain qui représentent juste les premières et indispensables nécessités, mais à partir de ce point, l'impôt payé par un nombre égal pour tous de journées de revenu, de gain ou de travail, satisfait complétement à l'équité, simplifie singulièrement la perception des revenus de l'État et supprime un immense gaspillage.

Là, j'en suis convaincu, est la vérité; je voudrais avoir, comme dit Homère, dix bouches et dix langues pour la bien faire entendre [1].

Mais étudiez l'histoire de l'esprit humain, des institutions politiques et des inventions en tous les genres, vous verrez qu'on n'arrive au simple et au vrai qu'après avoir épuisé toutes les combinaisons possibles du compliqué et du faux.

Mais voici la situation de la société moderne : au lieu d'un partage équitable des vraies richesses, petite part à chacun, on les a condensées et on a fait un certain nombre de gros lots, dont il n'y a qu'un par cent personnes, — et naturellement on se les dispute avec acharnement.

Les besoins réels, simples, peu nombreux et faciles à satisfaire, que nous avaient donnés la nature et la Providence, avaient d'abord rapproché les

---

1. Οὐδ' εἴ μοι δέκα μὲν γλῶσσαι, δέκα δὲ στόματ' εἶεν!

hommes pour la défense commune et pour les échanges.

Mais les besoins factices, insensés et sans bornes, que créent tous les jours le luxe, la vanité, l'avarice et l'ambition — rapprochent aussi les hommes, — mais comme des dogues autour d'un os, pour se battre, se haïr, se tromper, se voler et se dévorer les uns les autres.

La richesse augmente, disent les politiques superficiels, en même temps que les besoins ; — je le veux bien, mais, je le répète, dans la proportion de un à trois.

XLV

Il a été porté récemment à l'Assemblée nationale une question de la plus haute et de la plus poignante importance,

Le travail des enfants dans les manufactures.

Pour concilier le respect que *je dois* à l'Assemblée avec le respect non moins grand que *j'ai* pour la vérité, je dois dire que la question qui, du reste, a été ajournée, ne me paraît pas avoir été traitée sous toutes ses faces, et que l'on a sans doute réservé plusieurs observations pour une autre séance.

Les questions de ce genre ont peu de chances d'être résolues d'une manière efficace et complète par une Assemblée ; ceux de ses membres, et c'est le très-petit nombre, qui sont par leur position, à même de connaître ou d'étudier le sujet en discussion, sont parfois intéressés à maintenir les abus qu'il s'agit de réprimer, et il y a beaucoup de chances pour que leurs connaissances spéciales influencent et entraînent leurs collègues. — L'Assemblée, en effet, présente plus de fabricants que d'ouvriers, et quant aux députés du parti prétendu républicain, aux députés se disant radicaux, ils ont tellement abusé des doléances, des grands mots, et de l'emphase, en faveur de MM. les assassins, de MM. les incendiaires et de MM. les vauriens de toutes sortes, que leur opinion n'a aucune chance d'être écoutée lorsqu'il s'agit d'une véritable et sympathique misère.

Jusqu'ici, il est question de faire ce qu'on a déjà fait; régler le nombre d'heures pendant lesquelles les enfants peuvent supporter le travail — et décider à quel âge ils peuvent sans danger immédiat entrer dans cet enfer du travail des manufactures.

Un membre de l'Assemblée a parlé pour le maintien du *statu quo*, et le plus grand nombre d'heures de travail imposé aux enfants — en se fondant sur cet argument qui a paru accepté par un grand nombre de députés:

« Il faut bien soutenir la concurrence contre l'étranger. »

C'est-à-dire que si l'Angleterre — qui, dans son industrie à outrance, semble avoir touché la limite extrême de la misère dans le travail, si l'Angleterre, où la population agricole est presque aussi misérable que la population industrielle — imagine une nouvelle cruauté — qui diminue la ration insuffisante dont se compose la nourriture, si on peut s'exprimer ainsi, de ses tisserands — il faudrait immédiatement appliquer ce « perfectionnement » dans nos ateliers.

Déjà — en Angleterre — l'Irlandais considère comme mets de luxe qu'il se permet rarement et seulement aux bonnes fêtes, quand il le peut — les pommes de terre de bonne qualité cuites dans l'eau sans assaisonnement. On a renoncé à les cultiver pour livrer la terre à la production presque exclusive d'une espèce sans saveur, mais produisant les plus gros tubercules — appelée *lumper* : — faute de se nourrir, on tâche de s'emplir.

On ne vit pas tout à fait, mais on ne meurt pas : — le pain, la viande, l'ale, disent les philanthropes industriels[1] — un logement sain et convenable ne sont devenus des besoins que par suite de mauvaises habitudes ; — avec trois livres de *lumper* par jour, on vit en Irlande.

L'industrie à outrance, la concurrence acharnée, obligées de fournir à bon marché, ont fait porter l'économie et les réductions d'abord sur les matières premières, puis sur les procédés de fabrication, puis on a eu recours aux fraudes et aux tromperies sur la quantité et la qualité, puis sur la main-d'œuvre, c'est-à-dire sur l'ouvrier.

On sait le poids que peuvent porter les *crics* et les *grues* — vous voyez dans les usines et dans les

1. Eugène Buret.

gares de chemins de fer — de ces engins ainsi étiquetés :

Puissance 4,000 kil. *libre*,
Attachée, 5,000 ou 6,000.

De même, l'homme, nourri confortablement — peut faire telle somme de travail — moins bien nourri, telle somme — à moitié nourri, telle somme — presque pas nourri, telle autre somme.

La somme de travail fournie par la machine humaine presque pas alimentée est inférieure ou très-inférieure à la somme fournie par la même machine à moitié alimentée — ou confortablement nourrie ; — mais cependant, il y a avantage, pour la production et le prix de revient, à ne l'alimenter qu'en partie.

Donc c'est à « presque pas nourrir » qu'on en est aujourd'hui dans certaines industries qui occupent et dévorent des populations entières ; — jusqu'ici on n'a pas trouvé mieux, mais on cherche ; — on croit avoir trouvé le dernier mot pour les machines et pour le fer, qui, si on dépasse le poids indiqué par la puissance de la machine, ne tarde pas à se rompre, — tandis que l'homme, outre la force des membres, a une certaine puissance morale de volonté, de nerfs, qui permet de le surcharger.

Il est évident que les impôts sur les « matières premières » si préconisés par M. Thiers — obligent à chercher si l'ouvrier des filatures ne pourrait pas arriver à manger encore un peu moins que presque pas ; — en attendant, on s'efforce de se passer de l'homme ; l'industrie à outrance ne voudrait plus trouver dans l'homme un producteur, un associé, un engin, un accessoire de machine qu'il faut payer — peu, mais payer ; nourrir peu — mais au moins emplir, — mais seulement un consommateur : c'est de là qu'est né le travail des enfants. Je sais bien que, sauf une ou deux villes de France, nous ne sommes pas encore, du moins je le crois ou plutôt je l'espère, descendus au degré de cruauté où l'industrie mortelle est arrivée en Angleterre ; mais si l'on admet ce principe que la question d'humanité doit céder devant la « nécessité de soutenir la concurrence avec l'étranger », comme on l'a dit l'autre jour à a Chambre des représentants du pays, il faut se hâter de marcher sur les traces des Anglais.

En 1833, — on a promulgué en Angleterre une loi qui dit :

« Nul enfant ne peut être employé au-dessous de neuf ans.

» Nul enfant au-dessous de treize ans ne devra travailler plus de 48 heures par semaine, soit neuf heures dans une seule journée ; il devra chaque jour passer au moins deux heures à l'école. »

Une loi à peu près semblable a été votée en France, il y a plus de vingt ans, par la Chambre des pairs sous le règne de Louis-Philippe.

Ni la loi des pairs de France, ni le bill de la Chambre anglaise n'ont été appliqués. En Angleterre le nombre des enfants employés aux manufactures, — et je suis à peu près certain qu'il en est de même en France — augmente tous les jours, — les machines, — à quelques exceptions près, — n'ont pas besoin d'ouvriers intelligents et forts ; — l'homme, jusqu'à de nouvelles découvertes qui permettent de se passer de lui tout à fait — n'est déjà plus que l'accessoir des machines, ou plutôt leur serviteur, une sorte de rouage subalterne qu'on ne tardera pas à remplacer à cause de sa gloutonnerie — par quelque chose en fer qui se contente d'être graissé avec de vieux oint.

L'industrie à outrance emploie jusqu'à des enfants de six ans, — les enfants et les femmes coûtent moins cher; il s'agit donc de les substituer aux hommes dans le plus grand nombre de cas possible.

Or, faites de nouveau une loi sur l'âge où les enfants peuvent entrer dans les manufactures et sur les heures de travail qu'ils peuvent supporter; si l'Angleterre continue à laisser tomber en désuétude les lois analogues — et si vous maintenez la nécessité de « soutenir la concurrence avec elle », il vous faudra aussi renoncer à faire exécuter cette loi d'humanité, tout insuffisante qu'elle est déjà. »

C'est aussi cruellement absurde que si un pâtissier vous disait :

J'ai un voisin qui fait des pâtés très-recherchés, parce qu'il y mêle de petits morceaux de la chair de ses apprentis; — c'est excellent et meilleur marché que le veau, — il faut bien que je fasse comme lui, sans quoi je ne pourrais « soutenir la concurrence » qu'il me fait.

Une similitude :
Dans les travaux publics exécutés par le gouvernement, on a coutume de faire faire un devis, par des ingénieurs, et, ensuite, de confier les travaux à

celui des entrepreneurs qui propose de les exécuter au plus grand rabais sur le devis.

Qu'arrive-t-il ?

Que les casse-cous, les chancelants et ceux qui espèrent se rattraper par des bénéfices illicites et frauduleux se présentent presque seuls.

Des entrepreneurs sérieux, responsables, décidés à bien faire, et à faire honnêtement, ne peuvent jamais offrir un rabais égal à celui offert par ceux-là ; — ils finissent par ne plus venir aux adjudications, et les autres, ou trompent sur les matières, sur la main-d'œuvre, etc., et livrent des travaux qu'il faut bientôt recommencer, ou, s'ils sont surveillés, font une faillite qui ruine ceux qui ont eu confiance dans un homme chargé de travaux « pour le compte du gouvernement ».

Le bon sens et l'honnêteté exigeraient que l'adjudication fût posée entre deux limites, — l'une maximum — l'autre minimum — il n'y a ni probité ni avantage à se faire livrer des travaux dont le prix ruine celui qui les a faits, ou même n'est pas suffisamment rémunérateur.

Il faudrait considérer comme non avenue toute proposition qui engagerait son auteur à exécuter les travaux en adjudication à perte ou même sans profit.

De même — il faudrait fixer le prix de la moindre journée d'ouvrier à un taux qui permette de vivre modestement et sobrement.

Quant aux prix supérieurs — proportionnés au talent, à l'activité, à la force, à l'intelligence, qu'ils restent à débattre entre patrons et ouvriers.

C'est une terrible situation que celle des enfants dans les manufactures.

Au physique, voyez-les sortir de l'atelier, pâles, hâves, défaits, grêles, chétifs, — la voix rauque et éraillée, l'œil éteint et fiévreux, abasourdis par le bruit formidable et incessant des machines.

« J'ai visité à Manchester, dit le baron d'Haussez, une manufacture de tissage où battaient dans une salle, plus de 400 métiers mécaniques, surveillés par des jeunes filles, qui toutes, malgré leur âge, annonçaient dans leurs mouvements et sur leurs traits les effets de l'ennui; — impossible de donner une idée de l'effroyable tapage au milieu duquel elles vivaient; ni le tonnerre ni l'artillerie n'en approchent; c'est à ébranler toute la machine humaine et à hébéter l'intelligence.... Je n'ai pas l'idée d'un supplice égal à celui d'être condamné à vivre de 4 à 10 heures par jour dans un pareil tapage; l'habitude, si elle existe, ne peut s'acquérir qu'au prix de la mort intellectuelle et morale. »

Voilà pour le présent, parlons de l'avenir :

Que devrait être le travail de l'enfant? L'apprentissage du métier qu'il aura à faire étant homme.

Il n'en est pas ainsi; l'enfant tant qu'il reste enfant, c'est-à-dire tant qu'il se contente des quelques sous qui sont sa maigre rétribution, fait une opération qu'il ne refera plus de sa vie; il lui faut, pour passer homme, c'est-à-dire pour être payé comme un homme, faire un nouvel apprentissage.

Dans ces métiers d'ailleurs de manufacture, grâce aux perfectionnements trouvés par le génie humain, grâce aux merveilles de la mécanique, — à mesure que le principe de la division du travail est plus appliqué, l'ouvrier perd une force et une habitude d'application dont il n'a plus l'emploi ; — il devient moins intelligent et plus dépendant, — il devient l'accessoire, l'esclave d'une machine, il ne devient jamais un ouvrier complet, un ouvrier tout entier, un ouvrier de talent comme le peut devenir un menuisier, un serrurier, un forgeron, un charpentier, etc.

Pour les manufactures, l'art progresse, l'artiste rétrograde ; presque jamais l'artisan des manufactures n'arrivera à être possesseur de l'outil de sa profession, l'acquisition de cet outil perfectionné exige d'énormes capitaux — et les capitaux tendent aujourd'hui surtout à se réunir dans un petit nombre de mains.

Il restera toujours partie intégrante et subalterne de l'outil, — partie accessoire à laquelle on chicane la vie, et dont on espère un jour se passer.

« De là une aristocratie manufacturière, dit M. de Tocqueville, une des plus dures qui aient paru sur la terre. »

Comparez aux hordes d'enfants sortant de l'atelier une troupe d'enfants élevés à la campagne et dans les travaux des champs :

Leur teint frais et animé, leur corps un peu trapu, robuste et agile, — leur voix trop sonore lancée à pleins poumons, — la santé, la joie, l'insouciance sur leurs visages ; — leurs travaux sont proportionnés à leur âge et à leurs forces, et d'ailleurs se passent en plein air respiré à grands traits; — ils apprennent sans s'en apercevoir l'état qu'ils doivent exercer, qu'ils exercent déjà : — gardiens de troupeaux, ils font avec les animaux une connaissance intime; — sarcleurs, ils apprennent à distinguer, à connaître les plantes et les terrains;—tout jeunes ils s'intéressent au temps qu'il fera demain, et cherchent à le pronostiquer selon des signes que les plus âgés leur enseignent à reconnaître.

Ils voient pousser le pain et mûrir le vin, — ils s'intéressent aux progrès de la culture, et comprennent la nécessité de travaux dont le résultat est immédiat; — ils jouent dans l'herbe, — tandis que les autres jouent dans la boue.

Mais laissons le côté politique, et voyons l'influence morale du travail dans les ateliers pour les enfants.

Ils sont nécessairement mêlés à des garçons et à des hommes de tout âge, dont les discours, les récits, le langage, les plaisanteries, les exemples, les habitudes, les manières, — sans être parfois très-répréhensibles, — sont funestes aux enfants, et les familiarisent avec le langage de ce qui est un vice à leur âge, — leur innocence est un sujet de moquerie, ils ne tardent pas à en être honteux.

Et si nous parlons des jeunes filles, sans cesse loin de leurs mères, mêlées aux hommes qui se font une étude et une gloire de les perdre, n'obtenant que de faibles gains qui ne leur permettent la satisfaction d'aucun des d irs naturels à la femme, — désirs surexcités par l'exemple de celles de leurs compagnes qui demandent à leur beauté, ou du moins à leur jeunesse un supplément qui se traduit par un bonnet, par un fichu, par un tablier, achetés non par un travail rude, mais par le partage d'un plaisir.

Par le travail des enfants dans les ateliers on étiole, on vicie, on démoralise une partie de la nation;

On coupe le blé en herbe, on gaule les pêchers en fleurs, on vendange des verjus.

— Concluez, me dira-t-on.

— Je conclus qu'il faut, sous peine de mort, et qui pis est de misère envieuse et criminelle — que l'homme revienne aux champs et aux travaux de l'agriculture, — que l'on transporte à l'habitant des campagnes tous les priviléges usurpés par l'habitant des villes,

Qui arrive à n'avoir plus d'autre plaisir que le café, le cabaret, les discours et les projets haineux, — d'autres fêtes que les émeutes, d'autres espérances que les révolutions dont il ne se lasse pas d'être le héros, la dupe et la victime.

Ah! voilà de quoi il faut se préoccuper et non de ces questions, dites politiques, qui déguisent sous des mots, des phrases, des mensonges les appétits de l'avarice et de la vanité.

La politique comme la guerre a, entre autres formidables défauts, — celui de donner aux crimes et aux forfaits des noms honnêtes et respectables.

XLVI

Nous retrouvons le fougueux évêque d'Orléans à l'Assemblée nationale, où il attaque le projet de l'instruction gratuite et obligatoire avec la même ardeur que l'athéisme à l'Académie.

C'est du reste, une seule et même haine, parce que, suivant monseigneur d'Orléans, l'instruction conduit nécessairement à l'athéisme et à la damnation éternelle ; — il veut continuer la tradition et la légende de la pomme et du fruit défendu de l'arbre de la science ; mais comme, sur cette terre, nous ne sommes pas en paradis, il nous pardonnera de n'avoir qu'une crainte médiocre d'en être chassés.

Et je dois dire ici que si je suis d'un avis différent de l'avis de monseigneur Félix, je ne suis pas cependant d'un avis contraire et opposé ; je m'explique :

L'instruction a fait néanmoins quelque progrès — moins en France qu'ailleurs cependant — et aujourd'hui, on peut dire, sans hésiter, que l'homme qui se trouve dans la société entièrement dénué d'instruction, c'est-à-dire ne sachant pas lire, écrire et compter, est comme un infirme et un mutilé, dans une condition d'infériorité injuste et douloureuse.

Il est donc criminel et aux parents et à la société de ne pas remédier à cette inégalité.

Cette éducation primaire doit donc être obligatoire, comme est obligatoire l'obligation imposée aux parents de nourrir leurs enfants ; pour être obligatoire, il faut qu'elle soit gratuite, mais il faut aussi qu'elle soit libre : plus de distinction entre l'éducation laïque et religieuse ;

Seulement que cette lutte se fasse à armes loyales. Enlevez à l'Église les subsides que l'État lui donne ; supprimez le budget des cultes ; laissez les fidèles de tous les cultes entretenir leurs églises et leurs prêtres, soumettez les instituteurs et laïques et prêtres aux mêmes conditions d'admission, de moralité et de capacité, et puis..... laissez faire. Il faudra bien que l'Église institutrice élève le niveau de ses études et augmente leur universalité, ce qui suffit pour que le plus grand nombre de ses écoliers échappent plus tard aux dangers de son influence.

On argue contre la propagation de l'instruction que les spécimens que nous avons sous les yeux d'ouvriers un peu plus instruits que les autres ne sont pas encourageants, que les orateurs de cabaret, les ramasseurs de bouts de phrases des clubs, les ouvriers poseurs, les « travailleurs » inspirent une certaine appréhension et font demander : que serait un pays dont la classe la plus nombreuse de beaucoup serait toute formée sur ce modèle ?

Eh bien ! j'ai étudié la question, surtout en 1848, où j'ai beaucoup fréquenté les assemblées, les clubs, etc., et aussi depuis, et voici le résultats de mes observations.

Ce qui effraie doit au contraire encourager : — loin d'arrêter l'élan de l'instruction primaire, il faut l'augmenter ; la barrière est levée, le quadrige emporté sur une pente rapide, dans un chemin dangereux, versera et roulera dans les précipices si vous essayez d'arrêter les chevaux ; le cocher habile, au contraire, se contente de les diriger et, du fouet et de la voix, et soutient leur allure.

L'ouvrier qui sait lire et écrire se compare à son père, à son frère qui ne sait ni lire ni écrire, à ses camarades aussi ignorants qu'eux ; il sent qu'il a sur eux un incontestable avantage, s'exagère cet avantage et se prend pour un homme supérieur.

En effet, comme le charlatan, entouré d'une foule de badauds, il les éblouit par sa faconde, et les influence dans certaines circonstances, se pavane, fait la roue, s'écoute, s'admire, puis se croit au-dessus de sa profession, qu'il néglige et qui l'ennuie, précisément parce qu'il tombe au-dessous en ne l'exerçant pas assidûment.

Il dupe ses camarades ignorants, et ne s'aperçoit pas qu'il est dupé à son tour par les avocats, les candidats errants, les hommes d'État de brasserie, les politiques d'estaminet, qui l'exploitent à leur tour en flattant et en exaspérant sa vanité, s'en font ce qu'on appelle en style de pipée des *appelants*, en style de prison des *moutons*, en style de marchand de chaînes de sûreté, des *allumeurs*, en style de tragédie des *séides*, en style d'escamoteur des *compères*, en style de morale, des complices et des victimes.

Il faut remettre ces pauvres et quelquefois criminelles dupes au niveau, non pas en les abaissant, mais en élevant les autres ; que tout le monde sache lire, écrire et compter, et ils n'abuseront plus ni les autres ni eux-mêmes, et les borgnes ne trouvant plus d'aveugles, perdront leurs chances de dangereuse royauté.

Mais ce n'est pas tout, et il me reste à traiter un point plus important, pour la clarté duquel j'ai besoin de commencer par une comparaison.

Le grand naturaliste Lacépède avait conseillé d'introduire dans les eaux de nos fleuves et de nos rivières certains poissons qui ne s'y trouvent pas; l'exemple en avait été donné déjà par les gourmands de Rome ; le *scare* fut, sous le règne de Claude, apporté en grande quantité de la mer Carthienne par Optatus Elipertius, commandant de la flotte, et répandu le long des côtes depuis Ostie jusqu'à la Campanie [1].

Lacépède enseignait les moyens de transport, etc. et donnait quelques aperçus sur l'élève du frai pour repeupler nos cours d'eau.

De notre temps, c'est-à-dire il y a une trentaine d'années, le pêcheur Remy, d'une part, qui n'avait pas lu Lacépède, et MM. Coste et Valenciennes, deux savants constitués qui ne se vantèrent pas de l'avoir

---

1. Optatus Elipertius, præfectus classis, inter Ostiensem et Campaniæ oram sparsos disseminavit...
Admovitque sibi gula sapores piscibus salis.

(PLINE, livre IX.)

lu, se mirent à réaliser les idées de Lacépède; les savants confisquèrent et absorbèrent le pêcheur, se firent à grands frais envoyer chercher les poissons désignés par Lacépède; seulement ils apportèrent, par mégarde, un de ces poissons dont le nom ne me revient pas en ce moment, poisson désigné il est vrai, par le même naturaliste, mais comme un poisson qu'il ne fallait pas apporter, attendu que c'est une espèce de brochet.

Puis on s'est mis à faire éclore et chez le pêcheur Remy et dans les cuvettes de l'Institut, des millions de poissons et à jeter du frai de diverses espèces dans divers cours d'eau.

Cela dure depuis un quart de siècle et plus, — et nos cours d'eau continuent à se dépeupler.

C'est que les savants n'avaient pas pensé à la nourriture des poissons, et les jetaient ainsi au hasard et avec trop de confiance dans la Providence, qui n'est pas obligée de se mêler des innovations des savants.

Chaque animal remonte sa machine au moyen d'une nourriture qui lui est destinée. Tel animal, tel poisson, n'existe pas sur une telle terre, ou dans une telle eau, parce que cette nourriture lui manquerait.

De sorte que, si je ne me trompe, et alors je suis prêt à admettre les objections et rectifications de MM. Coste et Valenciennes, comme celles que j'attends toujours des pères de la Salette et de M. le ministre des finances Pouyer-Quertier, lequel jusqu'à présent, en vrai Normand qu'il est, ne répond ni oui ni non, — le résultat définitif obtenu n'a été que de payer des voyages et des honoraires aux savants.

Eh bien, ce qu'ont fait les savants ci-dessus désignés pour les poissons, nous le faisons pour les hommes, mais d'une façon à la fois plus bête et plus dangereuse; les progrès de l'instruction primaire ont jeté et jetteront en plus grand nombre dans la société des esprits auxquels nous donnons d'abord une nouvelle naissance, de nouveaux besoins, de nouveaux appétits, et auxquels...

— *Vous* ne donnez rien à manger, interrompt un lecteur.

— D'abord dites: *Nous* ne donnons.... mais, ce ne serait rien, il faut dire auquel nous donnons une nourriture empoisonnée.

En effet, non-seulement on ne donne pas à l'enfant nouveau-né des substances vénéneuses, on ne lui fait pas teter de l'*acide prussique* ni du *curare*, mais on considérerait comme aussi mortel de lui faire boire de l'absinthe et du kirsch.

Bien plus, si on débutait par lui faire avaler de la soupe aux choux et au lard, — nourriture qui n'est nullement à dédaigner cependant, — on ne le nourrirait pas et on l'étoufferait.

Eh bien, ces esprits qui reçoivent une nouvelle naissance, par l'instruction, — ces esprits nouveau-nés, quelle nourriture leur a-t-on préparée et leur prépare-t-on?

Quelle nourriture à la fois pure, substantielle et

appropriée à leur âge et à leur tempérament, trouvent-ils à leur portée? Il n'y a guère à bon marché que des journaux, dont beaucoup ne sont que des avocats plaidant une cause, organes de passion, d'ambition, d'intérêts égoïstes, charlatans de place publique, faiseurs de *boniments*, marchands de morale fausse ou sophistiquée, menteurs, hâbleurs, *blagueurs*, etc. ; nourriture, pour parler des meilleurs, possible pour des esprits adultes, éclairés, qui choisissent les morceaux, et savent enlever les arêtes, — et encore! — mais nourriture évidemment empoisonnée ou au moins malsaine pour des esprits nouveau-nés, crédules, béjaunes, — qui avalent sans goûter.

Et ici, je dois faire le procès à tout le monde, à moi comme aux autres.

Depuis vingt ans, nous voyons s'établir et se propager la librairie à bon marché; une librairie qui fait pénétrer les livres dans une couche sociale nouvelle, une librairie qui, nécessairement, imprime pour ceux qui commencent à savoir lire.

Et qu'avons-nous fait à ce point de vue si sérieux? Pour ma part, dans un assez grand nombre d'écrits que j'ai publiés, j'ai le chagrin de n'en compter qu'un très-petit nombre qui puissent être utilement donnés aux nouveaux liseurs: — *Clovis Gosselin*, qui a pour but de rattacher le paysan à la terre et à l'heureuse vie des champs;

Fort en thème, dont le titre, sans que je me rappelle y avoir donné mon consentement, est devenu *Raoul Desloges* et qui démontre l'absurdité de cette éducation exclusivement littéraire qui n'enseigne que les deux langues qui ne se parlent pas, et nous a encombrés, ce qui est le péril de ce temps, de bacheliers et de fruits secs qui n'ont pas leur place dans la société et n'y peuvent vivre qu'en la troublant et la bousculant, au risque de la détruire.

Geneviève, — qui n'enseigne rien, — enseignement meilleur par cela même — mais fait voir le bonheur dans une vie douce et sans ambition, dans l'amour vrai et pur et dans les joies de la famille.

Il y a encore un tout petit livre bien mince, le livre des *Cent Vérités*, quelques pages, qui rectifie les préjugés populaires et les idées fausses sur l'histoire naturelle, la morale et la pratique de la vie.

Mais, — le reste?

Il y a cependant encore les *Guêpes* qui ont dit bien des vérités, attaqué bien des erreurs, triomphé de trois ou quatre peut-être, — ça n'est pas mauvais,—mais c'est de la soupe aux choux et au lard.

Et les autres écrivains contemporains? combien d'exceptions comptera-t-on? Et les livres dits de morale populaire?

Presque tous ennuyeux, douceâtres, propageant une fausse morale de papier, d'aucun usage dans la vie, des pratiques superstitieuses ou au moins bigotes, parlant au peuple comme les nourrices et les mères imbéciles parlent aux enfants en leur faisant dire dodo, lolo, dada, toutou, nounou, mimi, etc.,

Toute une langue qu'il leur faut ensuite désapprendre.

XLVII

Singulier peuple qui se vante d'avoir conquis le suffrage universel, qui frémit d'indignation quand on parle, je ne dirai pas de le lui enlever, mais de le modifier, qui veut le conserver malgré les sottises et les calamités dont il est la cause, et qui, avec un enthousiasme égal, refuse d'aller aux élections, et s'opiniâtre à ne pas voter, ce qui le soumet à la tyrannie d'une minorité compacte et disciplinée.

Ainsi, aux dernières élections de Paris, — les deux candidats, MM. Hugo et Vautrain, l'écarlate et le cramoisi, *scarlet and crimson*, disent les Anglais, ont réuni 214, 000 voix et il y a eu 240, 000 abstentions.

Il faut abolir le suffrage ou le rendre obligatoire, sans quoi nous achevons de nous perdre.

Il y a en France un certain nombre de gens, et c'est peut-être le plus grand nombre, qui s'intitulent conservateurs, — conservateurs de quoi? il n'y a plus rien.

Et, y eût-il encore quelque chose à conserver, ils ne veulent s'exposer ni à un danger, ni à une fatigue, ni à une réflexion, ni à un soin pour rien conserver.

Si vous, négociant, marchand, ou bourgeois ayant des commis ou des secrétaires, appreniez que l'un ou plusieurs d'entre eux ont établi leur logis à l'extrémité opposée du quartier où vous demourez, vous leur diriez :

— Vous arriverez nécessairement trop tard au bureau, vous arriverez fatigués, vous essaierez de vous en aller trop tôt ; le mauvais temps vous empêchera quelquefois de venir ; une foule de ces accidents ou incidents qui se multiplient en proportion de la longueur du chemin, vous arrêteront et vous retarderont.

Logez-vous dans mon quartier.

Les députés veulent rester et siéger à Versailles. Eh bien! alors, qu'ils demeurent à Versailles.

Qu'on établisse des logements, des baraques comme pour les soldats. Qu'on leur applique, avec de nouvelles raisons très-puissantes, ce que j'ai déjà proposé, que la rétribution soit payée en jetons de présence, ou en une carte donnée en entrant, contrôlée en sortant, qu'un certain nombre d'absences dans le mois entraîne une assez forte amende et qu'un nombre d'absences plus grand et fixé d'avance soit l'équivalent d'une démission.

En effet, presque tous les députés demeurent à Paris. Je lis dans un journal que le président de la Chambre lui-même y a son domicile et que madame et mademoiselle Grévy ne viennent à Versailles que pour les réceptions officielles.

Voyez que de raisons, de prétextes, assiégent les représentants, pour ne pas venir, pour venir tard, pour partir avant la fin des séances! que de temps perdu sur les chemins, temps qui pourrait être employé à travailler, à étudier les questions, — à entretenir une correspondance avec les électeurs!

Je le répète, il n'y a pas à tergiverser : si les députés veulent rester à Versailles, qu'ils y restent, mais qu'ils y demeurent, et que l'on mette fin à cette mauvaise plaisanterie d'une assemblée qui *reste* et *siége* dans une ville quand tous ceux qui la composent demeurent dans une autre.

XLVIII

On en est encore à discuter les questions d'incompatibilité.

Je ne sais quel est l'homme célèbre qui expliquait le nombre prodigieux des travaux accomplis par lui en disant : Je ne faisais jamais qu'une chose à la fois.

Ce qui vaut la peine d'être fait, vaut la peine d'être bien fait ; — pour qu'une chose soit bien faite, il faut que celui qui en est chargé y apporte toutes ses forces, toute son intelligence, toute sa volonté.

Ce n'est que dans les contes de fées que l'on voit un chasseur s'attacher les jambes pour ne pas dépasser les lièvres à la course et pouvoir en attraper quelques-uns.

Quel est l'homme qui a trop de connaissances, d'intelligence, de capacité et de temps pour remplir honnêtement les fonctions de représentant?

Quel est l'homme qui a trop de tout cela pour remplir les fonctions d'ambassadeur?

Comment se trouve-t-il un homme assez présomptueux, assez effronté, assez impudent pour vouloir remplir ces deux fonctions?

Comment se trouve-t-il un gouvernement assez bête pour confier à un seul homme deux tâches dont chacune demande tout le temps et toutes les facultés de l'homme le plus capable et le plus laborieux ?

Chaque homme ne doit assumer que la somme de devoirs qu'il peut accomplir.

Chacun ne doit remplir qu'une fonction.

Les incompatibilités doivent être absolues : on ne peut être magistrat à Perpignan, ambassadeur à Bruxelles et en même temps député à Versailles.

Comment ces questions peuvent-elles être un instant douteuses, et par quelle aberration arrive-t-on à les démêler et à trouver à leur sujet deux opinions différentes!

La vérité se sauve, dit Publius Syrus, en un vers ïambique, au bruit de la dispute :

Nimium altercando veritas amittitur.

XLIX

Il me semble qu'on bavarde beaucoup à tort et à travers au sujet de l'instruction obligatoire.

Les uns ne pensent qu'à se faire des lecteurs et des électeurs, abonnés pour leurs journaux, recrues pour l'émeute ; — demandent l'instruction obligatoire, gratuite, laïque etc., plus pour la demander que pour l'obtenir.

Les autres la refusent, parce que les premiers la demandent.

On complique toujours tout, — tandis qu'il faudrait s'efforcer de simplifier.

Rien n'est si simple en réalité que cette question : — point d'égalité sociale sans l'instruction pour tous ; — pour être obligatoire, il faut que l'instruction soit gratuite ; — mais elle ne doit pas être gratuite obligatoirement : — on n'empêchera personne de payer.

Il faut aussi qu'elle soit libre, — mais pour qu'elle soit libre, il faut qu'on ne protége ni ceux-ci ni ceux-là ; — je le répète, supprimez le budget des cultes, et laissez faire.

Je répète encore une comparaison acceptée : — un père doit être forcé de donner l'instruction primaire à son enfant, c'est-à-dire de nourrir son intelligence, comme il est forcé de nourrir son corps ; mais la loi n'a jamais pensé à lui ordonner de le nourrir de dindes truffées ou de lentilles à l'huile, — de pain de froment ou de pain de seigle, — de prendre le pain ou la viande chez tel ou tel boulanger ou boucher ; — lire, écrire, compter et, si vous voulez, un peu de dessin linéaire.

Il n'y a là dedans moyen de se glisser ni pour les idées des prêtres ni pour celle des philosophes ; — ce sont des connaissances précises, naturellement limitées, auxquelles doit se borner l'instruction obligatoire.

Puis des livres et des journaux, si vous voulez, — ni menteurs ni captieux, — des journaux à un sou, des livres à 25 centimes ; — des lectures dans les communes faites par l'instituteur le dimanche ; — l'instituteur honnêtement rétribué, indépendant du curé et du maire ; — les mêmes conditions d'admission, c'est-à-dire de capacité et de moralité pour tous les candidats instituteurs sans demander, sans savoir même s'ils sont prêtres ou laïques.

Voici ce que j'avais proposé au duc d'Orléans, fils du roi Louis-Philippe :

En ce temps-là, on dépensait de grosses sommes en subventions à certains journaux, à certains écrivains; le gouvernement avait de plus deux ou trois journaux à lui.

Ce fut, je me rappelle, le duc d'Elchingen qui m'introduisit auprès du duc d'Orléans.

Je fis, je crois, comprendre au duc que ces grosses sommes dépensées pour la presse étaient pis que de l'argent perdu; qu'elles déconsidéraient le pouvoir et perdaient dans l'opinion publique un certain nombre d'hommes d'un certain talent.

Les journaux officiels ne sont lus, disais-je, que par les gens qui sont déjà à vous; les réponses que vous y faites aux attaques des autres journaux ne sont lues que par des gens qui n'ont pas lu ces attaques, tandis que ceux qui les ont lues n'entendront jamais parler de vos réponses.

Vos subventions ne vous acquièrent ni du pouvoir, ni de la force, ni des alliés ; elles mettent à néant une certaine somme de pouvoir, une certaine somme de force, un certain nombre d'écrivains auxquels vous faites revêtir la livrée rouge avec galon bleu et blanc des d'Orléans.

Supprimez toutes les subventions et toutes les

corruptions; appliquez cette somme, qui est une grosse somme, au *Moniteur*.

Que le *Moniteur* soit le mieux fait, le plus intéressant, le plus attrayant et le moins cher de tous les journaux. Ayez des hommes politiques pour la partie officielle; ne mentez pas, répondez aux attaques par des faits et par de la discussion, mais répondez surtout aux journaux dans leurs propres colonnes, et là, seulement par des faits exprimés avec calme, concision et sérénité.

Quant à la partie non officielle, de même que pour l'autre partie, songez qu'un gouvernement, pour être réel et vivant, doit avoir avec lui toutes les forces réelles, toutes les influences de son temps.

Adressez-vous à tous les écrivains qui à divers titres possèdent un auditoire depuis Lamartine jusqu'à Paul de Kock; ne leur demandez aucun engagement politique. Si le journal ou la revue qui paie le plus cher, paie 500 fr. ou 1,000 fr. la feuille, payez 2,000 francs.

Aussitôt qu'un écrivain, dans un roman, dans un livre, ou au théâtre, vient d'avoir un succès, offrez à son juste orgueil un immense auditoire, et à ses légitimes prétentions une rémunération magnifique.

Doublez le prix au besoin pour obtenir une collaboration exclusive, réunissez tous les auditoires, tous les publics, tous les lecteurs autour de tous les talents; ajoutez au *Moniteur* toutes les améliorations, toutes les innovations qu'imagineront les autres journaux, mettez des gravures, des illustrations, des primes de tous genres.

Que ce journal coûte vingt francs par an et soit envoyé gratuitement aux instituteurs des communes pauvres; mais dépensez à cette œuvre tout cet argent que vous aurez économisé sur vos armes sans portée — *telum imbelle, sine ictu* — et sur la corruption inutile; ajoutez-y, s'il est nécessaire, plusieurs millions chaque année.

— Vous chargeriez-vous de la direction du *Moniteur* ainsi conçu, me dit le prince?

— Oui.

— Mais comment feriez-vous pour qu'on ne sût pas d'où proviendraient les sommes que nécessiterait cette entreprise?

— Mais, je ne le cacherais pas, Monseigneur; loin de là, j'aurais soin de le faire savoir, et je rendrais compte publiquement tous les ans de l'argent reçu et dépensé...

Le duc parut étonné et surtout refroidi. Il me fit une ou deux objections vagues, par bienveillance et pour ne pas couper trop court; puis il me dit: J'y penserai.

J'ai lieu de croire qu'il n'y pensa plus.

C'est autour de cette idée qu'on pourrait, je crois, faire conspirer tous les écrivains de talent et tous les savants capables de vulgariser les sciences par une forme claire et attrayante, à la véritable éducation du peuple; c'est ainsi qu'on préparerait une nourriture à la fois savoureuse et fortifiante aux esprits dégrossis par l'instruction primaire.

Et qu'on les enlèverait aux embaucheurs, aux racoleurs, aux charlatans, aux abrutisseurs, aux faiseurs de phrases creuses, aux politiques de brasserie et d'estaminet, aux orateurs-guignol de balcons d'auberges.

L

C'est une triste influence que celle d'une fausse instruction donnée par exception à un certain nombre d'ouvriers, et il n'y a qu'un seul remède à ce danger, cette même instruction donnée à tous ; j'ajouterai aujourd'hui que parmi les ouvriers qui ont conquis plus ou moins péniblement cette instruction primaire, il en est beaucoup, heureusement, qui en ont fait un autre usage que d'aller pérorer dans les cabarets et de répéter les phrases boursouflées qu'ils ont ramassées dans les brasseries et sous les balcons des auberges où ripaillent leurs orateurs, et si on ne les connaît pas, c'est qu'ils ne crient pas, ne font pas de bruit et ne cassent rien.

L'égalité ne consiste pas, il est presque ridicule d'avoir à répéter et même à dire cet aphorisme de M. de la Palisse — à être tous non pas la même chose, tous orateurs, tous députés, tous ministres ou au moins journalistes ; — l'égalité consiste à exercer, avec la même liberté, les mêmes droits, les mêmes garanties, et, si on peut, la même supériorité, chacun la profession où le hasard de la naissance, ou une aptitude spéciale nous ont placés.

Un bon agriculteur, un bon serrurier, est l'égal, socialement et politiquement parlant, d'un bon orateur et d'un bon écrivain; mais l'orateur bavard, creux, emphatique, l'écrivain gribouilleur de phrases, sont loin d'être les égaux du bon serrurier et du bon laboureur.

On a ri de ce berger qui disait : Si j'étais roi, je garderais mes vaches à cheval. On a eu tort de rire. Il y a en Angleterre et en France, — en Angleterre beaucoup, en France quelques-uns, — des fermiers qui mènent, en cultivant la terre, une vie large, aisée, considérée. Pourquoi le laboureur, l'ouvrier ne charmerait-il pas ses veillées, surtout l'hiver, où elles sont longues, par la lecture, par la musique, par des conversations intéressantes et gaies?

Il est un assez grand nombre d'ouvriers déjà qui vont le soir aux bibliothèques, où ils se sont procuré des livres relatifs à leur profession et qui cherchent des progrès et des perfectionnements, soit de leurs outils, soit de leurs procédés, soit d'eux-mêmes.

J'en ai sous les yeux un spécimen frappant.

Saint-Raphaël que j'habite depuis quelques années s'intitule ville, je crois; profitons de ce que la majorité ne lit pas pour dire, sans blesser personne, que c'est une bourgade de pêcheurs dont beaucoup sont d'origine génoise, autour desquels se sont graduellement groupés toutes les industries nécessaires et quelques propriétaires de terres.

Il y a une trentaine d'années, un enfant de 14 à 15 ans, fils d'un douanier, ayant appris à lire et à écrire et un peu à compter, s'en alla à Toulon et s'embarqua sur un navire à vapeur, en qualité d'aide chauffeur, métier rude et fatigant, entre ceux qui le sont le plus, et là, bien décidé à s'instruire, il se mit à rechercher ceux de ses compagnons qui savaient quelque chose, le dessin, un peu de mathématiques, la manœuvre, tels que les mécaniciens, les ajusteurs, etc.; quelquefois son désir d'apprendre et son intelligence les intéressaient, et ils lui enseignaient avec plaisir une partie de ce qu'ils savaient; mais quand il ne trouvait la science que chez des hommes moins affectueux, moins bienveillants, il payait leurs leçons en se chargeant pour eux de quelques corvées, ou en leur abandonnant sa ration de vin.

Notez qu'il ne pouvait trouver le temps d'étudier et de travailler que sur celui destiné à un repos si nécessaire dans un pareil métier.

Eh bien ! aujourd'hui, Jean-André Ortolan, ayant successivement obtenu ou plutôt conquis des grades successifs tous remportés au concours, sans argent, sans protection, est l'un des deux mécaniciens en chef, inspecteurs de la flotte française, ayant rang de capitaine de frégate, décoré de la Légion d'honneur et de la médaille militaire.

Il vient quelquefois à Saint-Raphaël revoir avec bonheur ses camarades d'enfance, et c'est dans une de ces visites que j'ai eu l'honneur de faire connaissance avec lui.

LI

Ce qui suit pourra paraître un peu aride; je conseille cependant de le lire, parce que c'est une étude sérieuse sur un sujet très-important, — le commerce, « qui ne va pas », qui n'ira jamais, s'il persévère dans les mêmes errements.

Il est beaucoup de choses que, par l'habitude de les voir toujours, on finit par ne plus voir du tout.

Des plantes greffées sur d'autres — des plantes parasites même, que l'on prend pour des végétations réelles, naturelles et que l'on confond avec les plantes qui les nourrissent et que parfois elles étouffent.

On sait l'histoire de ce membre d'une assemblée de 89 qui interrompit un orateur. — Cet orateur, avec quelque raison, s'alarmait sur la perte possible de nos colonies, et s'écriait : et alors... plus de sucre.

Il y en a chez les épiciers, dit l'interrupteur.

Avant de parler du commerce tel qu'il se pratique aujourd'hui, il faut bien voir ce que c'est que le commerce. Ce n'est pas au commencement des sociétés qu'il a été imaginé, il répond certainement à des besoins et il joue un rôle utile, — mais ce n'a pas été tout d'abord.

Supposons un petit hameau de cinq ou six maisons sur une plage marine ou au bord d'une rivière.

Des cinq ou six familles qui habitent ces chaumières, — trois se livrent à la culture de la terre — deux à la pêche, une à la chasse.

Le pêcheur et le chasseur n'ont ni pain ni légumes, — mais les cultivateurs sont heureux de leur faire part de leurs produits, en échange d'une part de leur poisson et de leur gibier. — L'échange en nature a été longtemps probablement la seule forme de commerce. Tant qu'il n'y a eu à échanger que des objets d'espèce semblable ou analogue ç'a été facile. — On donnait un tas de pommes de terre pour un tas à peu près égal de poisson, — puis on a imaginé les mesures et les poids, — puis on a eu à échanger une marchandise commune contre une marchandise plus ou moins rare : donner un gros tas, ou trois mesures pour un petit tas ou une mesure. De là, la monnaie, chose fictive, représentant les choses réelles. Ce n'est pas le moment de chercher comment le signe, qui n'a qu'une valeur de convention, en est venu à être plus apprécié que la chose représentée elle-même, — ce qui est un grand mal.

Ne nous écartons pas de notre sujet :

Au commencement, — le laboureur qui voulait du poisson — n'avait que cent pas à faire pour aller attendre sur la plage le retour des bateaux.

Au pêcheur, qui avait besoin de blé ou de haricots ou de pommes de terre, il ne fallait qu'un quart d'heure entre deux marées pour aller trouver le cultivateur.

Mais il arriva que le cultivateur et le pêcheur eurent besoin d'objets qui ne se trouvaient pas dans un hameau sans industrie ; — il fallait au pêcheur du plomb et du liége pour ses filets, — au laboureur des outils, — à tous deux des vêtements, des chaussures, du sucre, des médicaments, etc., qui ne se trouvaient qu'à la ville plus ou moins voisine.

12.

On attendait un jour de chômage forcé pour aller faire ses provisions, — un jour où la tempête ne permît pas d'aller à la mer, — où la pluie ou la gelée suspendissent les travaux des champs; — quand c'était urgent, il fallait perdre une journée.

Il se trouva dans le hameau un homme qui n'était ni pêcheur ni laboureur, soit par faiblesse de constitution, soit par une autre cause quelconque; — il offrit d'aller chercher à la ville les denrées ou objets qui manquaient au hameau; — on lui payait son temps et son travail par une portion de poissons, de légumes, etc.

Un peu plus tard, le même homme ou un autre homme, dans le même cas, c'est-à-dire faible ou paresseux, ou doué d'une espèce d'intelligence particulière, — pensa qu'il était possible de faire un voyage au lieu d'en faire dix : — chargé d'aller chercher pour un habitant du hameau une livre de sucre, il en apporta dix livres, gardant neuf livres à la disposition de ceux qui en auraient besoin ultérieurement, — une seule course lui était alors payée comme autrefois dix courses.

Il ne tarda pas à faire une autre combinaison : — le marchand urbain auquel il achetait dix livres d'une denrée quelconque à la fois, les lui donna à un prix moindre que lorsqu'il n'en prenait qu'une livre; — un peu plus tard, il renon. à se faire payer des courses qu'il ne faisait plus que rarement, — en se contentant de la différence du prix.

Puis il arriva tout doucement à augmenter graduellement l'écart entre le prix auquel il achetait et le prix auquel il vendait. Les habitants du hameau payaient un peu plus cher que s'ils étaient allés acheter eux-mêmes; — mais le travail qu'ils pouvaient faire pendant le temps qu'ils eussent perdu à cette course leur rapportait plus que la différence de prix qu'ils payaient ; — tout le monde trouvait donc son avantage à ce procédé, qui n'était rien autre que l'invention du commerce.

Naturellement l'abus ne tarda pas à naître.

Le commissionnaire, devenu marchand, n'avait pas toujours assez d'argent pour payer au fabricant la totalité de ce qu'il prenait à la fois pour rendre ses courses de moins en moins fréquentes ; on convint de renverser le procédé, c'est-à-dire que le marchand promit de payer au fabricant les objets qu'il achetait après qu'il les aurait lui-même vendus; — comme ce terme était vague, on convint de fixer un terme probable — trois mois, six mois, etc.

Cette promesse eut bientôt besoin d'être écrite, et, une fois écrite, devint une nouvelle forme de la monnaie, — billets et lettres de change, — le producteur, le marchand en gros et le fabricant payaient à leur tour ceux qui leur vendaient les matières premières, non-seulement en promettant de payer à une certaine date, mais en transmettant la promesse de ceux auxquels ils vendaient eux-mêmes — promesse dont ils garantissaient l'exécution.

Par suite de quoi le marchand arriva à user du droit qu'avaient seuls les rois et les États de « battre monnaie », avec cette différence que les rois et les États employaient pour leur monnaie des matières précieuses et ayant une valeur intrinsèque, après avoir été de convention, et que le marchand battit monnaie avec un petit carré de papier, une plume et de l'encre.

Le marchand devait se faire payer par ses clients :
1° La marchandise livrée ;
2° Une rétribution pour ses peines ;
3° Une assurance contre ses risques.

Le client payait donc ce qu'il achetait d'abord un peu, puis beaucoup plus cher que s'il l'eût directement et sans intermédiaire reçu du producteur, — mais cela était commode, et, de plus, n'ayant de relations qu'avec l'intermédiaire, il perdait de vue la provenance. — Telle denrée était livrée en échange de telle somme — ça coûtait ça — ç valait ça ; — il ne pensait pas, il ne savait pas que cette même denrée ne coûtait pas ça, ne valait pas ça — à quelques centaines de pas plus loin.

La situation de l'intermédiaire le provoquait sans cesse et puissamment à l'amour, à la passion du gain ; — cette situation était celle-ci :
Acheter le moins cher possible, vendre le plus cher possible ;
C'est-à-dire prélever une dîme, un droit à la fois sur le producteur et sur le consommateur.

La tentation d'augmenter le prix de vente était prurigineuse ; une augmentation de quelques centimes était peu de chose pour l'acheteur qui achetait une marchandise, — c'était beaucoup pour le marchand qui en vendait *cent*. — On arriva graduellement à ce scandale auquel on ne fait plus attention aujourd'hui — que l'intermédiaire gagne énormément plus d'argent que le producteur ; — le spéculateur sur les grains — quand il réussit — vit dans le luxe, fait une grosse fortune et parvient aux premières dignités ; le laboureur vit et meurt pauvre et ignoré.

Il en est de même de celui qui fait des gageures sur le coton, — tandis que celui qui le cultive gagne à peine de quoi manger, en récompense de grandes fatigues.

On cite un assez grand nombre de libraires riches et même très-riches ; le nombre des écrivains qui vivent de leur plume dans une aisance modeste est très-restreint.

Lorsque, grâce aux empiétements successifs du marchand, son métier fut devenu évidemment meilleur que celui du travailleur (je parle du vrai travailleur), un nombre de gens, toujours croissant, se jeta dans le commerce — achetant pour revendre, prenant des deux mains à leurs deux sujets, le producteur et le consommateur.

Mais, par une conséquence inévitable, on arriva à ce résultat, qu'il y eut plus de marchandises offertes que de marchandises demandées.

Ainsi, pour revenir à notre hameau, — un second marchand s'établit en face du premier, — six familles pouvaient nourrir le premier marchand, — mais le bénéfice à faire sur leur consommation ne peut nourrir deux marchands ; tous deux mourront de faim, à moins qu'un des deux tue très-vite son rival et devienne ou redevienne en possession de la totalité des fournitures.

Le second qui s'établit n'a qu'un moyen « d'entamer » la lutte ; — il faut qu'il offre sa marchandise à plus bas prix que l'autre ; — pour cela, il retranche un peu sur les bénéfices possibles, — mais le concurrent, voyant le danger, ne tarde pas à l'imiter en descendant un degré de plus que lui.

Celui-ci descend deux degrés ; — il vient un moment où les bénéfices sont presque nuls — tous deux vont trouver les producteurs et les marchands en gros ; — ils demandent des denrées moins chères, c'est-à-dire inférieures, mauvaises, avariées, quelquefois malsaines, — peu leur importe, il faut soutenir la concurrence ; — puis tous deux se retrouvent bientôt à deux de jeu ; — alors on trompe sur la quantité, on livre à faux poids, on sophistique, on mêle aux denrées toutes sortes de matières auxquelles on ne demande que d'avoir le poids et l'apparence de la denrée qu'on est censé vendre.

L'un des deux au moins, n'ayant pas vendu assez de la marchandise qu'il doit payer à terme, ne la paiera pas ; — ses billets deviennent une fausse monnaie qui passe de mains en mains — et amène d'autres intermédiaires à ne pas payer non plus leurs billets à l'échéance et à les changer également en fausse monnaie.

Lorsqu'on s'aperçut de ce danger, on chercha à y porter un remède ; on créa les corporations, qui, entre autres, avaient pour but d'empêcher qu'il ne s'établît de chaque corps d'état, de chaque industrie, de chaque commerce plus de membres, d'ouvriers et de marchands que la consommation publique n'en pouvait employer et nourrir.

Mais on ne tarda pas à arriver à un abus contraire : on limita à un trop petit nombre, et les élus se partageant la consommation et s'entendant entre eux, rançonnèrent outrageusement le client.

Prenons aujourd'hui le commerce au point où il est arrivé.

Commençons par dire que ce n'est pas le commerce en lui-même que j'attaque, — le commerce exercé avec intelligence et probité remplit dans la société des fonctions utiles, nécessaires même : — je parle des abus et non de la chose.

Entre le producteur, laboureur, ouvrier, etc., qui crée une denrée, une chose quelconque par son travail, et le consommateur de cette denrée ou de cette chose, — s'interposent un nombre exagéré d'intermédiaires, la plupart parasites qui se font un moyen d'existence du travail d'autrui, — se composent une sorte de liste civile aux dépens du producteur et du consommateur.

Pour rendre mon assertion plus sensible, plus visible, employons des images.

Que le boulanger, au lieu de livrer le pain à la femme ou à l'enfant de l'ouvrier qui vient le chercher chaque matin, le confie à un voisin qui en prend un morceau en le portant, jusqu'au bout de la rue, à un autre voisin qui mordra à même et prélèvera cinq ou six bouchées avant de le livrer à un troisième, lequel agira de même avant de le remettre au domicile de l'acheteur.

Au lieu de pain, supposons du miel ou des confitures, le marchand les pèse, les met dans un pot de verre ou de faïence, et les donne à un intermédiaire —qui les verse dans un autre pot,—puis va le porter à un second qui les verse à son tour dans son pot, et va les porter à un troisième qui agit de même—avant de les verser dans le pot de l'acheteur.

Ce n'est pas trop d'évaluer à un tiers du miel acheté la part qui est restée aux parois des pots des intermédiaires, même en supposant que les intermédiaires aient eu le soin honnête de pencher leurs pots suffisamment en en transvasant le contenu.

Tout producteur est en même temps consommateur, donc paie double dîme au commerce, — si vous joignez à cet état de choses fait par les intermédiaires, les impôts que l'on s'obstine à faire peser sur les objets de consommation indispensables, voyez quelle mince et chétive part il reste au producteur du produit de son travail; — l'intermédiaire lui paie le moins possible ce qu'il lui achète — et lui fait payer le plus cher possible ce qu'il lui vend, — je ne parle pas ici de la vente à faux poids, de la mauvaise qualité, de la sophistication. — Comme producteur, c'est le prix de ce qu'il vend, comme consommateur, c'est la chose qu'il achète qui restent en partie entre les mains des intermédiaires.

Je suis jardinier, je bêche, je plante, je sarcle, je bine, je rechausse, j'arrose — j'obtiens un *boisseau* de pommes de terre.

Dans un autre endroit, un tisserand fabrique de la toile de coton.

Il veut manger des pommes de terre, moi j'ai besoin d'une chemise.

Il paie mon boisseau de pommes de terre 4 francs.
Je paie la chemise 5 francs.

S'il m'avait acheté directement mes pommes de terre à mon jardin, il les aurait payées 2 fr. 50 c.

Si j'avais acheté la toile chez lui au moment où il l'ôtait du métier, je l'aurais payée 2 francs.

Mais il y a un homme auquel j'ai vendu mes pommes de terre, lequel les a revendues à un second, qui les a vendues à un troisième — qui les vend au tisserand.

Il en est de même de sa toile, qui a passé par trois ou quatre mains avant d'arriver à moi.

Nous sommes pauvres tous les deux parce que nous entretenons des intermédiaires qui vivent, eux, dans l'abondance, parce que, gagnant déjà souvent plus que nous producteurs sur ce qu'ils revendent, ils réitèrent cent fois, mille fois une opération que nous ne pouvons faire qu'une fois.

Mais alors pourquoi le commerce se plaint-il? pourquoi le commerce « ne va-t-il pas »?

Parce que la dîme exorbitante prélevée sur la production et la consommation par les intermédiaires allèche trop de monde, et est divisée en trop de parts.

D'après une statisque publiée en Angleterre, il y a déjà un certain nombre d'années, il faut que neuf familles consommant fassent vivre une famille vendant en boutique.

Je ne crois pas que la proportion soit bien différente en France, par exemple, où le nombre des marchands va toujours s'augmentant.

C'est étourdiment et au hasard que l'on s'établit marchand — que l'on ouvre une boutique — que l'on tend ses filets.

On ne s'informe pas si, dans le quartier, dans la rue, il n'y a pas déjà assez et peut-être trop de boutiques vendant ou offrant les mêmes denrées.

Vous vous déclarez épicier et vous vous installez en cette qualité — le plus souvent sans argent ou avec très-peu d'argent.

Il y a déjà un ou deux épiciers dans la rue où vous ouvrez boutique, et cinq, dix, vingt épiciers dans le quartier.

Quelques-uns gagnent de l'argent, les autres vivent péniblement, un ou deux ont fait faillite, un ou deux vont la faire, — peu importe.

Donc le nombre des épiciers suffisait et au delà à la consommation des habitants du quartier, — le produit de la vente de l'épicerie, partagé entre les épiciers déjà établis, ne suffisait pas pour les faire vivre tous.

Rien n'arrête néanmoins le nouveau; — il ne peut vivre qu'en rognant la part des autres, — c'est un ennemi que ces autres voient s'installer avec effroi : ou le nouveau fermera boutique dans un temps plus ou moins long, ou il fera fermer boutique à un ou deux autres, ce qui ne l'empêchera peut-être pas d'en faire autant à son tour, parce qu'il enlève assez de débit aux autres pour les empêcher de vivre, mais pas assez pour vivre lui-même. —C'est une guerre à mort;—il faut abaisser les prix pour enlever les clients aux concurrents;—d'abord on diminue sur ses bénéfices, puis sur la qualité des produits, puis on fraude sur la quantité, puis on fait des mélanges bizarres, effrontés, malsains.

J'ai raconté, il y a bien longtemps, l'histoire authentique d'un épicier qui poussa loin cette industrie; je résumerai ici l'affaire en quelques lignes; —on trouvera, si on veut, l'histoire dans tous ses détails à la page 104 d'un livre qui s'appelle : *De loin et de près.*

Il se nommait Lacour. — Il avait loué une boutique au-dessous de laquelle était un caveau; — le caveau était petit, il piocha pour l'agrandir, et ne tarda pas à s'apercevoir que ce caveau renfermait un trésor, — ce trésor, c'était le caveau lui-même, creusé dans une terre jaune sablonneuse.

Que vend-on de jaune dans l'épicerie, se demanda-t-il?

Et il se répondit : On vend de la cassonade, de la farine de moutarde, de la farine de lin, du miel, etc.

Et il mélangea ces denrées de la terre de son caveau — dans des proportions d'abord médiocres, — puis plus fortes.

C'est un procédé cependant qu'il n'avait pas inventé.

> La terre, *alma parens*, est mère de tout lucre,
> Noire, elle est du café, mais, jaune, elle est du sucre.

Cependant comme sucre c'était peu sucré, comme moutarde, ça manquait de piquant, comme farine de lin c'était peu émollient, comme miel ça laissait à désirer sous le rapport du parfum.

Mais Lacour alla trop loin.

Puis, le caveau devenu caverne tant il en avait vendu, il n'osa plus le creuser, par crainte d'éboulement; — il prit de la terre ailleurs; — elle n'était ni plus ni moins sucrée, ni plus ni moins piquante, ni plus ni moins émolliente, ni plus ni moins parfumée que celle du caveau, — mais elle n'était pas du même jaune, — c'était de la fausse terre de caveau, — et encore il la vendait à faux poids pour s'indemniser de la peine qu'il lui fallait prendre depuis qu'il la devait aller chercher au dehors.

Lacour fut condamné à la prison et à l'amende.

Le rabais sur les marchandises mises en vente n'existe pas pour le petit consommateur qui achète par menues portions; — on n'oserait mettre 1 kilogramme de moins sur une fourniture de 10 kilogrammes, — ça se verrait.

Mais, si vous vendez les 10 kilogrammes, par fractions de 10 grammes, une pincée de moins à chaque livraison ne s'aperçoit pas, et il est facile de donner 2 kilogrammes de moins sur les 10.

De même, une augmentation de près de 1 franc sur 1 kilogramme ferait murmurer, — mais une augmentation de 1/2 centime par gramme, on n'y fait pas attention, et ça augmente le kilogramme de 5 francs.

Cela est pour le prix de la quantité.

Mais, ajoutez les fraudes sur la qualité, les mélanges, sophistications, etc.,

Et vous en arrivez à ceci :

Que l'ouvrier, en achetant au jour le jour, doit, pour vivre pauvre, donner bien plus d'argent que n'en dépense par an le rentier pour vivre dans l'aisance.

Ajoutez le crédit qui met le pauvre à la merci du marchand et vous en arrivez encore à ceci :

« **Il n'y a pas beaucoup de riches qui auraient le moyen d'être pauvres.** »

Il est avéré qu'un très-grand nombre de marchands au détail, — achetant trop cher eux-mêmes — quoiqu'ils achètent le plus mauvais, mais ne l'achetant que par portions relativement minimes et achetant à crédit, — ne comptent absolument pour vivre que sur la fraude. — Et ces innombrables intermédiaires qui vivent en mesurant à faux poids des marchandises sophistiquées, aujourd'hui échappent à la surveillance et à la répression par leur nombre même.

Néanmoins, la plupart de ces vendeurs et revendeurs et sous-vendeurs ferment boutique après avoir écoulé plus ou moins de leur fausse monnaie sous la forme de billets mis en circulation et non payés à l'échéance, après avoir, pendant plus ou moins longtemps nourri et entretenu eux et leurs familles par une dîme prélevée sur la subsistance des pauvres.

Et M. Buret, que j'ai déjà cité ailleurs, après une étude semblable à celle que j'ai faite, il y a près de trente ans, s'écrie :

« Quand on examine à Paris le nombre d'agents qui vivent aux dépens de la petite consommation, le nombre de cette formidable armée, exclusivement occupée à mesurer, à peser, à empaqueter, à transporter des denrées de la main droite à la main gauche, on s'effraie avec raison de la part des valeurs qu'elle doit absorber sur la subsistance des salariés ».

Le petit commerce est un jeu de hasard, une loterie — on joue sur trois chances :
Une grande ou petite fortune, — une vie difficile, — la banqueroute.
Et on y joue non-seulement l'argent qu'on a, mais aussi l'argent qu'on n'a pas, c'est-à-dire l'argent des autres. — On se noie en s'accrochant à quelques autres qu'on noie avec soi.
Cet attrait du hasard et du jeu jette dans le commerce du détail un nombre d'individus cent fois plus grand que ne le demandent les fonctions utiles des intermédiaires.

Et voilà pourquoi « le commerce ne va pas », voilà pourquoi le commerce tel que le pratiquent les sept dixièmes des commerçants, des petits marchands surtout, « ne peut pas aller », « n'ira jamais, » et cependant est un fléau et pour lui-même et surtout pour la classe laborieuse et pauvre.

Quel est le remède?
Il y en a plusieurs — c'est moins sûr que s'il n'y en avait qu'un — cependant les voici :
1° Se persuader d'abord que ce sont là des questions plus sérieuses, plus importantes que de savoir si le gouvernement de la France sera :

Royauté légitime et de droit divin,
Royauté orléaniste ou représentative,
Républico-royauté-plébiscitaire-pour-une-fois ou bonapartiste,
Ou anarchie despotique, incendiaire et partageuse ;

C'est-à-dire de savoir qui touchera les gros, les moyens ou les petits traitements — de ceux qui ont parié sur les chances blanche, bleue, multicolore ou rouge, — sur le lis, sur le coq, sur l'aigle — sur le sens dessus dessous.

Notez que dans cette liste, je ne parle pas de la république, attendu que tous les jours je désespère de voir s'établir en France cette forme de gouvernement, la seule logique, la seule juste, la seule honnête, la seule légitime, la seule grande.

Attendu que, en cherchant bien, je ne trouve qu'un seul républicain en France — moi — et un autre que je ne nommerai pas pour ne pas le compromettre et ne décourager personne — et puis aussi parce que je ne suis pas certain de le connaître.

2° Il faudrait ne plus attirer dans les villes tant d'hommes qui, producteurs laborieux, utiles et heureux dans les champs, — deviennent misérables, vicieux et souches de coquins dans les villes.

Il faudrait rendre la vie des champs plus attrayante — et soumettre celle des villes à des conditions et à des garanties.

3° Il faudrait finir cette puérilité injuste des synonymes, — rendre à la *tromperie sur la qualité et la quantité*, son vrai nom de *vol*, — enlever aux mélanges malsains et aux éléments inertes, substitués aux éléments nutritifs — le nom de *sophistication* et leur restituer leur vrai nom d'*empoisonnement*.

Chanter une bonne fois sur l'air de la Palisse : — que si le bourgeois qui vole l'épicier est un voleur et le bourgeois qui empoisonne le marchand de vin est un empoisonneur,

L'épicier et le marchand de vins qui volent et empoisonnent le bourgeois sont également non pas des *trompeurs* et des *sophistiqueurs*, mais des *voleurs* et des *empoisonneurs*.

Depuis trente ans et plus que je fais cette guerre; j'ai réussi à faire aggraver les peines encore insuffisantes qui frappent ces marchands; mais il faudrait qu'il n'y eût pas pour ces faits identiques divers noms et diverses peines.

4° Il faudrait rétablir les corporations dans certaines mesures, en y introduisant un nombre égal de non commerçants, chercher et décider combien par mille habitants il doit y avoir d'épiciers — de boulangers — de marchands de vins — de fruitiers — de merciers etc., etc., et ne donner autorisation qu'à proportion des vacances.

5° Il faudrait encourager, fonder des sociétés coopératives qui permissent aux ouvriers d'acheter et de vendre sans intermédiaires ou avec le plus petit nombre possible d'intermédiaires.

6° Il faudrait brûler la tribune, et exiger le domicile réel des candidats à la députation.
Mais qui s'occupe de cela?

Je lis dans plusieurs journaux que le *Journal officiel* aurait reçu du gouvernement l'ordre de ne plus publier les faillites commerciales.
J'enregistre le fait, toujours prêt à en insérer la négation formelle et signée de la part du pouvoir.
Ce serait l'histoire de ce maire du pays bordelais qui, ayant entendu dire que très-souvent les vignes souffraient beaucoup de gelées tardives à l'époque de la floraison de l'aubépine, crut trouver un moyen de préserver à l'avenir les ceps de tout dommage, en faisant arracher toutes les aubépines des haies.

LII

Passons à la question du pain.

13.

La grande république romaine prenait le pain au sérieux, et c'étaient souvent ses plus illustres citoyens qu'elle chargeait d'y veiller.

Nous voyons Pompée briguer l'honneur de semblables fonctions, obtenir d'être chargé de l'approvisionnement, — et Cicéron fier d'être un de ses lieutenants.

Et ce n'était pas un ministère médiocre : Pompée était, pour cinq ans, chargé de veiller au *pain de tout l'univers*, — avec pouvoir absolu sur tout ce qui concernait les grains.

Per quinquennium omnis potestas rei frumentariæ toto orbe terrarum.

Ce *quinquennat* entraînait, pour en assurer l'exécution, la disposition de tout l'argent de la république : *omnis pecuniæ*, — et d'autant d'hommes et de vaisseaux qu'il le jugerait nécessaire ; plus tard on nomma des *édiles*, des préteurs *du blé, œdiles prætores cereales.*

Auguste choisit dans les meilleures familles du premier ordre des *préfets du froment, præfecti frumenti* ; des préfets de l'approvisionnement, *præfecti annonæ.*

Voici deux ordonnances de Charlemagne (Capitulaires), 806 :

« C'est un gain honteux que celui qui consiste, par toutes sortes d'inventions perfides, à amasser des denrées pour les revendre ensuite injustement au triple et au quadruple de ce qu'on les a achetées, etc.[1] »

« Que personne ne se permette, par avidité, d'acheter avant les récoltes, pour revendre ensuite au double

---

1. *Turpe lucrum exercent qui, etc.*

et au triple — qu'on attende la moisson ou la vendange[1]. »

Ordonnance de François Ier, nov. 1544 :

« . . . .
 . . . . Prix si excessivement haussés que cela fait certaine et oculaire preuve des *fraudes* en ce commises, à cause desquelles nos sujets sont tellement grevés et offensés, que ceux qui ont quelque patrimoine n'en sauraient vivre, encore moins les artisans et menu peuple, du labeur de leurs mains, etc., etc. »

Sous saint Louis un haut fonctionnaire, le grand panetier, était chargé de l'administration du pain et de la surveillance des boulangers.

On constate dès lors que les Romains avaient eu raison, en édictant une loi qui prohibait toute société entre les boulangers et les marins chargés du transport du blé.

En effet, les véritables famines produites par l'avarice de la terre sont rares, — bien plus nombreuses sont celles qui sont dues à l'avidité des hommes, aux trafics, aux complots des intermédiaires.

Sous Philippe le-Bel, défense de faire aucune association, société, confrérie, monopole, conventicule, à propos des grains.

Sous Charles IX, il est fait défense itérative aux boulangers de Paris, d'acheter le grain à une distance de moins de sept lieues de la capitale, — c'est-à-dire à une distance où les cultivateurs ne peuvent

---

1. *Ut nemo, propter cupiditatem.*

venir avec une voiture attelée et chargée, vendre directement aux consommateurs, et s'en retourner chez eux en vingt-quatre heures ; — le but de cette loi est de supprimer les intermédiaires. — Les paysans, dans un rayon de sept lieues autour de Paris, vendent directement aux habitants; — ils doivent apporter leurs grains sur les marchés désignés et s'en retourner le même jour, de sorte qu'ils ne peuvent amener de hausse sur les prix en conservant et en détenant les grains; de plus, les boulangers ne peuvent se présenter sur les marchés que quatre ou six heures après celle de leur ouverture, pour ne pas établir de concurrence avec les particuliers qui y viennent faire leurs provisions ; — défense d'acheter des grains ailleurs qu'aux marchés.

Cette distance, ce rayon de sept lieues, sont plus tard portés à huit lieues et à dix lieues.

Il est défendu sous les peines les plus sévères d'acheter et de vendre le « blé en vert », c'est-à-dire avant la moisson ; — il est défendu de le vendre et de l'acheter « sur place » — la vente et l'achat ne peuvent avoir lieu que sur les marchés ; — défense aux marchands d'aller sur les routes au-devant des cultivateurs apportant leur blé aux marchés; défense renouvelée aux marchands de grains de former des sociétés, — défense à tous fonctionnaires et employés du gouvernement de s'immiscer dans le commerce des grains.

A chaque instant des ordonnances contre les intermédiaires et les trafiquants : ordonnances du roi Louis XIII, du 30 mars 1635, commençant par ces mots : « Considérant que la malice des hommes augmente de jour en jour, etc., après avoir pris avis des principaux officiers et notables bourgeois, ordonnons ce qui suit :

« Les marchands qui amèneront des grains pris hors du rayon de dix lieues ne pourront les garder ni les tenir en réserve, ils devront les apporter en totalité sur les marchés, au plus tard dans le second marché après leur arrivée.

» Les mesureurs de grains sont tenus d'assister à tous les marchés et d'enregistrer les prix.

» Les deux premières heures de chaque marché réservées au public, — les boulangers ne peuvent s'y présenter qu'après ces deux heures écoulées etc., etc. »

Passons aux boulangers :

Chaque boulanger marque son pain de sa marque particulière ; — le pain est taxé d'après le prix du grain, — chaque boulanger a chez lui, en évidence, des poids et des balances. — Le boulanger qui fait le pain, le vend par lui-même, par sa femme ou ses enfants, — personne ne peut acheter le pain pour le revendre, etc.

Parenthèse.

Il y a une trentaine d'années, on vit à Paris se renouveler un débat qui reparaissait de temps en temps, — la police voulait que le pain de quatre livres pesât quatre livres ; — les boulangers soutenaient que, à cause de la cuisson, il leur était impossible de donner un poids tout à fait fixe ; — on remarquait cependant que ce poids ne s'éloignait jamais du poids normal, sous lequel il était vendu, en surplus, mais s'en écartait en moins.

J'eus le bonheur de trancher cette difficulté, — qu'on ne vende plus un pain de tel ou tel poids, dis-je, — mais tel poids de pain ; — qu'on ne vende plus un pain de quatre livres, mais quatre livres de pain, — que l'on pèse chaque pain, et qu'on ajoute en coupant un morceau sur un autre pain, ce qui peut manquer au poids annoncé et vendu.

Ce fut un des trois ou quatre petits succès en ce genre que j'aie obtenus dans toute une carrière assez longue ; — l'autorité accepta cette solution, — seulement on négligea de la compléter comme je le demandais.

Il fut dit que les boulangers pèseraient le pain à tout acheteur qui l'exigerait.

Il fallait, — il faudrait défendre aux boulangers, sous une peine sévère, de livrer un seul pain sans le peser, — même malgré l'acheteur.

On n'a pas pensé au crédit qui met l'ouvrier et le pauvre à la discrétion du marchand,—tellement que, même le jour où il paie comptant, l'ouvrier ne s'avisera pas de s'aliéner une bienveillance dont il peut avoir besoin plus tard, en montrant de la défiance à un homme qui peut lui dire un matin : Ta femme et tes enfants ne mangeront pas aujourd'hui.

Ce que les Romains appelaient *annonnæ*, les vivres d'une année, les Grecs l'appelaient la vie, Βίος — locution qui a été adoptée par les peuples modernes et dont l'habitude nous empêche de sentir l'énergie ; — on dit que, aujourd'hui, « la vie est bien chère »,

— on l'a dit à peu près de tout temps, parce que l'état de la société et la civilisation ont amené des difficultés et créé des besoins nouveaux ; — parce que, comme on le faisait dire à Louis XIII, dans l'ordonnance citée plus haut du 30 mars 1635 : « La malice humaine va croissant tous les jours. »

Aujourd'hui quand on se plaint trop fort de la cherté du pain, l'autorité établit ou supprime, ou rétablit la taxe, — d'après le prix du blé : — c'est tout à fait insuffisant.

Mais pour qui s'occupe sérieusement de ces *questions*-là, — il n'y a qu'une *question*, la *question politique*, c'est-à-dire prendre ou conserver les places et surtout l'argent.

Il suffit d'observer que, dans l'argot des ministères, — l'Agriculture et l'Instruction publique, — le pain du corps et le pain de l'âme et de l'esprit, — chez ce peuple à la fois sauvage et corrompu, s'appellent les « petits ministères » ;

Que les personnages un peu considérables n'en veulent pas ;

Que ça se donne à des comparses, à des confidents, à des subalternes ;

Que ni M. Thiers, ni M. Guizot, ni cent autres n'en ont jamais voulu ; qu'on n'oserait les offrir à M⁰ Gambetta, ni à M. Challemel, ni à M. Naquet.

Tandis que le grand Pompée se faisait gloire d'être chargé du « pain de l'univers », — et que Cicéron était fier de l'y aider en qualité de lieutenant ;

Tandis que c'est aux membres des meilleures familles du premier ordre que Auguste accordait l'honneur d'être « préfets du pain ».

Tâchons de faire comprendre l'insuffisance extrême de la taxe du pain sur la base du prix du blé :

Supposez une servante qui porte un panier de cerises, — du verger à sa maison, en passant par une certaine rue à l'heure où les écoliers sortent de la classe ; — le maître, qui entend de chez lui les cris joyeux et le vacarme, dit à un valet de charrue d'aller au-devant de la servante pour que les cerises ne soient pas pillées.

Le valet paresseux, — fait trois pas dehors, — et attend que la servante soit à la porte de la maison pour chasser le dernier des gamins qui la poursuivent, et qui plonge sa main dans la corbeille, au moment où elle a déjà le pied sur le seuil.

Voyez combien il reste alors de cerises dans le panier.

C'est dès le moment de la moisson qu'il faut que l'État surveille le pain — et qu'il l'escorte,

Au sortir du sein de la terre « la bonne mère », jusqu'à la bouche de l'artisan, de l'ouvrier et du pauvre ;

Que tout le long du chemin à parcourir, il le protége avec une sollicitude maternelle et implacable, — et que, accordant aux « intermédiaires indispensables » leur part, mais seulement leur part de ce pain, il chasse, il frappe sans pitié les intermédiaires parasites et scélérats, les harpies qui volent des bouchées de ce pain.

Il faut dire aux spéculateurs : — Spéculez sur la rente, spéculez sur le luxe, spéculez sur les vices, — faites-en votre patrimoine ;

Mais, respectez le pain, — respectez la sueur, — la sainte sueur de l'homme qui travaille pour nourrir sa femme et ses petits enfants.

Donnez aux avocats sans talent et sans cœur, donnez aux vaniteux niais le brillant, le clinquant et la piaffe de ce qu'on appelle le pouvoir.

Mais si vous réussissez encore à trouver quelque part, dans ce siècle de papier, des hommes à l'âme élevée, au caractère noble et désintéressé, — des hommes fermes jusqu'à la dureté pour le bien,

Nommez-les préfets, ministres du pain.

Choisissez les premiers, les meilleurs, d'entre les citoyens; prenez Pompée et Cicéron, si vous n'en n'avez pas de plus grands, arrachez le pain à la spéculation, à l'agiotage, au vol.

Vous avez bien pris pour vous le monopole du tabac, ce poison; — que l'État, sous le contrôle d'hommes considérables, prenne le monopole du pain, cette nécessité; — que l'État aille le chercher sur les guérets, — et qu'il ne cesse de le protéger et ne l'abandonne que entre les dents du pauvre et de ses petits.

Les politiques et les législateurs, — surtout les législateurs d'occasion, ressemblent souvent aux inventeurs qui exécutent dans leur cabinet des machines merveilleuses, — le mouvement perpétuel, — machines qui marchent admirablement chez eux et s'arrêtent dehors, — parce qu'il n'ont tenu compte ni du vent, ni de la pluie, ni des *frottements*, — les législateurs oublient les *frottements* de la cupidité, de la fraude.

On parle de la liberté du commerce, — essayez sur toute autre chose, mais n'essayez pas sur le pain et sur la vie.

On compte sur la concurrence ; — mais on ne pense pas que la concurrence est étouffée aussitôt qu'on a pu réunir les concurrents dans un intérêt commun, — aussitôt qu'on leur a fait voir que chacun, séparé des autres, peut gagner cent francs, — et que tous, étant d'accord pour le vol, ils gagneront chacun mille francs.

Qu'un boulanger, renonçant à une partie de son gain pour se faire une clientèle ou pour augmenter celle qu'il a déjà, abaisse le prix du pain ; voici ce qui arrivera, ce qui arrivera tout de suite : les autres s'entendront pour le ruiner ; — s'il résiste, on le séduira, on lui fera voir des bénéfices plus considérables en entrant dans le complot ; — s'il résiste encore, aussitôt qu'il aura acquis une clientèle suffisante, il reprendra de lui-même les prix des autres.

La taxe, les boulangeries coopératives, etc., — ce sont des expédients, des calmants, des cataplasmes — ça n'est pas la guérison, — il faut des remèdes énergiques, — employez, s'il le faut, le scalpel et le couteau.

Je n'ai connu qu'un ministre de l'agriculture, c'était *Tourret*, — du temps de Cavaignac ; j'allais souvent le matin passer une heure avec lui. — Il comprenait, lui, la grandeur de sa mission et de ses devoirs.

Sans M. Thiers, sans les pseudo-républicains qui ont amené l'Empire et ses suites, je me serais fait, auprès de Tourret, secrétaire, garçon de bureau, quelque chose, n'importe quoi, pour l'aider dans l'œuvre pour laquelle nous étions d'accord.

LIII

Il y aurait un rôle très-élevé et très-utile à jouer pour un grand ministre, ce serait d'utiliser les connaissances et l'intelligence qui scintillent éparpillées dans les diverses feuilles périodiques, de canaliser la presse, qui cesserait alors, soit de rouler en dévastant comme un torrent, soit de croupir dans certains fonds stagnants et marécageux et servant d'asile aux grenouilles et aux sangsues.

Ce serait, chaque fois qu'il se présente une question politique ou économique, ou légale, ou même littéraire, d'inviter tous les écrivains à l'étudier sérieusement et à publier le résultat de leurs études. — Des prix pourraient être offerts à ceux dont les idées, les solutions, les avis auraient été en tout ou en partie adoptés par l'Assemblée nationale ou le gouvernement.

Voici, par exemple, l'enquête sur la situation de la classe ouvrière. — Il ne faut pas attendre toujours d'écrivains, souvent isolés ou privés de documents, des études complètes sur telle ou telle question, — mais que chacun dise ce qu'il sait, ce qu'il a vu ; il élucidera telle ou telle partie de la question.

En réunissant les lumières éparses, ici d'une lampe, là d'une bougie, et plus loin d'une veilleuse, on peut élever des phares et des feux sur des rivages dangereux.

Voici pour ma part ce que je sais sur la question des ouvriers :

J'ai comparé l'existence de l'ouvrier et de sa famille, dans une usine située dans une grande ville, à Paris ou à Lyon ou ailleurs, avec l'existence de l'ouvrier occupé dans une usine établie à la campagne.

Celui-ci vit heureux et considéré, au sein d'une famille heureuse, élevée au travail, à l'honnêteté.

L'autre, presque toujours, traîne ses jours, triste, misérable, envieux, exposé à toutes les tentations, aux plaisirs malsains et abrutissants ; sa famille est une charge, il la délaisse pour le cabaret, le café ou le club ; — ses enfants, négligés par lui, hâves, chétifs, — déplorables Gavroches, lamentables Fleur-de-Marie, ou hideux Tortillard, n'ont pour lui ni respect ni affection, et il les voit dans l'avenir encore plus malheureux que lui.

Dans l'intérêt de la classe ouvrière, il est des soins que doit prendre la loi, d'autres qui appartiennent à l'éducation.

Le cabaret est la perte de l'ouvrier, — il détruit la famille. Il faut marcher résolûment à la ruine du cabaret et du café :

Par des garanties strictement exigées de ceux qui veulent en ouvrir;

Par une responsabilité sévère de tous les désordres qui y ont lieu;

Par une surveillance inexorable sur la qualité des boissons vendues;

Par un impôt qui, déchargeant et mettant à très-bon marché le vin sain et pur que l'ouvrier emporte dans sa maison, pour sa famille et pour lui, retombe entièrement et lourdement sur le vin bu au cabaret, qui ne mérite ni protection ni égards;

Par le refus d'admettre en justice les dettes de cabaret, de café, etc.

Il faudrait que l'éducation fît admettre en principe, que le fils doit exercer la profession de son père, — sauf les cas très-exceptionnels d'une inaptitude constatée, ou d'une aptitude extraordinaire dirigée d'un autre côté.

Le fils, succédant à son père dans sa profession, acquiert depuis sa plus tendre enfance, et presque sans s'en apercevoir, les connaissances qui feront de lui un bon ouvrier; il profite de l'expérience et de la vie de son père; il commence là où son père est arrivé et finit, — cause certaine de progrès. — Il reste dans la famille, suit son père à l'atelier, travaille avec lui, sous ses yeux; — cause certaine de moralité.

Il faut que tout le monde sache lire, écrire et compter, et puisse ajouter gratuitement les connaissances spéciales à l'art ou au métier qu'il professe. — Aujourd'hui que certains ouvriers seuls savent lire, ils se comparent à leurs parents, à leurs compagnons, se prennent pour des hommes supérieurs, et sortent violemment de la voie heureuse et honnête, — et déraillent; — leurs compagnons plus ignorants les prennent pour des prophètes, pour des aigles, et les suivent.

Il faudrait rétablir « les devoirs », c'est-à-dire les corporations d'ouvriers, — mais il faudrait que ce ne fût pas un prétexte aux agitateurs, pour jeter les ouvriers dans la politique et les tumultes, ni au gouvernement pour trop faire sentir son action.

Par les « devoirs », des relations s'établissent dans toute la France entre les ouvriers de la même profession; on se connaît, on acquiert une réputation et une considération, d'après son talent et sa conduite, on s'entr'aide.

Une correspondance habituelle entre les « devoirs » porterait à la connaissance des intéressés que telle besogne dans telle ville, dans tel endroit a besoin de bras; que telle autre ville, tel autre endroit sont encombrés d'ouvriers de telle ou telle profession.

Il faudrait que l'ouvrier « allant au travail », voyageât sur les lignes ferrées à prix extrêmement réduit, comme les militaires.

Il faudrait surtout honorer le travail, aimer les ouvriers, ne pas les craindre et ne pas les exploiter, dans l'intérêt des ambitions personnelles en les flattant, en les enivrant, en les trompant, en excitant leur vanité et leur envie.

En 1848, dans le département que j'habitais alors, je fus plus d'une fois invité à me rendre dans les assemblées politiques et dans les clubs ; — c'est là que je pus étudier cette race dangereuse et ridicule créée par la lecture des journaux et les flatteurs ambitieux, de l'ouvrier poseur, phraseur, fanfaron, hâbleur et fainéant, pour qui on a inventé le nom prétentieux et peu mérité de « travailleurs ».

J'eus occasion aussi de connaître des ouvriers très-honnêtes, très-intelligents, très-laborieux, et de leur témoigner l'estime affectueuse qui leur était due.

Dieu sait combien de discours bêtement emphatiques, dangereusement flatteurs et empoisonnés on débitait aux uns et aux autres !

Cependant, tout se remit dans l'ordre : — les ouvriers rentrèrent à l'atelier, dégrisés et ayant vu, la plupart, qu'on les avait joués et exploités.

Quelque temps après, je crus m'apercevoir qu'un des ouvriers dont je parlais tout à l'heure, semblait m'éviter. — Quand je le rencontrais, il tournait brusquement à l'angle d'une rue ou traversait, — ne regardait pas de mon côté, et ne voyait pas le salut cordial que je lui adressais. — Lorsque, après plusieurs de ces rencontres, je fus certain de ne me pas tromper, je saisis la première occasion; il traversa la rue, je la traversai aussi; il hâta le pas, je le doublai, et, me campant en face de lui, je lui tendis la main ; — il hésita, allongea lentement le bout des doigts et les laissa tomber mous et inertes dans ma main, puis essaya de continuer son chemin :

— Un instant, lui dis-je, mon cher ***, — vous

allez, avant de me quitter, répondre franchement à ma question.

Voici plusieurs fois que je vous rencontre ; vous semblez m'éviter, vous ne répondez pas au signe amical que je vous fais.

—Monsieur, me dit-il, c'est que je ne vous vois pas.

— Allons, ça n'est pas bien ce que vous faites là, ça n'est pas digne d'un homme et d'un brave ouvrier, — il faut me répondre franchement comme je vous parle, et me dire la vérité.

Vous me voyez très-bien, — et vous m'évitez ; — autrefois vous veniez à moi, vous me tendiez la main, et vous serriez la mienne avec une vigoureuse étreinte, — je ne reconnais plus cette main dans la chose flasque que vous venez de me tendre en vous faisant un peu prier.

—Vous avez raison, M. Alphonse, répondit-il tristement, mais je vais maintenant vous dire la vérité.

Un grand nombre de ces messieurs, au temps des clubs et de la république, avaient l'air de tant nous aimer, nous estimer, nous admirer ! — Ils nous serraient les mains, nous prenaient sous le bras, nous menaient dans les cafés, — et comme ils nous parlaient ! nous étions le peuple, le grand peuple, — nous étions le maître, le roi.

Puis, après que ça a été fini, — quand quelqu'un de nous a été pour tendre la main à ceux qui l'avaient tant caressé, il a été accueilli avec un froid regard et un air d'étonnement, — bientôt on ne nous a même pas rendu notre salut.

Et voilà pourquoi je vous évite, comme j'évite tous les bourgeois.

— C'est-à-dire que vous pensez que l'on vous a flattés, accueillis parce qu'on avait peur de vous?

Cependant vous me connaissez depuis longtemps, vous savez que je ne vous ai pas flattés, vous savez que je n'ai traité en amis que les honnêtes, les laborieux, les intelligents, que je ne vous ai jamais dit de ces grandes phrases bêtes qui ont grisé tant d'entre vous.

— Ça c'est vrai.

— Eh bien! regardez-moi en face, et souvenez-vous un peu, — vous savez bien que je suis pour le moins aussi fort que vous, — donc je n'ai jamais eu peur de vous, — j'aime les bons, et je me f... moque des méchants.

Donnez-moi la main cette fois, — mais une main d'homme, une main d'ouvrier, — une forte main d'honnête d'homme et d'homme laborieux, — une main dont on sente l'étreinte cordiale et vigoureuse, et n'insultez plus un ami, en ayant l'air de croire qu'il a pu jamais avoir peur de vous.

Ce qu'il fit de bon cœur et de bonne poigne, et à quoi il n'a plus manqué depuis, soit dans nos rencontres fortuites, soit dans ses visites à mon jardin, ou dans mes visites à son atelier.

LIV

On parle d'un rendez-vous de l'empereur de Russie, de l'empereur d'Autriche, de l'empereur d'Allemagne; — c'est un terrible argument contre la forme monarchique, que cette entrevue des trois empereurs.

Voilà trois hommes placés à la tête de trois grandes nations, uniquement par le hasard de la naissance.

J'ai, en ma vie, vu d'assez près deux ou trois rois et leur entourage, — j'ai pu alors deviner ce qui m'a été expliqué ensuite, lorsque j'ai vu deux de mes amis portés successivement au pouvoir suprême en 1848.

Dès le premier instant et pendant les quelques mois qu'a duré leur souveraineté, il s'est immédiatement établi autour d'eux un cordon sanitaire pour empêcher la vérité d'arriver à leurs oreilles, — et je les étonnais quelquefois beaucoup, lorsque cette vérité, je la leur apportais en fraude comme une denrée de contrebande.

Qu'est-ce donc pour les rois nés sur les marches du trône !

J'estime que quand ils ne sont pas les plus méchants et les plus absurdes des hommes, il faut qu'ils aient été bien richement doués par la nature ou par la Providence.

Voilà une représentation des trois empereurs, donnée par leurs ministres ; — combien de fois ont-ils changé de costume, d'uniforme, de plumet, de décorations ?

Lorsque Frédéric II mourut, on ne trouva que sept chemises dans une armoire,

Et on raconte qu'un étranger, visitant le palais de Potsdam, demanda à voir la garde-robe du roi.

— Ah, dit le valet qui montrait le palais, — c'est que Sa Majesté est sortie.

— Raison de plus, dit l'étranger ; — sans cela je n'oserais pas le demander.

— C'est que lorsque le roi est sorti, il n'y a plus de garde-robe, — il fait un peu froid, et il a tout sur lui.

Henri IV écrivait à Sully : « Mes chemises sont toutes déchirées, mes pourpoints troués. »

Voilà donc trois hommes, — les nations qu'ils gouvernent ou sont censés gouverner, forment un total de plus de cent-vingt millions d'hommes.

Ils peuvent, le soir, après dîner, — en buvant leur café et en fumant un cigare, — disposer du sort de ces cent-vingt millions d'hommes, les jeter dans les désastres et les horreurs de la guerre ;

Leur faire quitter leurs maisons, leurs champs, leurs femmes, leurs enfants, — et les envoyer se battre au loin, tuer et se faire tuer.

Ajoutez les autres pays d'Europe qui représentent au moins une autre centaine de millions d'hommes ; ils ne sont pas moins préoccupés de ce que pensent, de ce que disent, de ce que projettent, de ce que décident ces trois hommes, — quelque folie, quelque injustice, quelque cruauté qui puissent leur passer par la tête, il faudra tout subir ; ils peuvent jeter près de trois cent millions d'hommes dans la frénésie d'une lutte longue et désastreuse, — ruiner, dévaster, dépeupler le monde.

Si les peuples étaient consultés, ils oseraient à peine confier une semblable puissance à un Dieu ;

Et ils l'abandonnent à trois hommes, qui, probablement, ne sont ni les meilleurs cœurs ni les plus grands génies du monde ni même de leur pays ;

A trois hommes élevés et maintenus dans l'ignorance, à trois hommes que je veux croire aussi bons, aussi doux, aussi désireux du bien que n'importe qui, mais qui obéissent sans le savoir à l'ambition, à la férocité, aux folies de leurs ministres.

LV

Au Havre en 1848 on lisait sur tous les murs :
Nommons Morlot et Martinez, ouvrier.

L'ouvrier était ce qu'on appelait alors *une pratique*, — ce qu'on appelle aujourd'hui un « travailleur », comme les Grecs appelaient les furies *Euménides*, c'est-à-dire douces et avenantes ;

Le bourgeois, un de ces aristocrates sans places, pour qui le libéralisme est une échelle.

Quand on eut réussi à faire nommer Morlot et Martinez, il s'agissait de se débarrasser de Martinez.

On l'invita à déjeuner à Paris, on le grisa — non pas dans les nuances tendres et élégantes — qui faisaient dire à *Malitourne*, je ne suis pas gris — je suis... lilas ; mais dans les nuances les plus complètes et les plus foncées ; puis on le fit monter à la tribune. — Dieu sait les gestes qu'il y commit et les discours ponctués de hoquets qu'il y proféra — la tribune avait l'air d'un *guignol* en gaieté, et Martinez, d'un polichinelle en délire.

Il prit le verre d'eau, le goûta, le reposa sur le marbre avec dégoût en disant :

Pouah !

Et s'écria : Garçon, du vin !

Il finit par disparaître comme dans une trappe — il était tombé endormi — on l'emporta.

Le lendemain on lui fit entendre qu'il fallait donner sa démission.

La mode des ouvriers était passée — l'ardeur pour les clubs était éteinte — on fit nommer qui on voulut.

Pour tout le parti **P. R.**, prétendu républicain, aujourd'hui comme alors — l'ouvrier n'est ni un menuisier, ni un charpentier, ni un maçon — c'est un ouvrier en révolution, un ouvrier en émeute, un ouvrier tireur de marrons du feu.

C'est toujours le rôle de Morlot avec Martinez.

Car M. Morlot, homme vaniteux, égoïste, peureux, se disait aussi républicain.

Seulement après le coup d'État, lorsqu'il fallut venir au secours de ceux que l'insurgé Bonaparte appelait les insurgés — et qu'il ne faut pas confondre avec les assassins et les incendiaires de la Commune — l'honnête et bon Goudchaux, qui avait été ministre avec Cavaignac, vint au Havre, comme partout, pour organiser les secours.

M. Morlot eut peur, et refusa sa maison pour la réunion d'un comité — cette réunion eut lieu dans mon jardin de Sainte-Adresse.

14.

LVI

Il existe une jolie épigramme grecque de l'empereur Julien sur la bière.

Qui êtes-vous ? Bacchus ? Mais de quel pays êtes-vous le Bacchus ?— Par le vrai Bacchus ! je ne vous connais pas..., le vin sent le nectar, et vous sentez le bouc, etc.[1].

Qui êtes vous ? Vous, la République ! — Par la vraie République ! je ne vous connais pas.., ou mieux, je vous connais trop.

La vraie République, c'est le gouvernement des meilleurs élus par les bons, désignés par tous.

C'est la pauvreté fière et contente, c'est la sobriété, c'est la simplicité des mœurs; c'est l'amour de cette liberté qui a pour limites respectées la liberté des autres, et qui, se trouvant heureuse de n'avoir à obéir qu'aux lois, leur obéit pieusement; c'est le mépris des richesses, du luxe et de la vanité; c'est le courage, c'est le dévouement, c'est l'amour du travail et la religion du devoir; c'est la pureté des cœurs, c'est la sincérité du langage, c'est l'amour de la famille et l'amour de la patrie la grande famille.

Êtes-vous donc les meilleurs, vous qui vous avancez en colonnes serrées à l'assaut du pouvoir ?

---

1. Je n'en connais que la traduction latine d'Érasme :
> Quis ? unde es Bacche ? Per verum Bacchum,
> Non te novi : Jovis solum novi filium :
> Ille nectar olet, tu vero hircum.....

Sur quoi se fonde votre prétention à gouverner en maîtres ce grand et beau pays qui s'appelle la France ?

Est-ce sur la vertu? Est-ce sur la bravoure? Est-ce sur la science? Est-ce sur les services rendus? Est-ce sur les grands talents? Est-ce sur l'amour de la justice? Est-ce sur aucun des points auxquels je disais tout à l'heure que je reconnaissais la vraie République?

LVII

Dans ce bon pays de France où on crie si fort à **l'égalité,**

Il est à remarquer que, au fond, personne n'en veut.

Chacun l'exige avec ses supérieurs — personne ne consent à l'accorder à ses inférieurs.

Après une révolution, le parti triomphant ne se contente pas de faire redescendre ses adversaires vaincus au niveau commun ; il prétend les enfoncer au-dessous et s'asseoir dessus. L'amour des distinctions honorifiques, choses excellentes si elles n'étaient ni prodiguées ni mal distribuées, montre encore combien est grande la haine de l'égalité.

Faute de la Légion d'honneur qui, malgré les abus imbéciles qu'on en a faits, est encore au moins une des décorations les plus respectées et les plus enviées, on s'accroche à des rubans de toute provenance, de toutes couleurs — sans s'occuper de les mériter, pourvu qu'on obtienne la permission de les porter. — On met à sa boutonnière des rubans *lilas, bleu de ciel, cuisse de nymphe émue, cheveux de la reine, caca dauphin, etc.,*

Provenance d'un pays où on n'est jamais allé, dont on serait embarrassé de préciser la situation géographique — auquel on n'a ni l'intention ni le pouvoir de rendre jamais le plus petit service, dont le souverain, qui est censé vous donner la décoration, ignore complétement votre existence.

En France, peut-être encore plus qu'ailleurs, on n'aime pas l'égalité — ce n'est pas un but, mais une échelle; échelle que l'on voudrait renverser aussitôt qu'on a gravi le dernier échelon et qu'on est arrivé à se jucher n'importe où.

Voyez la question des décorations — dans cette funeste guerre, où nous avons été si cruellement vaincus, et où si peu de gens ont fait leur devoir, il s'est distribué plus de croix pour faits de guerre, qu'après les victoires si inutiles de Crimée, qu'après les victoires chevaleresques remportées sur l'Autriche au bénéfice de l'indépendance de l'Italie.

Une décoration est obtenue quelquefois par des moyens qui devraient en rendre à jamais indigne; non-seulement celui qui l'a obtenue en est fier, mais encore il est plus considéré par ceux mêmes qui savent comment la chose s'est faite;

Mais suivez le nouveau décoré — il voudrait que la facilité et la faveur qui lui ont fait obtenir sa croix fussent désormais supprimées; il voudrait qu'on fût désormais très-exigeant sur les titres des candidats.

Il se retourne avec dédain vers le premier qu'on nomme après lui et s'écrie :

— Ah ça! on donne donc la croix à tout le monde, on la prodigue, on en abaisse le titre, on la déshonore!

Faute de décorations — ou en outre des décorations, on imagine de temps en temps quelque autre signe de distinction qui sépare de la foule et du vulgaire ceux qui le possèdent, l'obtiennent, l'usurpent ou le simulent, — et on ne s'arrête devant aucune puérilité ;

Pendant longtemps les mains blanches, effilées, souples, molles — ont été réputées un signe de distinction, de race, d'aristocratie. — Cela prouvait que depuis et pendant plusieurs générations celui qui avait de telles mains n'avait pratiqué aucun état manuel; n'avait fait — comme ont dit vulgairement œuvre de ses dix doigts, — ne s'en était servi que pour mettre des bagues, et, selon les époques, secouer le tabac de son jabot, ou friser ses moustaches. On établissait ainsi un, deux ou trois ou trente quartiers de noblesse, de fainéantise, d'oisiveté et d'inutilité; je doute fort que les rudes preux et les batailleurs chevaliers premiers auteurs des maisons nobles — se soient piqués d'une pareille distinction,

Très-charmante chez les femmes, dont les mains doivent être baisées, dont les mains doivent soigner, panser et guérir;

Mais plutôt honteuse pour les hommes.

En 1789, à la suite des mouvements et bouleversements politiques — d'autres « couches sociales » sont venues à la surface.

Il y avait là une légitime et utile révolution; — sous ce qu'on appelle l'ancien régime, la séparation des classes était arbitraire et abusive — toutes les voies étaient fermées à ceux qui n'étaient pas nés dans telles ou telles familles : — le droit d'aînesse, l'ordre de Malte pour les hommes, les couvents pour les filles, perpétuant les fortunes dans un petit nombre de mains, y perpétuaient en même temps les honneurs, le pouvoir, les dignités, les fonctions publiques.

La patrie se trouvait privée des services que pouvaient lui rendre les hommes de cœur, de génie, de talent nés et inexorablement emprisonnés dans la roture; — elle devait avoir perpétuellement recours au même petit nombre de familles dont les descendants étaient souvent fort descendus;

Il fallait faire ce que fait le laboureur qui, avec le soc de sa charrue, amène à la surface pour recevoir et nourrir le grain une couche inférieure qui remplace la couche supérieure épuisée.

Il serait facile de démontrer comment cette couche était alors épuisée et stérile; — je me contenterai de donner une seule raison qui fait que, dans une période donnée, la classe riche doit perdre sa prééminence et tomber dans l'infériorité.

Dans la classe du peuple — les enfants mal constitués, mal venus, rachitiques meurent presque en naissant : — dans la classe riche, au contraire, on dispute et on enlève à la mort ou au bocal un grand nombre de fœtus incomplets, chétifs, demi-avortés.

Il n'en est plus de même aujourd'hui; — aujourd'hui, tout est ouvert à tous — non-seulement le fleuve a rompu sa digue, mais il a aussi emporté ses berges et ses rivages; — il y a bien plus de réputations usurpées que de talents et de génies méconnus; — rien n'empêche le soldat de devenir maréchal de France, l'ouvrier et le paysan ministres, et les uns et les autres présidents de la république.

Aussi lorsque M° Gambetta, peu maître de sa langue, en pleine Assemblée des représentants de la France, a osé annoncer l'avénement des « nouvelles couches sociales », on a le droit et le devoir de se demander : Que faut-il entendre par ces paroles ou plutôt par cette menace?

Pourquoi l'avénement des « couches », quand rien n'arrête l'essor des individus? — quand il n'est aucune barrière ni aucunes bornes, je ne dirai pas au génie, au talent, mais à l'ambition, à l'audace des individus? Où sont les barrières, où sont les bornes, où sont les digues? Que voulez-vous renverser?

Voulez-vous une preuve irréfutable de ce que j'avance? Nous la trouverons en M° Gambetta lui-même, un avocat sans cause, sans talent supérieur, sans expérience, n'ayant jamais étudié que le carambolage et le besigue — pilier de café, ne sachant de la politique quel ce qu'en peuvent enseigner des articles de journaux, lus en buvant l'absinthe entre deux parties de dominos.

Cet homme n'ayant pas même l'audace, l'énergie, le mépris du danger qui ont pu quelquefois, en temps de révolution, suppléer la capacité, les études, le talent, l'expérience.

Cet homme a été cependant maître absolu de la France pendant quelques mois ; il a été le successeur de Charlemagne, de François Ier, de Henri IV, de Louis XIV — il a été roi de France.

Il est vrai de dire que lorsque nous serons à une distance suffisante des événements pour les bien voir, comme on se met au point pour examiner un monument ; — lorsque l'histoire énumérera, classera, étiquètera les misères et les hontes de cette époque néfaste, le règne de M° Gambetta sera une des plus tristes, la première peut-être d'entre nos hontes — et son impunité sera la seconde.

Donc il faut établir ce qu'on doit entendre par « l'avénement des nouvelles couches sociales » dont l'avocat en question nous a menacés en même temps qu'il annonçait que le parti soi-disant républicain, dont il était alors le chef (je le crois fort descendu aujourd'hui), refusait de se séparer de la queue composée des voleurs, des assassins, des incendiaires de la Commune, lesquels il avait cependant abandonnés dans la lutte, dans le danger, dans l'expiation ;

Ce qu'il faut entendre, c'est l'avénement de l'anarchie, de la violence, de la ruine, de la misère pour tous : — le règne d'abord des médiocres et des fous, des avides, des vaniteux, puis des coquins, puis des scélérats.

Pourquoi de « nouvelles couches »? Quel est celui qui oserait dire qu'il est aujourd'hui — pour aucun individu — une seule barrière qui ferme aucune carrière, aucun but au génie, au talent, au travail — puisque ces barrières n'existent pas même pour ceux qui n'ont ni génie, ni talent, ni amour du travail, puisque Maître Gambetta a été roi de France?

LIX

Les gens irrésolus prennent avec empressement les chemins qui conduisent à des carrefours, — c'est-à-dire à des points de la route où on pourra, si l'on veut, changer de direction, ce qui permet en tous cas de ne se décider que plus tard sur la ligne à suivre, c'est pourquoi la prorogation pour quatre mois de la Chambre des représentants a été votée sans débats.

En effet, personne n'est prêt, — personne n'est assez content de son jeu pour commencer la partie, tout le monde veut « refaire » et « demande des cartes », espérant recevoir du hasard, — et peut-être d'une « coupe sautée », ou d'une « carte filée » les atouts qui lui manquent.

Après de longs et ardents débats, qui n'ont eu pour résultat que de montrer, ce que j'ai souvent constaté, à quel point de vulgarité et de grossièreté est descendu ce qu'on appelait autrefois « l'éloquence de la tribune », nous ne sommes pas plus avancés que le premier jour, — chacun des trois partis en présence, — république, empire, monarchie — voit les deux autres se réunir contre lui, aussitôt qu'il essaie de lever la tête.

On ne recule pas devant les alliances les plus étranges, — parce que aucun parti n'a au fond de principes et de conviction, et que tous sont d'accord sur un seul point, s'emparer du pouvoir, des places et de l'argent.

Le parti de la France n'a pas réussi à se constituer.

LX

On a dû arrêter et mettre en prison comme escrocs quatre hommes qui, à divers titres et dans divers partis, deux au moins dans tous les partis — ont été quelque chose dans le gouvernement de la France — un même ministre, etc.

Un des grands malheurs déchaînés sur notre malheureux pays par les révolutions et les changements de gouvernement — c'est que chaque nouvel intrus au pouvoir souverain doit payer et récompenser ses complices — et que, à tous les degrés du pouvoir, on remplace des hommes rassasiés, repus et gras par des hommes maigres *esurientes et sitientes*, mourant de faim et de soif. C'est que à chaque nouvel exemple de ces élévations, de ces fortunes dues à l'intrigue, au mépris des lois, à la violence, on voit s'accroître d'une façon effrayante le nombre de ceux qui embrassent cette carrière facile et se mettent sur cette route qui conduit aux sommets sans fatigue, sans travail, sans capacité.

Par la bassesse, par l'effronterie, par le mensonge, par la servilité, par la persévérance à dévorer les affronts, par la sédition, la rébellion, par le crime — on voit certains arriver à occuper des places qui, pour être passablement remplies, exigeraient beaucoup de sagesse, de prudence, de courage, de dévouement, de lumières et de probité.

De là les foules pressées se mettant en route pour les mêmes destinées où quelques-uns parviennent ; — de là tant de scélérats, de coquins, de chenapans, de drôles, de maroufles, de *pignoufs* prêts à bouleverser le pays pour personnellement faire une fortune que de nombreux exemples leur montrent possible et qui se croient capables de gouverner l'empire de Charlemagne.

Chacun de ceux qui par l'intrigue, la servilité, l'effronterie, le crime ou le hasard sortent de la foule desdits scélérats, coquins, chenapans, drôles, maroufles, *pignoufs*, etc., et arrivent à une position, en décide pour le moins vingt autres non moins scélérats, non moins coquins, non moins chenapans, non moins drôles, non moins maroufles, non moins *pignoufs*, à se mettre en route sur ses traces.

Car il ne faut pas se le dissimuler, quelques-uns finissent par arriver — si beaucoup « trouvent les galères à moitié chemin de la fortune, des honneurs et du pouvoir — quelques-uns trouvent la fortune, les honneurs et le pouvoir à moitié chemin des galères. »

On me demandait une fois comment il se fait que les hommes et les femmes qui remplacent le divorce par un mutuel et fréquent empoisonnement se servent toujours de l'arsenic et du phosphore, qui laissent des traces si visibles; — n'est-ce pas un bienfait de la Providence qui veut que le crime soit puni?

Les bienfaits de la Providence, répondis-je, nous en sommes environnés, il y en a sur nos têtes, — *Cœli enarrant gloriam Dei*, — il y en a sous nos pieds.

Mais ici, je ne crois pas que la Providence se manifeste aussi visiblement : il y a même quelque chose de triste et d'un peu effrayant à dire,— c'est que peut-être on ne découvre que les empoisonnements naïfs et mal faits par l'arsenic et le phosphore et que les autres restent ignorés et impunis.

De même que parmi les coquins, ceux-là sont pris, qui sont trop pressés, qui sont tout à fait dénués, qui ne peuvent pas traîner jusqu'à l'exécution de leur « grand coup », auquel s'il réussit, eux d'abord, les autres ensuite, donneront un nom honnête, ceux qui, chemin faisant et pour le pain quotidien, « leur pain quotidien » est cher, — sont obligés de faire quelques menues escroqueries, filouteries, que personne n'a de chance de partager avec eux, et qui conséquemment n'ont pas de parrains complaisants et gardent leur nom d'escroqueries et de filouteries.

Tel qui la nuit prochaine espérait dévaliser un

Rothschild, — se fait arrêter le matin parce qu'il s'est laissé aller à « faire un mouchoir » pour son déjeuner.

Savons-nous combien nous avons vu, nous voyons encore en place des gens qui ne valent pas mieux que ceux qui n'ont pas réussi?

J'ai eu à ce sujet non-seulement des révélations, mais des confessions bien étranges.

Le diable les porte sur une montagne, d'où il leur montre les honneurs, l'argent, les jouissances sans travail.

Et, comme un croupier de roulette, il leur crie :

« Faites vos mises, Messieurs. »

Je rends le jeu de plus en plus avantageux pour les *pontes* ; — au lieu de ne jouer que de l'or, comme au *trente et quarante* des établissements vulgaires, — au lieu de ne pas jouer moins de cinq francs, comme à la roulette ordinaire, — j'accepte les mises de 50, de 5 centimes, on peut même jouer sur parole. — Il n'y a plus ni double zéro ni zéro simple.

Au lieu de trente-six fois la mise, je paie trente-six mille fois.

Accourez, à tous coups l'on gagne.

Voyez M. un tel qui est venu au jeu avec un franc qu'il avait emprunté ; — eh bien ! il a fait sauter la banque.

Voyez cet autre, qui a jeté sur le n° 13 un bouton de culotte que j'ai fait semblant de prendre pour un louis d'or. — Eh bien ! le n° 13 est sorti, et je lui ai payé 36,000 louis d'or, — avec quoi il a acheté des maisons de ville et de campagne, des voitures, des chevaux, des femmes à chignons queue de vache, des décorations, de la considération, des flatteurs et des parasites.

Le jeu est dans tout, dans la politique, dans les affaires, et on joue avec des dés pipés, avec des cartes biseautées, — et on sait combien les joueurs deviennent indifférents à tout ce qui n'est pas le jeu.

C'est ce qui fait que, aujourd'hui, on habite un pays, mais on n'a plus de patrie. — On veut recevoir ou plutôt prendre, ça va plus vite, mais on ne veut pas donner, ni faire le moindre sacrifice.

LXI

La politique devrait être une science, — je crois que ça l'a été autrefois, — aujourd'hui c'est une avidité, une faim, une soif ; — ça ne s'étudie pas plus que la faim et la soif, — on sent quand ça vient, — et alors, si on n'a pas d'argent, on enfonce les boutiques des boulangers et les comptoirs d'étain.

La politique devrait être, a été peut-être, une science, de l'espèce de la science de la médecine.

Il faudrait, il fallait de longues études perfectionnant et ornant une grande intelligence : l'histoire, la philosophie.

L'anatomie du corps social — l'ostéologie, la myologie, la névrologie, etc.,

La diagnostique, etc., etc.

Mais, — *nous avons changé tout cela,* — on n'étudie que ses propres besoins et ses propres appétits ; — un avocat ignorant, ou inhabile, ou paresseux, trouve les places occupées par des confrères instruits, éloquents, laborieux ; il lui reste une ressource, un pis aller — le pouvoir, — un ministère, la présidence de la république, une sous-préfecture, un bureau de tabac ; pour commencer il cherche, il obtient, il achète, peut-être, la défense d'un gredin, — puis après avoir plaidé contre la loi, contre le sens commun, contre la société, contre la morale, et avoir fait condamner son drôle au maximum de la peine encourue en insultant les juges, — il pense qu'il est mûr pour « représenter son pays ».

Quand je dis « son pays » c'est une façon de parler ; — il cherche une localité le plus loin possible des lieux où il est né, où on connaît son père l'épicier vendeur peut-être à faux poids, — ou pis que cela, — loin du pays surtout où on le connaît lui et ses mœurs et ses habitudes, et son caractère et sa petite vie ; c'est là qu'il a soin de poser sa candidature.

De la politique, de l'histoire, de la philosophie, il ne sait pas un mot, — des besoins, des produits, des intérêts du département qu'il est censé représenter, pas davantage.

D'autre part, qui se présente contre ce champion ? — un ex-seigneur ruiné, — un homme qui de la politique ne sait qu'une chose, — c'est qu'il voudrait être ministre, soit pour l'argent, soit pour la piaffe ; — un marchand enrichi qui a une famille à caser, — un autre avocat, qui n'ayant pas les poumons de l'emploi, et trouvant d'ailleurs la place de grand débagouleur et d'orateur de balcons occupée, se fatigue de servir de doublure, de jouer les utilités, et se campe de l'autre côté, — comme conservateur par avance de ce qu'il espère obtenir de la faveur, de même que son ami d'hier, son adversaire d'aujourd'hui, attend pour se faire conservateur, à son tour, d'avoir pris quelque chose de vive force ou par embûche ; — ça lui est bien égal de parler pour ou contre, — il n'a guère appris que cela dans sa vie, — voyez Maître Clément Laurier, — voyez vingt autres.

Aussi quelle politique fait-on ? la médecine des charlatans de places publiques.

Une clarinette, une grosse caisse, des cymbales, — un habit rouge, un plumet, — quelque chose pour monter dessus ; un cabriolet, une borne, un balcon, une table de cabaret.

Voilà pour l'opposition.

Quant aux conservateurs, ils prennent un air grave, — l'habit noir, la canne à pomme d'or ; ils examinent les symptômes, — et tâchent de les faire disparaître ou de les masquer. — Un bouton ? mettez dessus un emplâtre, — si ça ne le guérit pas, ça le cachera. — Un chancre, brûlez-le...

Et après ? après vous le rebrûlerez s'il reparaît ; — un rhume, mouchez-vous et Dieu vous bénisse ; —

vous avez le nez rouge? — mettez dessus de la poudre de riz.

Quant à chercher quel état pathologique dénoncent les symptômes, ça serait long, difficile, trop laborieux, et puis il faudrait savoir.

Vous avez le nez rouge, — peut-être faudrait-il cesser de boire.

Quelle est la cause des boutons, des fistules, des chancres? quel venin circule dans vos veines?—quelle affection attaque vos os, vos nerfs, etc.?

Ah bien, vous m'ennuyez!

Et croyez-vous que la plupart reconnaissent leur ignorance et en souffrent, cherchent à étudier, s'efforcent d'apprendre? Nullement. L'estaminet, le cercle, le salon, les dîners, les soupers... et le reste occupent leurs loisirs, selon la situation, l'éducation, la sphère de chacun; — et puis d'ailleurs il ne s'agit pas de guérir le malade, — il s'agit de débiter sa propre drogue et ses fioles, d'empocher... et puis, — la musique, — et fouette, cocher!

La France, ou plutôt la société, est évidemment empoisonnée, — ses nerfs, ses muscles, ses os, ses veines, tout est travaillé par un venin, par un « virus » qui de temps en temps se trahit au dehors par des symptômes effrayants et hideux. — Il ne suffit pas de soigner ou de masquer chacun de ces symptômes à mesure qu'il paraît, — il faut une cure radicale; — cette cure j'ai la conscience que je l'ai indiquée. — Mon projet de constitution peut admettre des corrections, des adjonctions, — mais je maintiens qu'il présente de grandes chances de salut pour la malade. Mais qu'est-ce que ça fait aux charlatans? Si la France se portait bien, c'est absolument, pour Fontanarose, comme si elle était morte, car elle n'aurait plus besoin de Fontanarose et des autres charlatans ; elle n'achèterait plus leurs drogues, leurs spécifiques, leurs panacées, leur orviétan, et ils ne vivraient plus grassement aux dépens de la malade; — quelques-uns, les plus forts, cultivent la maladie, — mais le plus grand nombre ne s'en occupent même pas.

LXII

Il est à peu près établi par les statistiques, que la production de la France, répartie également entre tous les individus, donnerait pour chacun, environ 75 centimes par jour.

Mais, comme il y a énormément de gens qui dépensent dix fois, et beaucoup de gens qui dépensent cent fois cette part de 75 centimes,

Il y a conséquemment immensément d'autres gens qui n'ont pas ces 75 centimes, ni même la moitié.

Or, de toutes les égalités réclamées, il n'en est jusqu'ici qu'une seule conquise ou à peu près. — C'est l'égalité des besoins et des dépenses.

Comment faire ?

Augmenter infatigablement la production, — car la France, pays fertile entre tous, est loin de produire tout ce qu'elle peut produire. — Il faut donc courir à l'agriculture comme on court à un incendie.

Loin de là, grâce à la petite politique, à la politique d'expédients et d'intrigues, tout tend à agrandir les villes et à y attirer une population qui diminue le nombre des producteurs et augmente hors de toute proportion le nombre des consommateurs, — car je l'ai déjà dit, — le paysan devenu ouvrier dans les grandes villes, consomme deux fois et souvent quatre fois ce qu'il consommait dans la ferme.

Mais ce qu'il faudrait obtenir, ce serait le retour à la terre, notre bonne nourrice, — à la terre, — la seule source de la vraie richesse. — Une idée :

« Tout propriétaire faisant acte de résidence et de gestion personnelle sur un domaine de tant d'hectares, ou de simple présence continuelle sur un domaine double d'étendue, sera autorisé à ajouter à son nom patronymique, le nom de sa terre et à signer, avec cette addition, tous les actes authentiques. »

LXIII

Je comprends la présence à Paris des ouvriers consacrés aux industries parisiennes, mais je n'y comprends pas l'existence des grandes usines, des grands ateliers de construction, de produits de toutes sortes, etc.

Le séjour d'une capitale et d'une grande ville, est beaucoup plus coûteux que celui des petites villes, et surtout que le séjour à la campagne, où une usine employant un grand nombre d'ouvriers forme par elle-même un village où tout le monde se trouve lié par les mêmes intérêts.— A Paris et dans les grandes villes, tout est plus cher, les denrées, les loyers, etc., etc. De plus, l'attrait des distractions coûteuses, l'entraînement de l'exemple, la possibilité de se faire croire qu'on trompe d'autres que soi en se déguisant en « monsieur, » tout, malgré l'élévation forcée des salaires, tend à entourer la vie de l'ouvrier de plus de difficultés, de privations, de désirs impossibles à satisfaire, de surexcitations fiévreuses.

L'ouvrier est moins heureux même avec un salaire supérieur, lequel salaire rend la main-d'œuvre plus coûteuse et les produits plus chers.

Seulement la proximité du pouvoir, les chances d'obtenir par des protections, des transactions, des corruptions, quelquefois des menaces fixent à Paris de grandes industries qui produiraient ailleurs à meilleur marché et, conséquemment trouveraient des débouchés plus faciles.

Je ne veux parler aujourd'hui que du sort plus heureux de l'ouvrier, hors des grands centres de population.

J'ai visité, à diverses reprises en France et en Espagne, des usines métallurgiques construites et dirigées par mon frère Eugène, et voici ce que j'y ai vu.

Des habitations saines, commodes, uniformes, étendues en proportion du nombre des membres de chaque famille, proprement, parfois coquettement tenues. Une population de cinq ou six cents, quelquefois de mille ou douze cents ouvriers agglomérés, formant un village ; les provisions achetées en gros par l'administration de l'usine, et cédées en détail, au prix coûtant, c'est-à-dire à bas prix à tous les ouvriers. — Quelques vieillards des deux sexes, exerçant de petites industries utiles ; — deux écoles, l'une pour les garçons, l'autre pour les filles. — Je me souviens entre autres d'une très-belle personne, fille d'un forgeron, qui, dans une de ces usines, dirigeait l'école des filles.

Autour de chaque maisonnette, un jardin cultivé avec amour, avec orgueil par ses possesseurs, chacun s'efforçant à l'envi d'avoir les premiers et les meilleurs légumes, les fleurs les plus rares et les plus belles. — A chaque jardin, une tonnelle verte et fleurie couverte de chèvre-feuilles, de jasmins, de liserons, de rosiers grimpants ; où les femmes travaillaient et où toute la famille mangeait pendant la belle saison.

Le dimanche et les autres jours fériés et aux heures de repos, la chasse dans les bois et les campagnes appartenant à l'usine, la pêche dans les cours d'eau, rivières et ruisseaux qui alimentaient les réservoirs fournissant le moteur hydraulique ; les promenades à la recherche des premières violettes.

Deux grands jeux de boules ; une enceinte d'arbres où, sur un sol bien uni, on dansait le dimanche soir.

Chacun, connu, estimé, sans erreurs et sans tromperie possible d'après son talent, ses qualités et son caractère, — l'aristocratie formée des plus intelligents et des plus laborieux.

Pas de semblants ruineux, personne ne pouvant espérer abuser les autres sur ses revenus, chacun sachant ce que gagnent les autres.

Les mariages se faisant dans l'usine, à la chapelle de l'usine, entre jeunes gens se connaissant depuis longtemps, ayant pu s'étudier par une fréquentation de toute leur vie; filles et garçons ne pouvant se faire remarquer qu'en se montrant laborieux, intelligents, rangés, économes, doux de caractère et énergiques à la besogne.

Une petite bibliothèque de livres les uns instructifs, les autres intéressants et amusants, appartenant à l'usine, à la disposition des ouvriers.

Certes, j'ai vu là des populations réellement heureuses.

Comparons-les à l'ouvrier de Paris.

Il habite un logis très-cher, mais ayant l'air d'un taudis au milieu des palais et des logements somptueux, logis enfumé, peu aéré, où le soleil n'entre jamais, logis triste qu'on ne pense ni à orner ni à rendre plus agréable.

La vie chère, et cependant pleine de privations; à chaque pas, des objets d'envie, des mets, des vêtements étalés d'une façon provoquante, mais réservés à de plus « heureux ».

Dans les rues, dans les lieux de réunion ou de distraction, un assemblage au hasard de gens de diverses professions, de revenus, de gains plus ou moins disproportionnés, plus ou moins vrais, plus ou moins avouables; chacun mentant sur sa position, affichant des dehors luxueux doublés de misère se déguisant en quelqu'un de plus riche qu'il n'est.

L'ouvrier abandonnant les vêtements de velours de coton que j'ai vus autrefois, larges, aisés, laissant aux mouvements de son corps et de ses membres robustes, la grâce rustique de la force, pour revêtir l'habit et la redingote du *monsieur*, — lesquels, devant durer longtemps, sont toujours à la mode d'une autre époque, mal faits, gênants, ridicules.

Et dans ces réunions, comme on y rencontre des femmes de tous les états, de toutes les positions, — toutes déguisées, attifées d'une façon ruineuse ou pis, — l'ouvrier n'ose pas mener sa femme ou sa fille, qui se sentiraient humiliées par les toilettes des autres; alors il les laisse à la maison et va seul. Les distractions où les hommes ne sont pas en présence des femmes tournent vite à la grossièreté; on joue, on boit, on revient à la maison malade, triste, de mauvaise humeur, ivre. La femme et la fille qui se sont ennuyées, font un accueil aigre et grognon, on se querelle, on ne s'aime pas, les plaisirs bêtes, fatigants du dimanche doivent être payés par les privations du reste de la semaine.

On devient malheureux, envieux, méchant, triste; on boit et on va à l'émeute.

Les mariages se font au hasard, à la suite d'une rencontre fortuite, sans qu'on puisse connaître bien et la famille à laquelle on s'allie, ni la femme, ni l'homme à qui on s'unit, — les enfants ne sont élevés ni au grand air ni sur l'herbe, leurs jeux se passent sur le pavé et dans les ruisseaux des rues. Ces jeux ne peuvent consister qu'à casser quelque chose, à tourmenter des animaux, à se jeter des pierres.

Ne serait-il pas sage et urgent, et dans l'intérêt de tous, qu'un gouvernement favorisât de tout son pouvoir l'établissement et le transfèrement des grandes usines et des grands ateliers hors des grandes villes, dans des conditions incontestables de salubrité et de bien-être au physique et au moral pour les ouvriers — et de sécurité pour la société?

Mon frère Eugène Karr, ingénieur, constructeur et directeur de forges depuis plus de trente ans, — a publié sur ce sujet un travail très-court, très-net, très-intéressant et très-concluant.

Il cherche les raisons qui ont pu faire établir et maintenir à Paris ou à ses portes, ces immenses et nombreux ateliers qui renferment plus de cinquante mille hommes, — et il avoue qu'il ne les trouve pas.

Les plus importants de ces ateliers sont les ateliers de construction de machines, d'outils, de wagons, etc., les fonderies, les forges etc.

« Les matières premières qu'emploient ces industries sont la houille, le coke, les fontes brutes, les cuivres, les aciers, les tôles, les fers-blancs, les bois débités, etc.

» La *houille* et le *coke* viennent, pour la presque totalité, d'*Angleterre* et de *Belgique* — les *fontes* viennent d'*Angleterre*, d'*Écosse* et de *Belgique* — les *fers*, ceux qui ne viennent pas de la *Suède*, — sont tirés pour leur majeure partie, des forges du *Berry*, de *Montataire*, de la *Basse-Indre* près *Nantes*; — les *aciers* sortent des fabriques de la *Loire*, de l'*Isère*, de l'*Ariége* et de la *Savoie*, — les cuivres de la *Russie*, de l'*Espagne*, de l'*Angleterre*; — les *tôles* et les *fers-blancs* en très-grande partie de l'*Angleterre* et des fabriques françaises, presque toutes très-éloignées de Paris, — les bois viennent de la *Suède*, de l'*Amérique* très-peu des forêts françaises.

Donc ces matières, pour venir à Paris, traversent une partie de la France et arrivent chargées de la dépense de leur transport.

» Est-ce donc pour Paris que travaillent tous ces ateliers? — Non, à part de rares exceptions. — Les produits fabriqués retournent pour leur presque totalité, en se répandant dans tous les départements, aux extrémités de la France d'où sont venues les matières premières qui ont servi à leur confection — ces produits souvent même sont expédiés hors de France.

» Est-ce parce que les salaires des ouvriers sont à bas prix à Paris, que les fondeurs, les constructeurs, etc., s'y sont installés? — Non, le prix de la journée de l'ouvrier à Paris est notablement plus élevé qu'en province, — les terrains mêmes insuffisants, et les logements y sont beaucoup plus chers.

» Il y a donc un désavantage marqué pour les industries installées à Paris, en face d'ateliers qui le seraient hors de Paris et des grandes villes rapprochées de la mer, ou des grands cours d'eau, qui leur apporteraient à bien meilleur marché les matières premières et remporteraient leurs produits confectionnés, etc., etc., etc. »

On comprend que je supprime et les chiffres et

d'autres raisons très-concluantes qui s'adressent aux gens spéciaux.

L'ingénieur s'occupe ensuite du sort des ouvriers à Paris, — après leur avoir rappelé qu'il a passé « trente années de sa vie parmi eux, tant à Paris qu'éloigné de Paris, et qu'il connaît leur vie, leurs goûts, leurs besoins, leurs habitudes.

» Le salaire des ouvriers est plus élevé à Paris, il est augmenté d'un tiers, d'un quart, pour quelques-uns, parfois même de la moitié. »

Mais il passe en revue les logements, la nourriture, « le vin, qui, dit-il, fait faire tant de sottises aux ouvriers, mais qui cependant est nécessaire à l'homme qui travaille. »

Et il fait le procès au vin de Paris, très-cher, sophistiqué, malsain, empoisonneur.

Il résulte, — que l'ouvrier, plus chèrement payé, y est plus pauvre, moins heureux qu'en province, sous le rapport de la vie matérielle et de celle de sa famille.

Puis il fait un tableau comparé de la vie de l'ouvrier à Paris, ou à la campagne, où il jouit, dans une grande aisance relative, de la salubrité, des distractions, des plaisirs honnêtes et gratuits, — et les partage avec sa famille.

Et il conclut que, après ce qui se passe et ce qui s'est passé à Paris, à Lyon, à Marseille, à Toulouse, à Bordeaux,

Autant dans l'intérêt des industries, que dans **l'intérêt des ouvriers eux-mêmes**, et des grandes villes et surtout de Paris, — les grands ateliers devraient être éloignés de ces centres, comme *établissements insalubres.*

« La capitale ne gagnerait-elle pas à être seulement la première ville du monde, pour son commerce, son luxe, ses édifices, ses musées, ses théâtres, etc.? Est-il nécessaire qu'elle soit encore une ville de fabriques? ».

Cependant — comme la politique depuis longtemps — peut-être depuis... toujours — sauf à de très-rares intervalles — consiste non pas à s'occuper du bonheur des sociétés,

Mais à prendre, surprendre, garder, reprendre les places, les dignités, la puissance et l'argent,

A usurper, à escroquer, pour y parvenir, une popularité aussi malsaine que momentanée :

Depuis vingt ans surtout on a engagé, par tous les moyens, les villes à s'agrandir, à *s'embellir,* — à s'endetter surtout et à préparer pour l'avenir et les générations futures une situation qui, surchargée de la nécessité de payer les caprices et les vanités du passé, leur rendra impossible de subvenir à des besoins nouveaux.

En même temps, on élargit cette zone pestiférée qui s'étend fatalement autour des villes.

Ces considérations nous ramènent tout naturellement au paupérisme, que nous ne nous lasserons pas d'étudier dans ses causes, en cherchant les moyens les plus efficaces pour en arrêter l'extension.

LXIV

Après la Commune, le 3me conseil de guerre a eu à juger un spécimen curieux du caractère français.

Ferdinand Cabin a exercé des fonctions élevées pendant la Commune, — il était « intendant général à l'Hôtel de Ville »; accusé pour ce fait, il a pu établir aux débats que, s'il a, à cette époque, dépensé passablement d'argent à « s'amuser », — c'était, en effet, le moment! — ç'a été surtout l'argent de sa mère, tenant un restaurant à l'avenue d'Italie, — et le président du conseil, le colonel Dulac, reconnaît qu'au point de vue de la probité, l'accusé paraît irréprochable.

Des renseignements obtenus et des témoignages apportés à l'audience, il résulte que Cabin ne s'est jeté dans les affaires publiques ni par avidité ni par sentiment de dévouement; son seul mobile, comme l'a dit un des témoins, a été:

« L'amour du galon. »

En effet, Cabin, en sa qualité d'intendant général, s'était adjugé un képi orné de six galons d'argent et de trois étoiles, — une constellation.

Mais tant de galons et tant d'étoiles ne tardèrent pas à exciter l'envie; — les frères *May*, intendants divisionnaires, qui avaient des prétentions exclusives aux trois étoiles, le firent mettre en prison, où on l'oublia quelque temps; puis un jour, il vint un magistrat de la Commune qui lui demanda·

Pourquoi êtes-vous en prison ? Cabin répondit : Je n'en sais rien.

— Ni moi non plus, dit le magistrat ; alors allez-vous-en.

Cabin sortit de prison avec son képi, ses six galons, mais avec deux étoiles seulement, — une étoile avait été sacrifiée aux frères May, des gaillards qui ne badinent pas sous le rapport des étoiles qui leur sont dues — pour conjurer leurs mauvais sentiments, en s'avouant usurpateur d'étoiles.

Cabin déchu d'une étoile, zodiaque diminué, reprit tranquillement les fonctions interrompues par son emprisonnement, — il se dit que deux étoiles c'était encore très-joli, — qu'il y a beaucoup de gens qui n'en portent pas du tout, et que ces deux étoiles suffisaient encore pour exciter le respect, l'admiration, — et hélas ! l'envie des populations ; c'est ce dernier sentiment qui se manifesta le plus franchement, puisque le pauvre Cabin fut dénoncé comme s'étant livré à des vols, à des concussions, à des pillages dans l'exercice de ses fonctions ; — accusation qui, au grand étonnement du président du conseil de guerre qui l'avoua, — ne se trouva pas fondée, — il n'avait jamais, paraît-il, rien volé qu'une étoile, et aux frères May, et il l'avait rendue.

Cabin n'est pas un voleur — il n'a fait de mal à personne, pendant qu'il était dans les étoiles — il a même rendu quelques services désintéressés à des négociants qui venaient devant le conseil de guerre en rendre témoignage, et la loi ne se prononçant pas plus sur l'usurpation d'étoiles que sur le vol de la lune, Cabin acquitté s'en retourne, — le front cette fois complétement dénudé d'étoiles ; — aux fournaux maternels de la barrière d'Italie où il pourra contempler d'un œil mélancolique les milliers de petites étoiles qui s'échappent en étincelles du charbon qui brûle sous les casseroles.

Le cas de Cabin nous présente le défaut plus risible que haïssable de l'ancien caractère français — « l'amour du galon » ; — mais aujourd'hui, et l'étonnement du président du conseil en fait foi — on y a ajouté l'avidité furieuse du luxe, des plaisirs, des jouissances coûteuses ; — autrefois le Français, frondeur, querelleur, batailleur, se battait pour se battre, pour vaincre ; — aujourd'hui, plus sauvage, il ne se contente plus d'abattre son adversaire, il veut le manger, et malheureusement Cabin est une exception ; — autrefois en France on buvait du vin en invoquant Vénus, les amours et surtout la gaieté.

Aujourd'hui on boit tristement l'eau-de-vie et l'absinthe, en invoquant tout bas le pillage, l'incendie, l'assassinat ; — le vin rendait insouciant, l'eau-de-vie et l'absinthe rendent morne, désespéré, envieux, cruel.

LXV

« A Mulhouse, les probabilités de vie, qui sont, pour les enfants des négociants et des gens aisés, de *vingt-neuf ans*, ne sont que de *deux ans* pour les enfants de l'*industrie cotonnière* [1].

1. Achille Penot, docteur Villermé.

» Ce sont les villes d'industrie qui fournissent la plus grande partie des filles qui exercent la prostitution à Paris [1].

» Il y a des commis voyageurs pour les maisons de prostitution, qui engagent et expédient de malheureuses ouvrières des villes d'industrie [2].

» Dans les villes d'industrie, la prostitution règne à un tel point qu'elle ne peut plus être réglée [3].

» Beaucoup de jeunes filles et de jeunes femmes des manufactures abandonnent l'atelier dès six heures du soir — au lieu d'en sortir à huit — et vont parcourir les rues dans l'espoir d'y rencontrer quelques étrangers qu'elles provoquent avec une sorte d'embarras timide. On appelle ça dans les ateliers par une triste facétie : *Faire son cinquième quart* [4].

» Un travail long, sédentaire, rebutant, un maître exigeant, brutal — jettent tous les jours une multitude d'enfants et d'adolescents sur la voie publique — les garçons vagabonds, les filles prostituées.

» Une fois qu'un jeune travailleur a réussi à vivre un jour hors de l'atelier, une fois que le vagabondage et les négoces de la rue lui ont procuré une seule journée d'existence, c'en est fait de sa moralité et de son avenir [5].

» Les enfants des ouvriers de Paris et des grandes villes ne suivent l'école que très-exceptionnelle-

1. Parent-Duchatelet.
2. Le même, tome I, page 459.
3. Eugène Buret.
4. M. de Villermé.
5. Eugène Buret.

ment et irrégulièrement, — la plupart d'entre eux forment cette horrible classe de ces gamins de Paris — déjà prêts à tout — longtemps avant d'être des hommes [1].

» J'ai vu à Lille, reposer ensemble dans des taudis des individus des deux sexes, d'âges très-différents, la plupart sans chemise ; — père, mère, vieillards, enfants, s'y pressent, s'y entassent ; — je m'arrête, le lecteur achèvera — s'il veut un tableau fidèle, son imagination ne doit reculer devant rien [2].

» Dans la ville de Reims — ville industrielle, on trouve une naissance illégitime contre quatre ; — tandis que dans le département de la Marne pris en entier, département agricole, la proportion n'est que d'une naissance illégitime contre 1,203 [3].

» Plusieurs maisons de débauche de Paris font circuler leurs adresses dans les ateliers de certaines villes industrielles [4].

» Certaines industries semblent organisées tout exprès pour faire de la prostitution une nécessité ; — ce sont celles qui subissent des chômages périodiques, — entre autres les manufactures d'apprêt de toiles de coton — qui appellent et occupent aux époques de commande des jeunes filles et des jeunes femmes qu'elles renvoient aux époques périodiques du repos [5].

1. Eugène Karr, ingénieur : *Quelques observations sur le bien-être de la classe ouvrière.*
2. Villermé, tome I, 226.
3. *Industriel de la Champagne*, cité par M. Eugène Buret.
4. M. de Villermé.
5. Le même.

» Aux champs, la jeune fille ne quitte pas sa famille, au milieu de laquelle, en respirant un air libre et sain, elle se livre à des travaux variés, proportionnés à ses forces.

» A l'atelier, dans un air corrompu, mêlée à des filles déjà perdues, à des hommes qui se feront une gloire de la perdre, elle a à exécuter des travaux monotones et ennuyeux et souvent très-pénibles. »

A la campagne, les petits enfants jouent sur l'herbe, dans les bois, — à la ville, dans la rue, la boue, dans le ruisseau fangeux.

Dans certaines industries, le travail de l'enfant est un apprentissage, son instruction, son éducation sont ce que devraient être l'éducation et l'instruction de toute la jeunesse,

« **Apprendre enfant ce que l'on doit faire étant homme.** »

Mais, dans le plus grand nombre des industries, on n'emploie l'enfant, comme on n'emploie la femme, — que parce que les perfectionnements des machines n'exigent pour certains travaux accessoires qu'un demi-ouvrier, — qu'un quart d'ouvrier, — en attendant un nouveau perfectionnement qui permettra de s'en passer tout à fait.

Là il n'apprendra rien que cette besogne ou plutôt cette fraction de besogne, monotone, ennuyeuse, écœurante — dont il ne voit pas même le résultat ; — jamais il ne sera employé à un travail entier qui pourrait constituer un état ; — il rattache des fils de coton, il n'est qu'une cheville, qu'un levier, qu'une roue, qu'une manivelle ; — il n'apprend, il ne sait que la centième, la millième partie d'une opération, d'un métier ; — il est toujours une dépendance de la machine, — il n'acquiert pas un talent, une valeur intrinsèque ; — on peut le remplacer demain par un autre qui apprendra en une demi-heure ce qu'il a à faire dans toute sa vie, — c'est-à-dire ce qui constitue le quart d'ouvrier qu'il est et dont le salaire doit lui suffire.

Dans les métiers que les machines n'ont pas encore envahis, l'ouvrier fait une opération entière ; il acquiert un talent, une valeur intrinsèque ; il cherche des perfectionnements, des procédés abréviatifs ; il n'est plus quelque chose, mais quelqu'un ; il est indépendant de celui même qui le fait travailler, à proportion de son talent, de son intelligence, de son amour du travail.

L'ouvrier de fabrique qui passe sa vie à faire la dix-huitième partie d'une épingle — quelle occupation a-t-il pour son intelligence? ne doit-elle pas se rouiller, s'atrophier en même temps que ses forces?

L'homme des champs se meuble nécessairement la tête de connaissances très-multiples et très-variées ; — il faut qu'il observe, qu'il décide.

J'ai entendu souvent l'ouvrier de fabrique parler avec dédain du paysan, — parce que celui-ci n'a pas ce bagout de perroquet qu'on apprend si vite dans les villes, pour exprimer toute une bibliothèque d'idées fausses ; — le paysan est ignorant —

et ce n'est pas toujours sa faute, — mais cependant que de choses il sait, apprises dans le plus grand, le plus beau, le plus intéressant des livres, le livre toujours ouvert de la nature!

LXVI

L'égalité n'est qu'une échelle que, une fois montée, chacun essaie de renverser derrière soi.

. . . .

— Vous avez beau dire, monsieur, me dit-il en m'abordant au moment où je descendais de mon canot...

Cette locution : — Vous avez beau dire, — est un tic du voisin que m'avaient donné le hasard et le second siége de Paris.

La première fois qu'il avait commencé ainsi la conversation, je lui avais fait remarquer — que je n'avais pu dire ni beau ni laid, ne l'ayant pas rencontré et ne lui ayant pas parlé depuis trois ou quatre jours ; mais, quand je m'aperçus que c'était sa manière invariable de commencer tous ses discours, même quand il parlait le premier, je n'y fis plus attention.

D'autant que ce tic n'est pas très-rare, — j'ai connu un autre homme qui ne parlait jamais sans dire : *Je commence par vous dire,* — même quand il y avait longtemps qu'il tenait la parole ; — on prétend que les Belges ne peuvent dire quatre mots sans ajouter : *Savez-vous.* C'est une espèce de prélude qui donne à la pensée le temps d'arriver et de prendre une forme.

Mon voisin momentané est, du reste, un homme qui m'a paru très-probe et très-bon ; sa conversation était même remarquablement intéressante quand il parlait de sa famille, des difficultés qu'il avait dû surmonter, au commencement de sa carrière commerciale, pour arriver à une certaine fortune, dont il parlait, du reste, avec complaisance ; — elle l'était moins quand il discourait sur la politique, la morale ou la philosophie.

Vous avez beau dire, Monsieur, me dit-il, — toutes ces révolutions n'aboutissent à rien; les ouvriers sont les ouvriers, et les maîtres sont les maîtres; — il faut des rangs et une hiérarchie dans la société ; — il faut que chacun se tienne à sa place et reste dans sa sphère.

Que veulent aujourd'hui les ouvriers? Ils veulent être bourgeois, — s'habiller comme moi, — fumer des cigares à trois sous comme moi; — quand je vois la femme et les filles de l'ouvrier porter des crinolines comme ma femme et mes filles, — je me demande où nous allons,—et, vous avez beau dire, monsieur, nous allons tout droit au désordre et à l'anarchie.

Il n'y a pas de nouvelles de Paris, ajouta-t-il avec un soupir ; je suis bien impatient de rentrer, — j'ai d'abord le souci de nos affaires, et, vous avez beau dire, je ne m'amuse pas ici.

Non pas que je n'aime la campagne, monsieur, je l'aime au contraire beaucoup, — et j'espère bien m'y retirer d'ici à peu d'années. La campagne! ah! monsieur! mais moi qui vous parle, pour être à la campagne, je consentirais à habiter une maison comme ça — et de la main il désignait ma maison, — qui est en effet une vieille maison basse, irrégulière, — heureusement cachée sous les passiflores, les rosiers et les jasmins.

A propos de campagne, monsieur, continua-t-il, j'ai fait une acquisition très-avantageuse; — il est vrai que je payais comptant; — c'est une maison — ou plutôt, disons le mot, — c'est un petit château — et encore pas trop petit; — il a une tourelle, monsieur, — une vraie tourelle, — et, au-dessus d'une des portes, on voit encore les vestiges des armes des anciens propriétaires, — des nobles, monsieur, — des ducs; — le notaire, qui m'a vendu, m'a expliqué ces armes. — Il y a des gueules et un tas de choses; je n'ai pris ni les armes ni le titre. — Mais, dans le pays, on m'a appelé d'abord le maître de la Fresnaie — le nom de ma propriété, puis le monsieur de la Fresnaie, — puis M. de la Fresnaie.

Je les laisse — parce que je m'appelle Richard et il y a dans le pays un homme qui s'appelle Rocher; ça empêche de nous confondre.

Il y a de plus un pigeonnier; — c'était un droit seigneurial, monsieur; ma terre avait droit de pigeonnier; — le château est charmant, — car vous avez beau dire, monsieur, ces gens-là avaient du goût et le sentiment inné de l'élégance; c'est un sol, une fertilité, une richesse, une abondance, tout y vient mieux et plus vite qu'ailleurs, — sans compter un bois où s'abattent les premières grives.

J'ai été reçu, monsieur, dans le pays, avec une remarquable affabilité. — Mes voisins, toute la noblesse du pays, — vieille noblesse, s'il en fut, — le marquis***, le comte***, le baron***, m'ont fait le plus aimable accueil ; — ils viennent dîner à mon château sans cérémonie ; ils ont compris, monsieur, que nous ne sommes plus au temps des castes et des priviléges ; ils savent que le bourgeois, qu'ils traitaient autrefois de routier et de vilain, est un homme comme eux, — et ils ont le bon sens de me traiter sur le pied de la plus parfaite égalité . . . .

. . . .

LXVII

Je lis quelquefois le journal de Maître Gambetta — et l'autre jour le hasard de la « mise en page » me frappa.

Dos à dos — c'est-à-dire, sur la troisième et sur la quatrième page du numéro — du 25 novembre, je crois — se trouvaient deux articles qui faisaient un étrange contraste — et montraient plus que suffisamment dans quel renversement de toutes les idées de morale, de justice la société actuelle est tombée.

A la troisième page le récit, emprunté à un autre journal, d'un trait d'héroïsme de marins normands.

Par une horrible tempête un *sloop* manque la passe du port de Saint-Valéry, et se jette sur des récifs ; — les pilotes du port déclarent qu'il est impossible de sortir pour aller secourir le bâtiment en détresse.

Vimont, Boivin, Cordier et Cleret, de Saint-Valéry, — David et Durand, matelots du *Saint-Louis*, de Fécamp, s'emparent d'un canot et se mettent en mer.

Ils réussissent à accoster le navire et à prendre à leur bord le capitaine Turgis, les matelots Grouet et Calbès et le mousse Guiomard.

Mais au retour, une lame chavire le canot et enlève les dix hommes.

De terre, on jette des pièces de bois, — six se sauvent, quatre sont noyés, le capitaine Turgis et le mousse — et deux des héroïques sauveteurs, Cordier et Boivin.

Le journal ajoute : le ministre de la marine *se propose d'accorder* à ces hommes de cœur les récompenses dont ils sont dignes. — « Il a également demandé des renseignements sur la situation des familles des victimes de *l'accident*, afin de *soulager* leur infortune, **dans la limite des ressources du département.** »

A cette citation, le journal démocrate n'ajoute rien; — il ne s'indigne pas du mot *accorder*, ni des secours promis aux familles des héros morts, — de vrais héros ceux-là, — dans *les limites des ressources du département.*

Précisément derrière ce récit est l'annonce de la publication des discours de Maître Gambetta — dans sa tournée insurrectionnelle.

Un beau volume in-18, jésus.

Et je compare.

Les uns ont exposé ou sacrifié leur vie — pour secourir des marins en péril.

Les survivants se contentent des félicitations — et des récompenses que le ministre *songe* à leur *accorder*;

Quant aux morts, leurs familles seront « *secourues dans la limite des ressources du département* » : si le département n'a que peu de ressources, elles seront peu secourues, — si le département n'a pas d'argent de trop, elles ne seront pas secourues du tout.

Mais pour avoir été débiter dans des gueuletons des discours creux sans une idée, sans une pensée, — on demande pour Maître Gambetta et il demande lui-même — le souverain pouvoir, les honneurs, les dignités et surtout les gros appointements, et toutes les jouissances du luxe et de la vanité — et cela sans limites, — sans consulter les ressources de la France qu'il a tant contribué à épuiser.

LXVIII

Mais est-il donc tout à fait impossible de faire comprendre au peuple qui se proclame si volontiers le « peuple le plus spirituel », combien le suffrage dit universel, tel qu'il se pratique — cette façon d'interpréter la volonté et les sentiments d'une « grande nation », façon qui a innocenté le crime du 2 décembre et rendu possible cette parricide déclaration de guerre de 1870, — est tout ce qu'il y a au monde de plus absurde, de plus bête, de plus menteur, de plus dangereux, de plus inexorablement abrutissant et mortel pour le pays qui s'obstinerait à l'exercer?

Laissons, du moins pour le moment, une considération cependant bien grave, c'est que, grâce aux journaux, aux clubs, aux chambrées, aux orateurs de cabaret, de balcon, à l'ivresse du vin frelaté et des idées fausses, ce ne sont ni leurs pensées ni leurs sentiments véritables qu'expriment la plupart des électeurs ; — nous les voyons obéir comme un vil troupeau à des mots d'ordre envoyés par un petit nombre d'ambitieux et de déclassés. Jamais aucune superstition n'a exigé une obéissance plus aveugle, plus humiliante que n'en exigent de cette foule ahurie les maîtres qui la conduisent, en se tenant derrière et à l'écart au jour du danger et de l'expiation. Beaucoup des moutons de ces troupeaux qu'on mène au vote, de ces moutons qui présentent ce phénomène contraire aux idées reçues, que c'est à force de boire qu'ils deviennent enragés, font semblant de ne pas croire à Dieu et croient à Maître Gambetta, à M. Challemel, à M. Naquet, à M. Groussel, à M. Pyat. Voyez l'abandon, l'ensemble avec lequel les Parisiens votent pour le Lyonnais Barodet, et les Lyonnais pour le Parisien Ranc. Demandez à ces électeurs, ces hommes libres, s'ils connaissent ceux auxquels ils confient les destinées de leur pays — je n'ose plus dire patrie, — de leur famille? Ces hommes libres vous répondront : Non, mais nos maîtres nous ont ordonné de voter pour eux.

Laissons donc de côté cette considération si grave que le vote du plus grand nombre des électeurs n'exprime ni leur pensée ni leurs sentiments, et supposons un moment le contraire de ce qui est ; — supposons que chaque électeur, lorsque arrive le moment solennel de livrer le gouvernement de la France à des mandataires, à des représentants, rassemble, dans le silence et la méditation, toutes les facultés de son esprit, ne se laisse influencer par personne, s'abstient du cabaret et du café, cherche autour de lui l'homme le plus sensé, le plus intègre, le plus intelligent, le plus dévoué, le plus humain. C'est bien là, comme je vous le disais, le contraire de ce qui se pratique, le contraire de la vérité. — Il faut cependant admettre encore que cet électeur peut se tromper par ignorance, par défaut d'intelligence ou de culture, et que les plus intelligents, les moins ignorants ont de grandes chances de moins se tromper et de faire un meilleur choix que les autres. Néanmoins on approcherait ainsi de ce qui devrait être le but et le résultat de l'élection :

« **Le gouvernement des meilleurs choisis par tous.** »

Supposons donc que le vote de chaque électeur est le résultat de ses réflexions, de ses études, de ses opinions, de ses idées, de ses sentiments ; Dieu sait combien cette hypothèse est éloignée de la vérité, — mais admettons-la, et voyons, même après cette immense concession, ce que serait encore le suffrage dit universel.

Voici dix ouvriers intelligents, honnêtes, habiles, laborieux, mettez en face d'eux un tas de soi-disant « travailleurs », chenapans, « pratiques », pochards, « fripouilles », piliers de cabaret, hôtes habituels « du violon », etc.

Et comptez :

Si ceux-ci sont onze, l'opinion des dix du premier groupe ne compte plus ; ce sont les pratiques, les fripouilles, les « travailleurs », qui décident l'élection et qui, indirectement, gouvernent la France.

Prenez Rabelais, J.-J. Rousseau, Montesquieu, Diderot, Larochefoucauld, Voltaire, Labruyère, etc., — ajoutez les dix plus grands écrivains et les dix plus sérieux savants de notre temps, — je ne nomme personne des contemporains pour ne pas fâcher le vingt-unième, — mettez en présence de ces vingt personnes les hommes les plus ignorants, les plus bêtes, les plus idiots que vous pouvez rencontrer,

Et comptez ;

Les premiers sont une trentaine ; et les autres ? ils ne sont que vingt-neuf, — alors ce seront les esprits supérieurs qui l'emportent et décideront les questions ; mais attendez un peu, — ajoutez au second groupe un crétin, cul-de-jatte, dodelinant de la tête et n'ayant pour le langage que des sons inarticulés, le second groupe compense, équilibre le premier. Très-bien, mais ajoutez un « gâteux » épileptique.

Alors les grands esprits et les savants n'ont plus qu'à se taire et à baisser la tê   ous la supériorité et le gouvernement des trente-et-un.

Prenez dans tous les pays et dans tous les temps, les plus grands citoyens, les plus dévoués à l'humanité, à leur patrie, — les plus sages d'entre les hommes : Kon-fu-tsée, Socrate, Phocion, Épictète, Jésus-Christ, Solon, Lycurgue, Aristide, Marc Aurèle, Décius, Caton, etc., — les deux douzaines peut-être de vrais grands hommes clairsemés que la Providence a accordés au monde depuis la création.

Mettez en face, pris au hasard également dans les temps et dans l'espace : Caïn, Busiris, Vitellius, Héliogabale, Cartouche, Lacenaire, Troppmann, quelques fournisseurs de vivres, d'armes et de vêtements pour la guerre de 1870, quelques souteneurs de filles, quelques culotteurs de pipes, quelques ramasseurs de bouts de cigares, quelques impresarios de roulottes en plein air, etc., — et, comme la nature, aidée par la civilisation et l'agrandissement des villes, produit plus d'hommes de la seconde espèce que de la première, ce sera un hasard si ayant réuni vingt-cinq des premiers vous ne voyez pas devant vous une trentaine des seconds, — alors, à eux le pouvoir, à eux l'empire, à eux le gouvernement du pays.

Mais il s'agit de guerre ; nos frontières sont menacées, il faut un chef, — à nous les héros, les guerriers intrépides, les grands capitaines, les soldats vieillis dans les camps, — choisissez parmi vous le plus brave, le plus expérimenté, le plus heureux.

En effet, à notre voix accourent Achille, Hector, Énée, les deux Ajax, Épaminondas, Horatius Coclès, Arnold Winkelried, Charles XII, François Iᵉʳ, Bayard, Henri IV, le grand Condé, Napoléon Iᵉʳ, Frédéric de

Prusse, Bugeaud, Cavaignac, Bourbaki, d'Aurelle de Paladines, Mac Mahon, etc., etc., — le commandement au plus digne — *optimo*.

Arrêtez, crie une foule effarée. — Eh bien ! vous ne vous gênez pas, — et le suffrage universel, — qu'en faites-vous? Nous voulons voter et choisir notre chef : Courons aux urnes.

Cette foule paraît nombreuse, mais cependant le bataillon des guerriers est assez gros, — allons donc aux urnes, puisqu'il faut, — pendant qu'on vote, tâchons de reconnaître quelques-uns des hommes qui composent ce second groupe.

Je vois Irus, Thersite, Dick de la *Dame Blanche*, qui « a si peur », une foule de ces partisans de la guerre à outrance qui s'étaient, en 1870 et 1871, réfugiés dans les préfectures, ou parcouraient le pays loin des balles prussiennes, affublés de titres bizarres qui leur rendaient le double service de leur faire facile la conservation de leur précieuse peau, et de leur permettre de toucher des appointements, de sorte que, pour eux, le patriotisme était « le sang des autres » et la continuation de la guerre « l'émargement à outrance ».
— Voici une horde de délégués, à ceci et à cela, de commissaires, sous-commissaires, commissaires généraux, etc., etc., — ayant tous voté pour la continuation d'une guerre où on ne tuait que les autres. Ils sont bien nombreux, c'est inquiétant, — comptons cependant les suffrages.

Les outranciers : Irus, Thersite, Dick, etc., — cent.
Héros, capitaines, vieux soldats, — cent.
Nombre égal.
Mais voici un homme qui se montre au bout de la

rue, — on le reconnait, — c'est Félix Pyat, il accourt aussi vite que s'il se sauvait ; — il crie : « Arrêtez, citoyens, le scrutin n'est pas fermé, — j'ai le droit de voter, je vote. »

Alors, grâce au concours de Félix Pyat, cent un contre cent, — le nombre l'emporte, — et par l'opération du suffrage dit universel,

Entre tant de héros on choisit Childebrand ;

On nomme général en chef maître Ledru, ou maître Gambetta, ou Félix Pyat lui-même.

N'oublions pas l'influence souvent heureuse des femmes dans toutes les affaires humaines, appelons-les à donner leur opinion, surtout leur sentiment, — car, plus heureusement douées que les hommes, elles ont reçu du ciel ces pressentiments, cette divination que leur attribuaient nos ancêtres les Gaulois : — « Les femmes devinent tout et ne se trompent guère que quand elles réfléchissent. »

Au scrutin, des femmes !

Ah ! voici Lucrèce, Cornélie, cinq vestales, Jeanne d'Arc, dix matrones romaines, cinq petites sœurs des pauvres, — courage!....

Mais quelles sont ces dames à cheveux roux ? Leurs bonnets sont si hauts, qu'il n'y a plus besoin de les jeter par-dessus les moulins, ils habitent dans cette région de l'air où les moulins font tourner leurs ailes, — voici des « bas-bleus-rouges », des femmes libres, des conférencières, des libres-penseuses, libres-aimeuses, libres-parleuses, coureuses, « goupeuses », raccrocheuses, « chaloupeuses » , pétroleuses, orateuses de clubs, etc. ; — Lucrèce, Cornélie, les matrones, les vestales, etc., les petites sœurs des pauvres elles-mêmes et Jeanne d'Arc, si braves les unes et les autres, s'enfuient effrayées, et vont se cacher.

Continuons : — grâce au suffrage universel, pratiqué comme il l'est,

Ce sont les chevaux du fiacre, qui sont deux, qui doivent tenir le fouet et les guides, et atteler et faire marcher et traîner le cocher, qui n'est qu'un.

A ce titre deux loups valent mieux qu'un chien.

Deux ânes l'emportent sur un cheval.

Deux gros sous sur un louis d'or.

Deux navets sur un ananas.

Deux cailloux sur un diamant.

Deux vieilles maritornes chauves et édentées l'emportent sur Vénus ou sur *****

Deux crapauds sur un rossignol.

Deux chardons sur un cèdre.

Deux punaises ou deux crottins sur une rose.

C'est contre cette absurdité, ce mensonge, cette folie mortelle qu'il faut se réunir. C'est à une réforme électorale qu'il faut,

Avant tout,

Courir comme on court à un incendie ;

Car le suffrage prétendu universel — nous donnera pire que l'oïtarchie ;

Il nous donnera l'anarchie organisée, l'anarchie légale.

Caïn tuera Abel après un jugement correct, rendu par lui-même, et une condamnation régulière qu'il se fera un plaisir d'exécuter de ses mains.

LXIX

Un bourgeois passe sur une place de fiacres, — les cochers qui n'ont pas « chargé » depuis le matin, — qui sont « sur le pavé » comme disait M. Thiers de lui-même, entre deux ministères, — s'empressent autour de lui.

— Bourgeois, dit l'un, — c'est moi qui vous ai versé un soir en revenant du théâtre de l'Ambigu.

— Moi, bourgeois — vous devez me reconnaître — je vous ai versé — dans un fossé des boulevards extérieurs ; vous vous rappelez bien, la portière s'est ouverte, et vous avez roulé dans la boue.

— Et moi donc qui vous ai versé dans la rivière en revenant de Saint-Ouen.

— Et moi qui ai passé toute une nuit avec vous — la nuit de ce fameux brouillard, où nous n'avons jamais, Coco et moi, pu retrouver les guichets pour sortir de la place du Carrousel.

— Et moi qui ai culbuté avec vous dans les fortifications, qu'il a fallu vous ôter pendant une heure les morceaux de verre des glaces piqués sur votre figure comme du lard sur un fricandeau.

Et le bourgeois hésite, ne sait lequel choisir entre ces divers automédons, et finira par monter dans le fiacre de celui qui le prendra par les épaules et l'enlèvera par-dessus le marchepied.

Ce bourgeois — c'est le peuple français — les cochers vous les voyez, vous les entendez — tous l'ont versé, estropié, roulé dans le verre cassé et dans la boue à diverses époques; — lequel choisira-t-il? à coup sûr, il croira choisir l'un d'entre eux. Triste fiacre que le char de l'État — tristes cochers! pauvre bourgeois!

On assure que d'importantes modifications vont être apportées aux divers services du « Mont-de-Piété » de Paris.

J'en signalerai deux petites sur lesquelles j'appellerai l'attention de M. Thiers, puisqu'il s'occupe aussi de cela, et qu'il a demandé des notes à M. Cochut, directeur de cet établissement.

La seconde modification devrait être celle-ci: — Que le Mont-de-Piété cessât d'être le receleur et le complice des deux tiers des vols qui se commettent à Paris.

La première, qu'il fût un ami secourable pour les malheureux, au lieu d'être un usurier hypocrite.

Les Monts-de-Piété de Paris tirent de gros bénéfices des prétendus services qu'ils rendent aux classes pauvres. — Le taux de l'intérêt de l'argent qu'ils prêtent est de neuf pour cent, — les objets engagés sont taxés à peu près un tiers au-dessous de leur valeur, — c'est-à-dire: que l'objet engagé a déjà perdu, par le fait de l'engagement, un peu plus de trente-trois pour cent, qui, ajoutés à l'intérêt, arrivent à plus de quarante pour cent.

Toutes les affaires des pauvres sont régies de cette même façon : En 1837, M. de Gasparin, dans un rapport adressé au roi Louis-Philippe, constatait que les frais de gestion des propriétés données en mainmorte par la bienfaisance à des hôpitaux, s'élevaient, au delà des frais d'exploitation et de culture, à vingt pour cent du revenu.

Il est scandaleux, il est monstrueux, que le bien des pauvres enrichisse ceux qui l'administrent.

LXX

Mon frère me racontait une triste histoire : Pendant le siège de Paris, il rencontra un nommé B*** dont l'appétit était proverbial, — il avait dû employer des moyens énergiques pour ne pas souffrir plus que les autres ; — il avait institué un restaurant sur une grande échelle. Il emmena mon frère dîner chez lui ; soupe excellente, — filets, — langue braisée, pâté chaud, — tout exquis — . Quand on eut dîné, il demanda à mon frère : Qu'avez-vous mangé ?

— Beaucoup de très-bonnes choses.

— Tout du cheval ; il n'y a que les fers que je n'ai pu encore faire manger aux Parisiens ; — les brides ne font pas mal dans la soupe.

Le fond de l'industrie de B*** était le pâté de cheval, — il avait enrôlé deux des premiers chefs de Paris, et faisait d'excellentes affaires, dont la meilleure était de manger à son appétit.

Des débris, des reliefs, des restes de sa cuisine il nourrissait et régalait les pauvres de son quartier.

Un moment, il fut menacé dans son exploitation, — il envoya quelques pâtés aux membres influents de la Commune, et on le laissa tranquille.

Mais quand entra l'armée de Versailles, des voisins qui n'avaient eu que des débris de pâtés, et auraient préféré des pâtés entiers, le dénoncèrent comme démagogue forcené. On vint le prendre devant ses fourneaux et on le fusilla.

Nous ne sommes plus au temps où un philosophe — Platon, je crois — définissait l'homme « un animal à deux pieds sans plumes ».

C'est encore un animal, il a encore deux pieds, mais il faut compléter la définition en disant qu'il a trop de plumes.

Quelques-uns de nos généraux, de nos Achilles — ne veulent plus attendre un Homère, et s'en servent à eux-mêmes, — ce qui les fait accuser injustement, je veux le croire, pour beaucoup, de mieux raconter que faire, et d'être plus Homères qu'Achilles, — et il en est même de maladroits qui « détruisent à coups de plume le peu qu'ils ont fait à coups d'épée ».

Le nombre des écrivains est déjà innombrable, et va et ira toujours croissant, parce que c'est le seul métier — avec l'art de gouverner les peuples — qu'on ose faire sans l'avoir appris.

Nous voici bientôt aux jours prédits par le Koran, où « les sept mers étant devenues un océan d'encre — et tous les arbres de la terre étant devenus des plumes, — cela ne suffirait pas pour répandre — non pas la parole de Dieu, — comme disait Mahomet, — mais les sottises, les turpitudes, les idées fausses, les mensonges et les inepties ».

Vous souvient-il de ce que je vous disais l'autre jour, que M. Thiers serait toujours *Mossieu* Thiers? Eh bien! c'est aussi son avis, et la plupart de ses cartes distribuées ces jours-ci, portent gravé : Monsieur Thiers.

LES BLANCS ET LES ROUGES :

Plus je regarde ce qui se passe, plus je répète :

L'un voudrait pour lui seul les abus conservés ;
L'autre croit qu'à son tour il est temps qu'il y goûte.
Les *blancs* sont simplement des *rouges* arrivés ;
   Et les *rouges*, des *blancs* en route !

LXXI

Il est une question qui a été souvent débattue, c'est celle de la subvention accordée à certains théâtres : — Est-il juste, disait-on, de faire payer à la province des plaisirs dont la plupart de ses habitants ne jouiraient jamais? — Pourquoi la ville de Paris, pour laquelle les théâtres sont d'un si grand rapport par l'affluence des étrangers, ne ferait-elle pas seule les frais d'établissements dont elle tire de tels bénéfices ? — Les réponses ne manquent pas, et jusqu'ici elles ont été triomphantes, puisque les subventions ont survécu.

Pour moi je serais d'avis non pas de supprimer les subventions des théâtres, mais de les enlever à ceux qui les reçoivent aujourd'hui et seulement d'en changer l'emploi.

Je voudrais voir se créer, avec toutes les aides possibles, un ou deux ou trois théâtres dans Paris, réellement destinés au peuple ; de vastes salles magnifiquement ornées, — d'excellentes troupes en tous genres — des pièces de toutes les sortes et de toutes les littératures — au besoin sans littérature, — des escamoteurs, des faiseurs de tours, des acrobates — en même temps que des tragédies, des vaudevilles, des pantomimes et des farces — des lectures d'ouvrages des meilleurs auteurs morts et vivants ;

Des droits d'auteurs très-élevés pour des pièces qui seraient admises, non pas après examen d'une censure méticuleuse et bête comme on l'a vu souvent, non pas au point de vue d'une morale de convention, d'une morale de papier à laquelle chacun prétend astreindre les autres, en s'en affranchissant soi-même ;

Mais d'une morale vraie, simple, honnête, intéressante et gaie — car qui sera gai si ce n'est l'honnêteté, la sagesse, la vérité ? de cette morale qui a sa place dans toutes les religions et dans tous les pays.

Il existe dans les répertoires de tous les théâtres des pièces qui, morales sans prétention de prêcher et de convertir, ont eu de grands et longs succès par le charme du bon, du beau et du bien.

Je voudrais voir les places à ces théâtres ne coûtant que quelques sous — et des billets **de famille** mis à un prix encore réduit à la disposition des maîtres d'ateliers et des chefs d'industries et donnés par eux en récompense ou en encouragement.

On parle en ce moment de supprimer la promenade traditionnelle du bœuf gras.

C'est une faute; il faudrait au contraire en augmenter l'éclat et la solennité en la ramenant à son origine,

Une grande fête de l'agriculture.

Je voudrais y voir figurer — les plus beaux produits de cette science de la terre et des champs; — je voudrais que ce fût l'occasion de récompenses honorifiques et autres offertes au travail, à l'intelligence, à la probité, à la vertu.

Il est une petite fête pour laquelle la plupart des journaux reprennent, dans la poussière d'un carton, une ou deux facéties, un ou deux sarcasmes tous les ans.

Cette fête a lieu à la halle; — le plus gros potiron est proclamé, couronné, promené — comme **roi** des *potirons*.

Ça me paraît beaucoup plus sérieux, plus honnête, moins dangereux et moins bête que les banquets, les réunions politiques où l'on proclame les rois des braillards, les rois des médiocres, les rois des débagouleurs de lieux communs, des rapetasseurs et des ressemeleurs de théories absurdes ; — les rois de l'émeute, du chômage, du pétrole, de la misère, de la faim, de la prison et de la mort ; — constatez cette différence : vous mangez le roi des potirons, et ces autres rois vous mangent.

A Paris également, et surtout dans les départements, je voudrais voir se créer et se multiplier des fêtes et des concours pour les exercices virils, — les tirs au fusil, les escrimes de toutes sortes, la gymnastique, la natation, la course, la marche prolongée, le saut, — les jeux d'adresse, les boules, les quilles, — les exhibitions fréquentes, perpétuelles, solennelles des produits des champs et des jardins, des chefs-d'œuvre des arts et de l'industrie ; — je voudrais que des récompenses sérieuses fussent décernées à l'occasion de ces luttes et de ces concours, dût-on abaisser les traitements des préfets et des autres gros fonctionnaires, contre lesquels les membres du parti prétendu républicain, P. P. R. — ont cessé de s'élever et de crier depuis qu'ils ont réussi à se les approprier, en partie avec l'espoir de les envahir en totalité.

Des grands théâtres de Paris partiraient des troupes nomades qui parcourraient toute la France — en donnant partout, avec des places à un excessif bon marché, celles des pièces qui auraient obtenu le plus de succès, et le succès le plus mérité.

C'est ainsi seulement qu'on pourrait lutter contre les cabarets et les cafés ; — cet immense danger, ce dissolvant presque invincible — sans arbitraire, sans injustice, sans oppression et sans employer d'autres armes que les lois et le plaisir.

LXXII

Il est triste et presque décourageant de voir les gouvernements qui se succèdent en France,

Comme des locataires sans bail,

Repeindre, badigeonner, recrépir, couvrir, cacher les lézardes de la vieille maison, — avec le fond des vieux pots à couleur des badigeonneurs précédents.

La France semble un malade qui met du blanc et du rouge pour cacher sa pâleur morbide, — et qui ne fait aucun remède pour lutter contre la maladie.

Je parlais l'autre jour des impôts ; je dirai aujourd'hui quelques mots de la pauvreté presque générale et des angoisses perpétuelles du commerce, qui « ne va pas ».

La **pauvreté**, qui n'était qu'un accident plus ou moins individuel, est devenu le **paupérisme**, qui est presque une institution.

Cet état, qui ne peut que s'accroître si on n'y apporte pas des remèdes radicaux, si on ne *déchausse* pas l'arbre pour examiner et soigner ses racines, si on se contente de peindre en vert ses feuilles flétries, cet état tient surtout en grande partie à une révolution dans les mœurs.

Certains progrès ont été faits dans diverses industries, quelques-uns même, quoique en bien petit nombre, dans l'agriculture; le travail des ouvriers est beaucoup plus rétribué.

Mais à mesure que nos ressources augmentent comme un, nos besoins s'accroissent comme trois.

Il n'y a plus de classes sociales; après toutes les promesses de liberté qui ont mené tant de gens en prison, après toutes les promesses d'égalité qui ont abaissé les uns sans élever beaucoup les autres, on est arrivé à

L'égalité des dépenses.

C'est surtout un mal parce qu'on n'arrive pas aussi facilement à « l'égalité des recettes ».

Il n'y a guère que les domestiques qui mettent à la caisse d'épargne le produit de l'anse du panier.
Les ouvriers qui réussissent à s'organiser pour la politique et l'anarchie, ne réussissent que bien rarement à s'organiser pour le travail et la vie facile. Pour la plupart ils ont perdu leurs anciennes habitudes de sobriété; leur semaine a trop de dimanches et trop de lundis; — c'est en vain que leur salaire s'est beaucoup élevé; ils prétendent faire tous les jours ce que faisait une fois un matelot, riche pour quelques jours, à son retour de la pêche de la baleine; — il entre dans un café d'où sortait son armateur.

Il appelle le garçon et lui dit : Mon ami, vous voyez ce monsieur qui sort, c'est l'armateur ***, — c'est mon armateur, — vous allez me servir juste le même dîner qu'il vient de manger.

Je me rappelle que, dans mon enfance, mon père, musicien renommé, était ce qu'on appelait un bourgeois aisé. — Eh bien! quoique à la maison on ne péchât pas par l'excès d'économie, nous ne mangions que de loin en loin, et comme régal aux bons jours, des huîtres, qui alors coûtaient huit sous la douzaine. — Aujourd'hui on en sert tous les jours, chez les marchands de vin, à trente et quarante sous la douzaine.

J'ai conté déjà l'histoire d'un jeune garçon que son père m'amena de la montagne pour travailler chez moi au jardin; comme les gages qu'il me demandait me semblaient exagérés, je lui fis remarquer que son fils serait nourri chez moi :

— La nourriture! me dit-il, qu'est-ce que c'est que ça? six ou huit sous par jour.

Et en effet chez lui ça ne représentait guère davantage.

Eh bien, quatre mois après, ce garçon me quitta parce que, ne voulant plus le nourrir, je ne lui offrais que 1 fr. 50 par jour, en surplus de ses gages, pour qu'il se nourrît à ses frais. — En quatre mois il s'était fait la métamorphose que voici : Il y avait à la montagne un fort, rude et laborieux producteur de moins, et à la ville un ouvrier représentant, par ses nouvelles habitudes, trois ou quatre consommateurs de plus.

Multipliez ce résultat par le nombre effrayant de paysans qui, tous les jours, quittent les champs pour venir encombrer et affamer les villes, — et voyez s'il ne serait pas urgent d'arrêter ce débordement, en donnant plus d'attraits à la vie des champs, — en ne poussant pas les villes à s'agrandir sans cesse et à étendre la zone pestiférée qui règne autour de toute ville.

La société de notre temps est dans la situation illogique et inquiétante que voici :

Chaque jour, les machines diminuent le nombre des ouvriers nécessaires, — chaque jour l'incurie ou l'ignorance des gouvernements laisse déserter les campagnes et augmenter le nombre des ouvriers des villes.

Le cardinal Alberoni, dans le recueil de ses idées, que l'on a appelé son testament, ne cache pas la vraie cause pour laquelle les gens d'église et les hommes politiques ambitieux s'opposent et s'opposeront toujours à la propagation de l'instruction parmi le peuple. Alberoni, cependant, qui fut tout-puissant pendant quelques années en Espagne, ce qui faillit troubler toute l'Europe, n'avait pas à se plaindre de cette instruction; car il était fils d'un jardinier des environs de Parme.

« L'ignorance, dit-il, doit être le partage de ceux qui sont nés pour toujours obéir. »

« Lorsque l'esprit saisit la parfaite égalité que la nature a mise entre les hommes, il a trop de peine ensuite à se plier aux différences que la société a établies, et la raison se révolte contre la servitude. »

C'est absolument comme l'usage de bander et couvrir les yeux aux mulets que l'on attèle aux norias et manéges pour faire monter l'eau, — usage que, pour perdre moins de temps, certains peuples changent en celui de leur crever les yeux — pour qu'ils ne voient pas qu'ils marchent en rond sans arriver à rien qu'à travailler pour un maître.

Le cardinal du Perron voulait qu'on supprimât la plus grande partie des colléges établis en France, et cependant ils étaient alors presque entièrement dirigés par des prêtres.

Richelieu, partant du même point, arrive cependant à une conclusion plus large et moins absolue : — « La connaissance des lettres, dit-il, est tout à fait nécessaire en une république, — mais il est certain qu'elles ne doivent pas être indifféremment enseignées à tout le monde.

» Ainsi qu'un corps qui aurait des yeux en toutes ses parties serait monstrueux, de même un État le serait, si tous ses sujets étaient savants ; on y verrait aussi peu d'obéissance, que l'orgueil et la présomption y seraient ordinaires.

» Le commerce des lettres bannirait celui de la marchandise, ruinerait l'agriculture et détruirait en peu de temps la pépinière des soldats, qui s'élèvent plutôt dans la rudesse de l'ignorance que dans la politesse des sciences ; enfin, il remplirait la France de chicaneurs, plus propres à ruiner les familles particulières, et à troubler le repos public, qu'à procurer aucun bien aux États.

» Si les lettres, ajoute-t-il, étaient profanées à toutes sortes d'esprits, on verrait plus de gens capables de former des doutes que de les résoudre, et beaucoup seraient plus propres à s'opposer aux vérités qu'à les défendre. »

Mais, — par les lettres, — Richelieu entendait non pas l'instruction primaire, — mais une instruction supérieure.

En effet, il veut qu'on « tire la jeunesse d'une ignorance grossière, nuisible à ceux mêmes qui destinent leur vie aux armes ou au trafic ».

« Au bout de deux ou trois ans, dit-il, on connaîtra la portée de l'esprit des enfants, et on enverra les meilleurs étudier dans de grandes villes. »

Le cardinal — se prononce aussi sur la dispute entre l'université et les jésuites à propos du monopole de l'éducation :

« Les universités prétendent qu'on leur fait un tort extrême de ne leur pas laisser primitivement à tous autres, la faculté d'enseigner la jeunesse.

» Les jésuites, d'autre part, ne seraient pas fâchés d'être seuls employés à cette fonction.

» Si les universités enseignaient seules, elles reviendraient à leur ancien orgueil qui a été si préjudiciable.

» De la part des jésuites, on pourrait appréhender le même inconvénient, on aurait, de plus, sujet d'en craindre plusieurs autres. »

Et il énumère les nombreux dangers qu'il y aurait à laisser l'éducation aux mains de cette compagnie.

« 1° Obéissance aveugle des jésuites à un chef étranger ;

» 2° Leur puissance, qui leur ferait placer leurs élèves dans toutes les charges et tous les grades les plus élevés — et leur y donnerait ainsi entrée à eux-mêmes ;

» 3° Les Sacrements, au moyen desquels ils continueraient dans la vie civile leur autorité sur leurs disciples, »

Il se défie également « des bénédictins et des dominicains qui, tour à tour, dit-il, ont exercé cette même autorité ».

Il conclut qu'il faut « laisser à l'université et aux jésuites à enseigner librement — et avec émulation »,

Cette prétention des prêtres d'être dépositaires de la science et d'en disposer à leur gré n'est pas nouvelle.

Quatorze siècles avant l'ère chrétienne, les brahmanes indiens en avaient fait une loi sévère.

Ils commençaient par élever au-dessus de tous les autres hommes les brahmanes à cause de leur science; — puis, ils se réservaient le droit de communiquer ou de refuser cette science.

« D'un brahmane possédant le *riga-véda* (livre saint) une simple décision est une autorité plus forte que l'opinion de 10,000 hommes. »

« Ce même brahmane, versé dans les écritures, ne serait souillé d'aucun crime, même s'il avait tué les habitants des trois mondes. »

« Un roi, quelles que soient ses nécessités, ne peut rien prendre à un brahmane sous peine de perdre son empire. »

« Autant le sang d'un brahmane blessé répandu à terre absorbera de grains de poussière, autant de fois mille ans l'auteur du crime passera dans le séjour infernal. »

« Il y trouvera celui qui aura frappé un brahmane, fut-ce avec un brin d'herbe, — celui qui lui aura imposé silence ou l'aura emporté sur lui dans une contestation, et qui ne lui aura pas demandé pardon en se prosternant à ses pieds — et ce lieu infernal c'est l'*Asipatravana*, une forêt dont les feuilles sont des lames d'épée. »

« Il y rencontrera aussi « le voleur de doctrine » c'est-à-dire, celui qui aura étudié sans autorisation. »

Car, « c'est de la bouche d'un brahmane que tous les hommes sur la terre doivent apprendre leurs règles de conduite ».

Le but évident des premiers prêtres a été de s'emparer de l'instruction pour ne pas la donner, — puis ne la donner qu'à bon escient, en y mêlant certaines idées, certaines pratiques, certains préjugés qui conservaient leurs élèves dans leur dépendance.

Il est une circonstance bien remarquable;— j'ai souvent demandé ce que devenaient les orphelins, les enfants trouvés ou abandonnés, élevés par des confréries religieuses ; — il m'a toujours été répondu que filles et garçons devenaient en général d'assez mauvais sujets; — ainsi dans une ville que j'ai habitée pendant une douzaine d'années, les habitants en étaient venus à ne plus vouloir prendre à aucun prix pour servantes les filles élevées dans une congrégation très-puissante.

Je crus d'abord que cette répugnance était inspirée par la crainte d'admettre dans l'intérieur des familles des personnes qui, continuant à être soumises aux prêtres qui les avaient élevées, iraient sous prétexte de se confesser elles-mêmes, confesser surtout leurs maîtres et introduire dans la maison l'œil et l'oreille de l'église.

Cette crainte n'entrait que peu et souvent même pas du tout dans cet éloignement ; je questionnai encore et je découvris la cause qui faisait si « mal tourner » la plupart des élèves de cette congrégation, où on doit nécessairement leur inculquer des préceptes de morale et d'honnêteté.

Cette cause, la voici

En même temps que les règles de la morale, de la probité, des devoirs, on enseigne aux enfants un certain nombre de pratiques, je ne dirai pas religieuses, mais dévotes, auxquelles on les habitue à attacher une importance exagérée et superstitieuse, et sur lesquelles on se montre, quelquefois plus et toujours au moins aussi sévère que sur les devoirs de la vie sociale.

De telle sorte que les élèves sortent de ces maisons munies d'une espèce de chapelet où sont attachés, pêle-mêle et sur le même fil, la probité et les offices religieux, l'amour du travail et l'observation des jours maigres, la chasteté et les amulettes et les scapulaires, etc., de telle sorte qu'une fois entrées dans la vie, où les exigences du travail et des diverses professions rendent à peu près impossibles ces pratiques du couvent, au moins dans leur régularité, les élèves des congrégations, d'abord un peu effrayées d'y renoncer, ne se croient pas ensuite plus coupables d'abandonner tout le reste ; et le chapelet, une fois le fil rompu, laisse tomber en même temps tous ses grains : pratiques dévotes et vertus sociales.

A l'occasion des vœux, pour l'instruction gratuite et obligatoire, émis par le conseil municipal de Paris, il a été question d'ajouter, et cette mention n'a été repoussée que par deux voix, que cette instruction serait exclusivement laïque.

S'il est une chose et un mot sur lesquels on ne s'entend guère, c'est la liberté.

La plupart des gens ne se croient libres que lorsqu'ils peuvent opprimer ; et quand ils demandent la liberté, ce n'est pas seulement leur propre liberté qu'ils réclament, mais ils veulent qu'on leur livre aussi la liberté des autres qu'ils prétendent confisquer.

Presque personne ne veut admettre cette formule bien simple cependant et tout à fait incontestable :

« La liberté de chacun a pour limite la liberté des autres. »

L'université toute-puissante ne tarderait pas à devenir une sorte de jésuitière laïque ; il n'est pas permis d'oublier les excès auxquels elle s'est livrée.

Il faut se rappeler les fameuses querelles pour et contre Aristote — la guerre parfois sanglante entre les deux sectes des aristotéliciens, les nominaux et les réalistes, à la suite de laquelle l'université fit enchaîner dans les bibliothèques certains ouvrages d'Aristote avec défense de les lire par ordonnance du roi Louis XI.

Le savant Ramus, ayant attaqué la doctrine d'Aristote, l'université obtint de François Ier, auquel cela était bien égal, qu'il défendît à Ramus d'user de médisance à l'égard du précepteur d'Alexandre.

Ramus fut persécuté encore par l'université, pour la manière dont il faisait prononcer la lettre Q par ses disciples, dans les mots *quisquis, quamquam,* etc.

En 1601, l'université déchaîna Aristote et ordonna la lecture assidue de ses ouvrages.

La Sorbonne, en 1624, défendit, sous peine de la vie, de tenir et d'enseigner aucune maxime contre les auteurs anciens approuvés par elle.

La vérité et la raison en cela, comme en toute autre chose, conseillent la liberté, soumise aux garanties de la loi.

L'État ne doit pas avoir de religion, il doit protéger également toutes les religions, toutes les sectes comme tous les individus.

L'État ne peut donc établir que des écoles laïques, mais il ne doit s'opposer en rien à l'établissement d'écoles dites religieuses ; seulement, il ne faut plus de priviléges et d'immunités; il faut que les conditions de capacité pour l'admission à la direction des écoles, soient les mêmes pour tous; les congrégations religieuses, qui sont encore très-puissantes, et qui se font de si gros revenus de leur pauvreté, ne manqueront pas de continuer à entretenir des écoles gratuites. S'il est juste d'obliger les pères à donner à leurs enfants l'instruction primaire, il n'est pas beaucoup moins juste de leur laisser le choix des écoles ; — mais prêtres ou laïques doivent subir les mêmes examens et présenter les mêmes garanties.

Ne vous occupez donc, vous, les députés, qui prononcerez sur l'obligation et la gratuité de l'instruction, vous, les ministres, qui aurez à les appliquer, ne vous occupez que d'assurer l'égalité pour les écoles laïques. Cette égalité est loin d'exister.

Les directeurs et les professeurs des écoles religieuses sont toujours suffisamment rétribués, tous leurs besoins sont satisfaits par la compagnie ou la congrégation à laquelle ils appartiennent.

Tandis que les instituteurs des écoles laïques — je ne parle pas de Paris, où il s'est fait, sous ce rapport, de notables progrès, — mais les instituteurs des petites villes et ceux surtout des campagnes, sont rétribués avec une parcimonie qui descend jusqu'à un ridicule sinistre.

L'instituteur communal est plus pauvre que le plus pauvre ouvrier, car le salaire de l'ouvrier s'élève, en proportion de l'enchérissement des denrées, tandis que le sien ne s'élève que par le caprice ou la justice tardive, impuissante et insuffisante d'un ministre.

On n'aurait pas, dans les campagnes, un domestique de ferme, pour la rétribution de l'instituteur, lequel doit se nourrir, tandis que le domestique est nourri à la ferme; ajoutez que l'instituteur doit être vêtu convenablement, suivant certaines conventions.

Cette avare rétribution a un triple inconvénient :

Elle prive les instituteurs de la considération des habitants, qui les voient pauvres, mal vêtus, mal nourris;

Elle les oblige à subvenir aux nécessités de la vie par l'appoint de petites industries qui les tiennent dans une situation d'infériorité et les empêchent de travailler et d'étudier, et qui leur enlèvent le respect des enfants. — Ils sont sacristains, chantres, sonneurs de cloches — employés à divers titres dans les mairies, etc.

Cette parcimonie enfin détourne de la carrière de l'enseignement tous les jeunes gens auxquels et leur instruction et leur intelligence permettent d'aspirer à ne pas mourir de faim ; — tandis qu'au contraire il faut faire de l'instruction une carrière recherchée par les plus capables, — une carrière suffisamment rémunératrice et honorée.

Ne confondez pas surtout l'instruction primaire, qui seule doit être obligatoire, qui seule doit être gratuite, — avec l'instruction supérieure, qui doit, elle, être exceptionnelle ; — il n'est pas à désirer qu'on voie tout un pays bachelier et composé d'avocats, de médecins, de journalistes.

Nous avons déjà beaucoup trop de ces gens qui, jetés dans les professions libérales qu'ils encombrent, ne trouvent pas leur place dans une société où ils n'ont alors de chances de vivre qu'en l'agitant, la corrompant et la troublant. J'adopte pour ma part l'avis de Richelieu : « Il serait à désirer que ceux-là seulement reçussent l'instruction supérieure, qui ont reçu de la nature une aptitude particulière ; ce qui aurait pour résultat d'élever le niveau des professions libérales, niveau qui tend au contraire singulièrement à s'abaisser par les recrues trop nombreuses et trop indignes qui s'y pressent, s'y coudoient, s'y bousculent et s'y étouffent ».

LXXIII

Il faut reconnaître qu'au point de vue de l'instruction, la France est misérablement en retard. Cette influence, qu'il vous est facile aujourd'hui d'exercer sur les votes des campagnes, grâce à l'ignorance, peut, au moment où vous y penserez le moins, être saisie et exercée par d'autres. Il ne sera plus temps alors de remarquer et de constater que ces votes ignorants n'ont pas moralement la valeur qu'ils ont numériquement et légalement.

Vous avez eu une minorité inquiétante dans les grandes villes, dans les grands centres intellectuels et industriels, dans les capitales, les *têtes* de la France ; vous avez une majorité énorme dans les campagnes.

Eh bien, si vous vous contentez de cela, vous ressemblez à ces faunes et ægipans luxurieux qui d'une femme ne demandent que le corps, sans se préoccuper de sa tête et de son cœur.

Je sais que ces têtes du pays, ces capitales, sont aujourd'hui bien grosses, comme le remarquait déjà le czar Pierre-le-Grand lorsqu'il vint à Paris; et en conséquence exposées aux congestions; mais n'avez-vous pas à reprocher cet accroissement malsain et dangereux des villes, cette macrocéphalie, cette hydrocéphalie de la France ?

Qu'avez-vous fait pour le bien-être, pour le progrès, pour la considération des habitants des campagnes, excepté quelques phrases qui reviennent périodiquement *verba et voces*, quand vous avez besoin d'eux?

N'est-ce pas vous qui, d'abord à Paris, puis dans tous les chefs-lieux des départements, avez poussé les villes à des agrandissements, à des embellissements ruineux; qui les autorisez et les invitez à contracter à cet effet des emprunts qui engagent imprudemment et injustement ces villes pour plusieurs générations qui ne sont pas encore nées ?

N'est-ce pas vous qui attirez tant d'habitants des champs dans les villes par l'appât de gains plus forts, sans songer que tout habitant de la campagne qui vient à la ville acquiert des besoins et des goûts nouveaux, et est un producteur supprimé et remplacé par au moins trois consommateurs ?

N'est-ce pas vous qui étendez autour de chaque ville une zone pestiférée dont les habitants abandonnent la terre pour venir encombrer des industries déjà surchargées; pour venir, les hommes, chercher un travail aléatoire et conséquemment, à l'occasion, mendier et voler ; les filles, se faire servantes, nourrices ou prostituées ?

LXXIV

La représentation, basée sur le cens, c'est-à-dire sur l'argent, engendre la plus mauvaise, la plus basse, la plus insolente des tyrannies.

Le suffrage universel direct, entre autres torts, n'est nullement universel, et ne représente que les coteries.

Le suffrage universel à deux degrés satisferait à la justice et au bon sens.

Et il y a une contradiction ridicule à vouloir maintenir le suffrage direct, en même temps qu'on reconnaît que la grande majorité de la nation est plongée dans une sombre ignorance.

Autre absurdité mortelle : — Ce pays qui semble ne tenir au droit de suffrage que lorsqu'on le lui refuse, n'a pas plus tôt conquis ce droit qu'il s'empresse de ne pas voter.

De sorte que le gouvernement, dit des majorités, par le suffrage, dit universel, — abandonne le pouvoir à une minorité remuante, oisive, ignorante, envieuse et affamée.

Le suffrage doit être obligatoire comme le service militaire.—Tout droit doit être l'envers d'un devoir.

On est d'abord effrayé, puis ensuite ridiculement surpris du petit nombre d'hommes qui réussissent à opprimer, à terrifier une grande ville comme Paris, — et on cherche l'explication.

C'est que ce petit nombre inoccupé, oisif, fainéant et n'ayant à partager que des espérances, ne se divisera qu'au partage des réalités, — qu'il consacre ses jours et ses nuits à rêver et préparer la bataille et le pillage, tandis que les bourgeois — les vrais travailleurs, par opposition à ceux qui ont usurpé ce nom si peu mérité — ont acquis, possèdent, ne veulent rien mettre en commun, et sont semblables à des naufragés qui saisiraient, aux premiers craquements du navire, chacun un petit morceau de bois.

Ces morceaux réunis, assemblés, liés, formeraient un radeau qui les porterait et les sauverait tous; mais chacun veut garder pour lui seul son fétu qui ne peut le porter, et tous, au lieu de se sauver ensemble, se noieront séparément chacun pour son compte.

Ce qu'il faudrait, ce serait avant tout de donner aux hommes et de rendre aux choses leurs véritables noms.

Ne plus prendre pour

La voix de la France

Les *crécelles* et les *pratiques* d'une centaine d'avocats de douzième ordre, braillards, ayant fait leurs études politiques dans les brasseries, en jouant aux dominos et au besigue, entreprenant les affaires de la France, faute d'avoir trouvé d'autres clients aussi naïfs et aussi crédules, — et promettant au peuple, comme ça se faisait déjà du temps de mon maître Aristophane, de « lui donner le pain des autres ».

Il faudrait ne plus prendre pour

Le peuple,

Une tourbe de fainéants, de piliers de cabaret, de prétendus « travailleurs », de souteneurs de filles, de repris de justice, d'incendiaires et d'assassins dont maître Gambetta a avoué en pleine Assemblée des représentants de la France, que ce parti soi-disant républicain ne voulait ni ne pouvait se passer, — ce parti soi-disant républicain, refusant net de se séparer de cette queue immonde.

Ne pas prendre non plus pour « le peuple », un certain nombre de badauds crédules, entourant n'importe qui s'habille de rouge, monte sur quelque chose et parle emphatiquement avec accompagnement de clarinettes et de grosses caisses, ce troupeau auquel Aristophane déjà reprochait de « se livrer aux marchands de lanternes ».

Ne pas prendre pour le signe de la prospérité publique, que cent drôlesses ruinant cinq cents imbéciles, et trois cents « honnêtes femmes », qui imitent bêtement les drôlesses, traînent dans la fange des rues trente mètres de soie ou de velours, ou promènent leurs figures peintes dans des calèches « à huit ressorts », sur les boulevards et au Bois.

Ne pas prendre maître Gambetta pour quelqu'un.

Ne pas prendre pour la fortune publique, le jeu de la bourse et l'agiotage, — mais, l'agriculture et l'industrie, — la seconde, dans certaines limites, la première sans limites.

Ce serait déjà un grand point de gagné.

LXXV

L'empereur Marc-Aurèle remerciait son aïeul de l'avoir empêché d'aller aux écoles des rhéteurs ; un de ses maîtres de l'avoir détourné de telle étude inutile, de telle autre dangereuse.

Moi je dois à l'étude des mœurs politiques de mon temps la résolution de ne jamais lire les programmes, les annonces, les promesses, les « boniments » des hommes plus ou moins d'État, candidats, aspirants ou arrivés; ces programmes ou « boniments » n'étant jamais l'expression de leur pensée ni de leurs intentions, mais la « mise en montre » ou en « étalage » plus ou moins bien, plus ou moins mal écrit de ce qu'ils ont intérêt à faire croire.

Rappelons parmi les plus récents et les plus courts :

« Nous avons fait serment de mourir tous jusqu'au dernier. » (*Maîtres Jules Favre, Gambetta, etc.)*

« J'ai fait un pacte avec la victoire et avec la mort. » *Maître Gambetta seul).*

« Pas un sou, pas un pouce de terre. » (*Maître Favre.*)

« Je sortirai seul et sans armes au-devant des Prussiens. » *(Victor Hugo.)*

« Je rentrerai mort ou vainqueur. »*(Maître Ducros, etc., etc.)*

Je n'ai donc rien à dire des programmes des ministères qui se succèdent ; je ne les lis pas. On verra bien.

De temps en temps on prépare, on fait un « remaniement » ou « épuration » dans les préfectures, sous-préfectures, etc. ; et les malheureux titulaires sont dans l'anxiété, les yeux fixés sur les fils du télégraphe.

C'est un singulier métier, de ce temps-ci, que le métier de préfet, de sous-préfet, etc., et je ne crois pas trop m'avancer en le mettant au nombre des petits métiers, et de ceux que j'interdirais à mon fils, si j'en avais un.

Comment, voici un pauvre diable qui, du jour au lendemain, met un habit brodé, descend de sa mansarde dans un palais, a des voitures, des chevaux, de nombreux domestiques, une légion d'employés, humbles et soumis, du moins en sa présence, qui étale tous les signes extérieurs de la royauté dans son chef-lieu, que l'on adule, que l'on trompe, que l'on trahit comme un vrai roi, et en réalité il n'est qu'un laquais dans l'antichambre, attentif à la sonnette de son maître, le ministre de l'intérieur ; au moment où il y pense le moins, sans qu'il ait démérité en rien, le télégraphe vient souffler sur sa gloire et l'éteint comme une allumette ; il reste, ainsi que

Cendrillon le soir qu'elle oublia de quitter le bal avant minuit, son carrosse redevenu citrouille, ses chevaux gris des souris, son cocher un rat moustachu, son habit brodé un costume de carnaval qui ameute les gamins ; il retourne à sa mansarde plus malheureux, plus pauvre, par les habitudes qu'il vient de prendre, et d'une pauvreté un peu ridicule remplaçant sa pauvreté peut-être honorable d'autrefois.

Et cependant, qu'elle âpreté pour obtenir et reprendre ces places ! — C'est qu'il faut dire qu'elles sont à la portée de tout le monde ; on ne demande à un préfet, à un sous-préfet, dont les fonctions pourraient avoir une si grande importance, ni des études spéciales, ni un examen de capacité, ni rien autre que d'appartenir à tel ou tel groupe, à telle ou telle coterie ; ni quelques connaissances du département qu'il doit régir ; loin de là, on le transporte de l'est à l'ouest, du nord au midi de la France, parfois au moment où il allait commencer à apprendre quelques éléments des intérêts, des mœurs, des tendances, des besoins des populations au milieu desquelles il est tombé comme un aérolithe ; il semble qu'on ne lui demande qu'une seule condition : ne rien savoir des devoirs qu'il est sensé avoir à remplir ; si bien que — ou les affaires sont conduites par quelque vieil employé assez subalterne pour que sa place n'excitant pas l'envie, on l'ait laissé ou oublié dans son coin, — ou par une coterie qui s'empare du préfet à son arrivée au chef-lieu et se fait de lui l'instrument aveugle des convoitises ou des haines locales.

Ne serait-il pas temps de mettre à ces fonctions certaines conditions qui, à la fois, rendraient utiles et les fonctions et ceux qui en seraient chargés, et en écarteraient par l'horreur du travail et la nécessité de certaines études, les fruits secs du journalisme et du palais et des autres professions. Ne pourrait-on pas choisir les préfets parmi des gens ayant fait certaines études spéciales qui leur permettraient d'être préfets eux-mêmes, et alors leur seraient un titre et un état comme celui des officiers, et ne nous exposeraient pas à voir cette nuée de préfets « dégommés » errants et « revenant » la nuit comme des âmes en peine de morts non inhumés, comme des ombres ou des larves et des goules, autour de leur vieille préfecture où ils n'espèrent rentrer qu'à la suite de nouveaux bouleversements en leur.... pays.

J'évite le mot de patrie, ce mot si beau composé de père et de mère, qui, disons-le tristement, n'a guère d'application aujourd'hui, quand on voit combien de gens sont heureux des malheurs qui ont frappé la France, leur doivent leur élévation, leur fortune, leurs jouissances, leurs espérances, et seraient bien fâchés que « ça ne fût pas arrivé ».

Je n'oserais pas, quand j'y pense, faire la liste de ces gens-là ; elle descendrait bien bas, elle monterait bien haut et elle serait mortellement triste et effrayante.

Nous assistons à une première « épuration » c'est-à-dire à ce spectacle ridicule de préfets et de sous-préfets, jouant aux quatre coins; — à cette prise de possession de certaines places... toujours rétribuées, pour donner satisfaction aux plus affamés et aux plus altérés; — disons le mot, à cette lâcheté des ministres, sacrifiant un certain nombre de fonctionnaires à l'avidité des uns, aux rancunes des autres, et promettant de nouvelles « épurations », c'est-à-dire de nouveaux gâteaux à Cerbère.

Tel est destitué pour s'être opposé dans son département à l'élection de maître Gambetta ou de tout autre de ses amis ou complices.

Il y a un monsieur Doncieux par exemple, préfet, je crois, de Vaucluse, qui est puni d'avoir montré de la clairvoyance, du courage et de l'énergie. — J'ai parlé plus d'une fois dans les *Guêpes* de l'institution des « chambrées », c'est une invention assez nouvelle, réunissant dans les campagnes les « avantages » du club à ceux du cabaret, et produisant pour les habitants des champs la désaccoutumance du travail, la paresse, la débauche, les folles espérances, les convoitises absurdes et criminelles, la tristesse, la dissolution, la ruine de la famille.

M. Doncieux, — c'est tout ce que je sais de lui, — s'était fortement opposé à l'augmentation, à l'extension des chambrées, — de là sa destitution; — d'autres sont frappés pour avoir soutenu les candidatures désignées par les ministres; — le rêve des pseudo-républicains en fait de fonctionnaires, c'est qu'ils soient dans la machine politique des rouages tournant à leur fantaisie en sens divers, mais de préférence dans le sens contraire au sens indiqué par celui qui est chargé de remonter et de régler l'horloge.

Il me revient à ce sujet un souvenir de Cavaignac : il m'avait chargé de je ne sais plus quelle commission auprès d'un ministère ; — je revins de ma mission d'assez mauvaise humeur, je n'avais pu m'en acquitter efficacement par le mauvais vouloir, par la force d'inertie de quelque fonctionnaire subalterne.

— Eh bien, me demanda Cavaignac ?

— Eh bien, ça n'est pas fait, ça ne se fera peut-être pas, il y a un garçon de bureau qui ne veut pas.

— Que me dites-vous là ?

— Ce n'est pas moi qui ai inventé l'indépendance des fonctionnaires.

— Je vous prie, mon ami, dit-il, de ne pas m'attribuer plus qu'à vous cette sotte absurdité.

En effet, l'indépendance des fonctionnaires ne peut logiquement et honnêtement consister qu'en ceci : le droit de donner leur démission quand on leur ordonne quelque chose qu'ils ne veulent pas faire. Dans la phraséologie des pseudo-républicains, on a coutume, après avoir proclamé « l'indépendance des fonctionnaires », d'ajouter « les baïonnettes intelligentes », c'est-à-dire l'absence complète d'ordre, de discipline, de direction : l'anarchie, le gâchis, le tohu-bohu, etc.

Un autre spectacle ridicule, absurde, honteux,

auquel il nous est donné d'assister, c'est l'invalidation ou la tentative d'invalidation de certaines élections. — Quelques-unes de ces invalidations ont été déjà prononcées et seront suivies de quelques autres; — la grande cause d'invalidation est le reproche à certains candidats d'avoir été soutenus, soit par le ministère, soit par un préfet, soit par un évêque ou un curé.

En effet, user d'influences pour se faire élire, ne pas compter uniquement sur sa notoriété, sur les services rendus, sur une capacité reconnue,— c'est un crime irrémissible et dont on ne saurait accuser aucun membre du parti soi-disant républicain.

« Qui peut permettre aux Gracchus, disait un ancien, de se plaindre de la sédition? »

Quis tulerit Gracchos de seditione querentes?

Ne les a-t-on pas vus cent fois, mille fois à l'œuvre? — leurs préfets se faisant nommer eux-mêmes, — les mots d'ordre envoyés de Paris; les commis voyageurs en élections, etc., et pour n'en citer que deux: le Parisien Ranc, nommé à Lyon, où personne ne le connaissait; le Lyonnais Barodet nommé à Paris, où il était également inconnu; — et vingt autres, et cent autres, si nous recherchons comment tant et tant de candidats ont été nommés le plus loin possible des lieux où ils étaient connus, où ils avaient vécu; — cela a-t-il pu se faire autrement que par l'influence des coteries, les promesses, les compromis. — Il n'y a que les coquettes, et plus que coquettes reformées pour avoir de ces vertus facilement effarouchées, de ces pudeurs bruyantes et à grand orchestre.

Ces curées des places rétribuées après chaque grande ou petite révolution ou évolution, — ces changements perpétuels de fonctionnaires rendent impossible le gouvernement réel et l'administration du pays. — « Je n'aime pas le changement de ministres, disait le cardinal Alberoni, les meilleurs débutent toujours par un certain nombre de sottises et font payer cher au pays leur apprentissage.

LXXVII

Ainsi que je l'avais prévu dès l'origine, de quoi je ne tire pas grand'gloire, parce que ce n'était que trop facile à deviner, — les nouveaux impôts et l'aggravation des anciens, n'ont eu jusqu'ici que quelques résultats certains: c'est de rendre la vie « difficile aux uns et impossible aux autres ».

Le commerce — cet intermédiaire qui vit aux dépens du producteur et du consommateur — s'est empressé de se créer des bénéfices dans le malheur commun ; — telle marchandise grevée d'un centime d'impôt a été à l'instant augmentée d'un sou — et en même temps on a fait subir une augmentation analogue à toutes les denrées que l'impôt n'atteignait pas.

Ainsi, tandis qu'on en est encore à discuter la question de l'instruction obligatoire et *gratuite*, — vous lisez dans tous les journaux, que, vu l'enchérissement de toutes les denrées, tous les lycées et les colléges vont augmenter le prix de la pension de cinquante francs par an ; il va sans dire que tous les autres établissements d'éducation, qui ne sont pas soutenus par des subventions comme les lycées et les colléges, s'empresseront de les imiter, si toutefois il ne les ont précédés dans cette voie — si ce chemin conduit à l'instruction gratuite ce n'est pas le chemin le plus court.

Autre résultat également prévu — la consommation diminue — et la fraude prend son essor.

Plusieurs fois déjà on a surpris, se livrant à cette industrie, des employés de l'administration payés pour la surveiller ; ce qui est d'autant plus grave que la fraude est un genre de vol qui, en France, ne déshonore ceux qui l'exercent qu'aux yeux des gens excessivement délicats et méticuleux.

Ainsi, un marchand qui passe pour honnête homme et auquel je sais des amitiés très-honorables, me disait l'autre jour à Nice :

Je quitte le commerce — je vais faire la fraude.

Dans cette même ville de Nice — l'autre soir — un jeune homme que tout le monde connaît revenait de Monaco dans un compartiment de première classe ; — il n'avait qu'un seul compagnon qui, lui voyant ouvrir son étui à cigares, — lui dit : Est-ce que vous allez fumer, monsieur?

— Est-ce que la fumée vous incommode ?

— Non, monsieur, mais...

— C'est qu'alors je vous aurais dit : Descendez à la première station et changez de compartiment.

— Fumez si vous voulez — après tout... au petit bonheur !

Une heure après, M. D*** en était à son troisième cigare, et l'on se trouvait sous le dernier tunnel qui précède l'arrivée à Nice ; son compagnon fit entendre un coup de sifflet auquel on répondit ; puis le même compagnon lui dit : Pardon, monsieur — et il tira de dessous la banquette, entre les jambes de M. D***, deux énormes paquets qu'il jeta par la portière.

On sortit du tunnel.

Allons, — dit l'inconnu en se frottant les mains, le tour est fait ; — et s'adressant à M. D*** ; Je puis vous dire maintenant pourquoi je vous conseillais de ne pas fumer, — c'est que vous aviez entre les jambes, vingt kilogrammes de poudre de chasse.

M. D*** allait faire quelques observations, — mais l'autre l'interrompit, — comme le convoi s'arrêtait en gare :

— Que voulez-vous ? la poudre est si chère ; — bonsoir, monsieur.

Mais on n'a pas voulu payer notre rançon avec les diamants de la couronne et les richesses de nos musées, et M. Thiers — *il Re Chiquitto*, — comme la belle Julie d'Angennes appelait Voiture, en langue espagnole alors à la mode, ne veut pas entendre parler de l'impôt sur le revenu, le seul légitime, le seul équitable, le seul *logique*, le seul productif, parce qu'il arriverait aux coffres de l'État, sans avoir passé par tant de mains gluantes, — et qui, en outre, ne menacerait pas plusieurs de nos industries et notre commerce avec l'étranger.

LXXVIII

Je vais aujourd'hui revenir avec plus de détails sur ce que je disais l'autre jour.

En ce temps d'hésitations, de tâtonnements, il est bon de présenter des idées nettes, arrêtées, précises; c'est ce que j'essaie de faire, en consultant une assez longue expérience et une étude sérieuse de ce qui s'est passé en France depuis trente ans — je crois fermement que je ne me trompe pas.

Le bon sens indique qu'en morale comme en politique, comme en mécanique, ce n'est que lorsqu'on arrive du compliqué au simple que l'on approche du but.

La plupart des politiques et des moralistes croient devoir ajouter toujours de nouveaux rouages à la direction de la société; — je pense, au contraire, qu'il est sage, qu'il est urgent de débarrasser la politique et la morale d'une quantité de petites roues inutiles; de les *décaper*, comme on fait de ces belles coquilles auxquelles on enlève la couche de limon durci qui cache et, pour ainsi dire, ensevelit leurs brillantes couleurs.

Qu'est-ce qu'une nation? C'est une famille agrandie; agglomérée; une nation doit être gouvernée de la même manière qu'elle s'est formée; tout édifice, toute construction doit être commencé par les fondations et par la base;

Ça a l'air d'un axiome de *M. de la Palisse* :

« *Un quart d'heure avant sa mort, il était encore en vie.* »

Peut-être M. de la Palisse n'occupe-t-il pas le rang qui lui est dû parmi les moralistes et les hommes politiques; la plupart de ses aphorismes, malgré leur clarté et leur irréfragabilité, sont méconnus tous les jours.

Personne ne s'est jusqu'ici avisé, que je sache, de commencer une maison par la toiture ni même par le premier étage ; cependant tous les jours vous voyez agir ainsi les moralistes et surtout les politiques.

Il faut donc commencer par la famille, par la commune, par le département pour arriver aux *intérêts communs et généraux de la nation entière*.

Il faut bien connaître et les qualités et les défauts du caractère français — ce qu'on appelle en médecine, je crois, son idiosyncrasie.

Le peuple français est un peuple éternellement jeune — un peuple d'élans souvent généreux, souvent aveugles, fous et furieux — sur tous les sujets, il s'emporte, il « s'emballe » comme on dit au manège ; — il obéit à un courant invincible — sauf à revenir bientôt après sur ses pas, par un autre courant non moins terrible, mais en sens contraire.

Il ne sait ni admirer, ni mépriser ;

Il s'engoue — et, à l'engoûment, succède bien vite le dénigrement qui en est la conséquence inévitable, le corollaire.

Il dépasse le but dans les deux sens, par cette loi physique qui dit que « l'angle d'incidence est égal à l'angle de réflexion ».

J'avais autrefois chez moi un certain nombre de statuettes, présent de Pradier; — une femme, après les avoir regardées, me dit :

— On a tort d'accoutumer ses yeux à ces petits chefs-d'œuvre; on exige ensuite des pauvres femmes des perfections dont la réunion n'existe presque jamais dans la nature.

C'est l'effet que produit l'engoûment : — le héros du moment a toutes les vertus, toutes les qualités, tous les talents. — Que, un peu plus tard, on découvre que ce n'est qu'un homme d'un très-grand talent joint à de brillantes qualités et aux vertus indispensables, — on se croit, on se dit trompé, on le renverse violemment du piédestal sur lequel on l'avait juché; — c'est un fourbe, c'est un coquin, c'est un scélérat — on ne lui accorde plus rien, on nie ses qualités les plus visibles, ses capacités les plus démontrées.

Il y a des lois qui fixent certaines prescriptions à trente ans, à dix ans; — les mœurs, conséquence du caractère français, fixent la prescription pour les crimes, pour les sottises, pour les services rendus, à six mois; — six mois c'est l'étendue de la mémoire en France — on ne se rappelle rien après un laps de six mois — rien n'existe plus — rien même n'a existé après six mois. J'ai exposé dernièrement la *rose* des opinions si diverses de M. Veuillot sur la royauté et la république. — M. de Girardin a conseillé la guerre et en plein opéra s'est écrié : « A Berlin! à Berlin! » Personne ne se le rappelle, et l'un et l'autre continuent à rendre des oracles quotidiens.

Il faut donc se défier, surtout lorsqu'il s'agit de gouverner les Français, de ces entraînements, de ces engoûments et de cette facilité d'oublier.

Nous commencerons donc par la famille et par la commune — la commune rurale qui est la première agglomération, la première extension de la famille.

Dans la famille, dans la commune, il faut songer à l'instituteur, il faut élever sa position pour avoir le droit d'élever ses devoirs; sa situation doit être indépendante, ses fonctions convenablement rétribuées.

Le paysan, qui gagne l'argent si péniblement, est naturellement porté à s'exagérer la valeur de l'argent, et à le prendre pour le signe unique non-seulement du bonheur, mais aussi du mérite et de la capacité; — le maître d'école pauvre, vivant mal, mal habillé, — constamment aux ordres du maire comme secrétaire, du curé à je ne sais quel titre, — car il ne peut vivre même misérablement sans ce cumul, — le maître d'école n'inspire pas grand respect au paysan.

Qu'arrive-t-il de là, c'est que ceux-là seuls demeurent dans cette carrière de maître d'école auxquels leur peu de capacité interdit d'en tenter une autre.

Les instituteurs honorablement rétribués et considérés, vous auriez dans cette profession un asile pour ces armées de bacheliers qu'on lâche tous les ans dans la société qui n'a pas besoin d'eux — qui les laisse dans la misère, et s'en fait des ennemis qu'il faut compter entre les plus dangereux.

L'instituteur doit marcher entre le maire et le curé — égal à l'un et à l'autre.

L'instituteur de la commune rurale doit partir de ce principe :

L'homme naît laboureur.

Un petit nombre d'hommes seulement doivent se répartir dans les diverses autres professions — la profession de cultivateur ne peut jamais être encombrée — parce que d'abord il s'en faut de beaucoup que la France soit entièrement cultivée ; — ensuite parce qu'au besoin, la terre divisée en plus petites parcelles entre un plus grand nombre de paysans, et cultivée à la bêche, au lieu de l'être à la charrue, se montre beaucoup plus généreuse encore.

Il faut sans cesse rappeler non-seulement par les paroles mais par les actes que le métier du cultivateur est le premier entre tous ; — que tous les autres ne peuvent se passer de lui, et que lui seul n'a besoin d'aucun des autres ; dans ses travaux, dans ses craintes, dans ses espérances, dans ses pertes comme dans ses gains, il a affaire directement à Dieu.

Il faut ajouter que sauf la rare exception d'une capacité différente très-démontrée, ou d'une incapacité relative absolue, le fils doit embrasser la profession du père : il hérite de l'expérience, de la réputation, des relations acquises par le père ; il sait déjà une partie du métier avant de l'avoir appris ; — il commence là où a fini son père, et naturellement doit aller plus loin que lui, avant de mettre ses enfants à lui sur la route, quand son étape est terminée.

Pour cela, il faut que la condition du paysan soit relevée et honorée — qu'il ne se considère pas lui-même comme inférieur au marchand, au citadin, à l'oisif même ; il ne faut pas imiter M. Dumas qui, sous le dernier empire, sénateur, et ministre de l'agriculture, crut devoir prononcer un discours dans un Comice agricole, et le commença ainsi :

« Bons habitants des campagnes, votre profession sans avoir l'éclat de celle des armes, etc. »

Ce discours m'inspira une des plus vives colères que je me souvienne d'avoir éprouvées.

Mais, malheureux, m'écriai-je, c'est précisément le contraire qu'il fallait dire, parce que c'est le contraire qui est la vérité.

Il faut rappeler sans cesse, faire comprendre au paysan que son nom de *paysan* — dont on a fait bêtement une injure dans les villes, où la terre ne se montre que sous la forme de boue, que son nom est le plus beau de tous — qu'à très-peu d'exceptions près, il est le pays — que lui seul est et fait la richesse réelle — que toutes les autres formes de la richesse — argent, or, pierreries, billets de banque, — ne sont que des signes représentatifs de la vraie richesse fruit des travaux des paysans ; que ces signes, si la chose disparaissait, redeviendraient des cailloux sans valeur et des chiffons de papier, — il faut lui dire cette histoire de l'arabe, qui, dans le désert, trouve un petit sac : — il se précipite dessus avec l'espoir qu'il contient quelques poignées de blé ou de maïs — il l'ouvre et, désappointé, le jette au loin avec mépris, en s'écriant : Ce n'est que des perles !

Il faut faire comprendre au paysan la dignité, la puissance de sa profession et lui montrer qu'on la comprend en l'améliorant et en l'honorant ; — il faut changer le courant actuel qui entraîne l'habitant des campagnes vers les villes — à tel point que le laboureur qui a plusieurs fils envoie le plus capable à la ville dans l'espoir qu'il deviendra sinon avocat — au moins huissier — ou curé — ou commis dans une boutique — peut-être domestique ; — il permet que ses filles aillent s'y faire servantes ; — s'il y a un des fils qui soit moins intelligent que les autres, c'est celui-ci qu'il garde avec lui — parce que « il n'est bon qu'à être paysan ». Empêchons le paysan de quitter les champs, nous verrons plus tard à lui rendre l'entrée de la ville plus difficile.

Il faut que l'instituteur ait un grand jardin et qu'il soit au courant des meilleures méthodes de culture ; que ce jardin soit planté des meilleures espèces d'arbres à fruit, des meilleures espèces de graines et de légumes, qu'il ne consacre qu'une partie de la journée à l'instruction obligatoire qui doit se borner pour la grande généralité, pour la presque totalité de ses élèves à la lecture, à l'écriture, à l'arithmétique et à un peu de dessin linéaire; — s'il s'en trouve quelqu'un qui, doué de facultés supérieures et différentes — ou mal partagé du côté de la vigueur physique, soit entraîné vers d'autres professions — qu'il aille compléter son instruction ailleurs.

La moitié au moins du temps passé à l'école doit être consacrée à apprendre le beau métier du paysan — planter, greffer, semer, cultiver — du jardin du maître d'école doivent sortir pour toute la commune des greffes, des plants, des semences d'espèces supérieures ou améliorées, etc.

Les cafés, les cabarets doivent être en nombre très-limité, et l'objet d'une surveillance infatigable; — il ne doit être donné d'autorisation d'en ouvrir qu'à bon escient — peut-être ces autorisations devraient-elles être comme les bureaux de tabac sont censés l'être et ne le sont pas toujours — réservées aux vieux militaires, aux vieux serviteurs de la patrie, — en tous cas, avec toutes les garanties de moralité imaginables.

A la campagne, tout café et tout cabaret doit être fermé à huit heures du soir; le paysan, qui se lève avec le jour, doit, pour réparer et entretenir ses forces, se coucher de bonne heure. Il ne peut veiller, et surtout avec les excitations de la boisson et du jeu, sans détruire ses forces d'abord, sa santé ensuite.

Ce n'est pas tout :

Il faut que le vin qu'il reçoit ou emporte chez lui, pour être bu dans la maison et avec sa famille, soit dégrévé de tous droits; on reportera ces droits sans scrupule sur les boissons bues au café et au cabaret; peu importe que l'eau-de-vie et l'absinthe coûtent cent francs le petit verre et un franc la goutte.

La loi ne doit pas reconnaître les dettes de café ou de cabaret.

Une surveillance inexorable doit faire fermer la boutique à la moindre infraction aux règlements, à la moindre tromperie sur « la quantité et la qualité de la marchandise vendue. »

Aucun café, aucun cabaret, aucune buvette n'est obligée de recevoir des journaux et de les donner en lecture; — ils peuvent le faire, mais à une condition, c'est que tout maître d'établissement de ce genre qui s'abonnera à un journal, s'abonnera en même temps à un second, celui dont nous parlerons ultérieurement; — un journal contre-poison qu'il s'agira de rendre attrayant en même temps que salutaire — « l'homme d'un seul livre » disait un ancien, est un sot — l'homme qui ne lit qu'un seul journal est nécessairement abusé, et souvent empoisonné.

Des jeux, des divertissements d'exercices doivent être inaugurés, favorisés, encouragés par l'autorité; des concours de labourage, de bestiaux, de culture; des prix donnés aux vainqueurs de la course, du saut, de la gymnastique, de l'équitation, de la natation, etc.

Des fêtes doivent être instituées en l'honneur du labourage, des semailles, de la moisson, de la vendange ; — des récompenses pour les filles les plus sages — pour les meilleurs serviteurs, etc.

Nous voici arrivés au gouvernement de la commune — le choix du Maire et des conseillers municipaux :

Ce choix doit être fait au vote et par le suffrage universel, ce mot universel doit être expliqué : universel moins

Les incapables et les indignes.

Les **incapables** sont les hommes âgés de moins de vingt-cinq ans ; — ceux qui n'ont pas au moins trois ans de séjour dans le pays, c'est-à-dire ne connaissant ni les intérêts de la région, ni les candidats ; — ceux qui ne savent ni lire, ni écrire et ne sont pas capables d'écrire eux-mêmes leur vote.

Les **indignes**, déclarés tels à perpétuité ou pour un temps déterminé, sont ceux qui ont encouru des condamnations pour crimes ou délits — pour meurtre, pour vol, pour usure, pour tromperie sur la quantité ou la qualité d'une marchandise quelconque, — pour habitude d'ivrognerie, de vagabondage, de querelles, de braconnage, etc.

C'est un point qui doit être ajouté à la pénalité des lois françaises ; — interdiction du droit de vote pour un an, deux ans, dix ans, etc.

Cela établi, on procède au vote — ce jour-là les cafés et cabarets sont fermés — c'est un acte sérieux et solennel où l'alcool n'a rien à faire ; — le vote ne peut être porté que sur des hommes ayant au moins 25 ans d'âge — et cinq ans de séjour dans la commune.

Le suffrage universel nomme seulement les conseillers municipaux — au scrutin secret, sans liste — les conseillers élus nomment *un d'entr'eux* maire — un autre adjoint, également au scrutin secret.

Le maire et l'adjoint sont ainsi doublement sanctionnés — élus par un double suffrage — présentant double garantie.

Chaque commune garde ses pauvres, — c'est un moyen certain, et le seul moyen de supprimer la mendicité et le vagabondage.

La pauvreté vient d'infirmité, de vieillesse — ou de vice et de paresse ; ce peut être une situation inévitable, ce peut être une situation momentanée ; — la commune seule peut en décider, parce qu'elle connaît ses membres. — Dans le premier cas, elle doit les secourir et les soutenir, — dans le second, il faut les considérer comme suspects et les surveiller comme gens sur la pente du vol, de tous les vices, de tous les crimes.

Si la commune n'est pas assez riche pour entretenir ses pauvres, — le département vient à son secours au moyen d'une assurance mutuelle entre les diverses communes qui le composent ; — il coûtera beaucoup moins à une commune voisine de la commune obérée de contribuer à l'entretien des vrais pauvres, que d'éparpiller des aumônes sans résultats utiles, entre les mendiants et les vagabonds errants qui l'envahiraient ou la traverseraient.

Seulement quelques mots de la commune urbaine dont nous nous occuperons en détail un autre jour :

Par les moyens que nous avons indiqués et par tous les autres qu'on pourrait imaginer — nous avons cherché, nous cherchons à rendre la vie du paysan aux champs, douce, heureuse, honorée.

Il faut encore — que son entrée dans la ville exige certaines garanties ; — il faut dans les villes rétablir les corps d'état — le compagnonnage ; — le compagnonnage débarrassé de certains abus qui engendrent des désordres et des guerres, est une institution de la plus haute utilité. — On a vu d'ailleurs en 1848 un acte très-grand et très-beau, accompli par les ouvriers, c'est la réconciliation des « devoirs. »

C'est-à-dire le renoncement aux prétentions, aux haines, aux luttes, au nom de la véritable fraternité et du vrai patriotisme, lequel n'était pas cette fois :

La prodigalité du sang des autres, et l'émargement personnel à outrance.

Tout habitant de la campagne, qui vient s'installer à la ville, représente par le changement de ses habitudes de sobriété, sinon toujours de tempérance, un producteur de moins et presque toujours l'équivalent de trois consommateurs de plus.

Il ne doit donc être admis à s'installer dans la ville qu'avec des certificats sérieux du maire de sa commune et une constatation du syndic ou de la « mère des compagnons » de la ville qu'il y a place pour deux bras dans le métier qu'il veut embrasser — autrement les diverses professions sont encombrées au hasard ; des classes entières d'ouvriers sont affamées par la concurrence et le chômage ; — et de mauvais sujets viennent abriter et alimenter leurs vices dans les villes pour lesquelles ils deviennent un danger par la facilité d'y cacher leur vie, leurs antécédents et leurs actions.

Une surveillance analogue et au moins aussi sévère doit être exercée sur les habitants des campagnes, filles et garçons, qui se présentent dans les villes pour être domestiques. — On ne saurait trop s'étonner de la facilité avec laquelle on introduit dans la maison des inconnus, maîtres, jour et nuit, de votre fortune et de votre vie.

Une agence ne doit admettre de domestiques, dans la ville, qu'autant qu'il y a de places vacantes.

Les syndics des compagnons, par une correspondance régulière, savent et proclament dans quelle ville il est besoin d'ouvriers, de tel ou tel corps d'état, — l'ouvrier qui va au travail doit comme le militaire en service, voyager à quart de place.

Disons — en passant seulement aujourd'hui — que la colonisation et la transportation doivent jouer un rôle important et salutaire dans la société moderne.

La première pour venir en aide aux gens honnêtes, intelligents, laborieux qui ne trouvent pas leur place dans la société, — la seconde étant suffisamment graduée, est appelée à remplacer presque toutes les autres pénalités.

Nous voici arrivés aux élections pour les assemblées constituantes, législatives, etc., pour les chambres des représentants de la nation.

Rien n'est devenu ausssi simple, par l'organisation de la commune.

Chaque commune envoie soit au chef-lieu, soit à la sous-préfecture, soit son maire, soit un des membres de son conseil municipal.
C'est l'objet d'un nouveau vote du conseil municipal — c'est la réunion des représentants des communes choisis, consacrés par deux élections et par trois, si c'est le maire ou l'adjoint qui sont appelés à nommer les députés.

Les candidats à la députation doivent avoir au moins cinq ans de séjour dans la circonscription électorale, — ils connaissent le pays et le pays les connaît. — Vous évitez ainsi le péril ridicule de ces candidats errants qui vont toujours se présenter le plus loin possible du lieu où ils sont connus : M. Barodet, de Lyon, à Paris ; Maître Gambetta, de Cahors, à Paris; M. Ranc, de Paris, à Lyon, etc.

Les causes d'exclusion pour incapacité ou indignité sont les mêmes que pour les candidats communaux — prohibition de réunions politiques et fermeture des cafés et cabarets le jour de l'élection.

Les députés sont élus pour cinq ans — et l'Assemblée se renouvelle par cinquièmes. — Ce procédé empêche les courants, les torrents dont il y a tant à se défier, et cependant infuse perpétuellement un sang nouveau dans l'Assemblée et donne une soupape de sûreté à l'inconstance et à l'impatience françaises; — jamais les élections à l'Assemblée ne doivent coïncider avec les élections communales ou avec l'élection du président.

L'Assemblée est permanente et n'a jamais ni vacances ni prorogation; — un président de la république, un ministre, un roi constitutionnel ne doivent jamais, pendant cinq minutes, pouvoir agir hors de la vue et du contrôle de l'Assemblée.

Le nombre des avocats errants étant par ce mode fort diminué à l'Assemblée, la tribune est supprimée; on parle de sa place; l'Assemblée n'est plus une succursale ni une antichambre de l'Académie — elle échappe à la tyrannie de cinq ou six avocats. — J'ai vu des hommes qui n'auraient pas reculé devant une batterie de canons, n'oser monter à la tribune; — on doit pouvoir donner un avis utile et au besoin sauver son pays même en patois.

Les députés n'ont que des congés individuels et motivés — l'indemnité est payée en jetons de présence distribués à l'entrée des séances pendant une demi-heure seulement après l'heure indiquée pour l'ouverture et contrôlés à la fin de la séance; au bout du mois ces jetons sont remboursés en argent.

L'Assemblée nomme le président de la république — ou décide de la forme du gouvernement s'il y a lieu.

Ainsi M. de Mac Mahon est nommé pour sept ans; — l'Assemblée actuelle, qui ne peut cependant s'éterniser, renouvellera prochainement le cinquième de ses membres, — pour cette fois le sort décidera; un an après un second cinquième, par un second tirage au sort, auquel ne prendront pas part les nouveaux élus — qui seront les premiers à s'en aller lors de la seconde période de cinq ans, etc.

Dans six ans l'Assemblée renouvelée entièrement, aura à voter, soit sur la forme du gouvernement, soit sur la nomination d'un nouveau président.

Le président n'est jamais rééligible immédiatement.

Par ce mode, régissant à la fois la famille communale, la famille départementale et la famille nationale,

Vous ne mutilez pas le suffrage universel; au contraire, vous sanctionnez par un suffrage double et triple, l'élection des fonctionnaires dont les devoirs sont les plus importants.

Vous évitez les « courants ».

Vous supprimez le bavardage inutile et dangereux.

Vous échappez à l'agitation si périlleuse des élections générales.

L'Assemblée, toujours permanente, sans cesse renouvelée, garantit la liberté contre toute atteinte, représente réellement la France, ses vrais intérêts, ses vrais besoins, ses vraies aspirations et, en même temps, ses vraies opinions, en faisant une part légitime à celles du moment, au progrès des idées ou à leurs évolutions.

Ce projet est le fruit de longues méditations, de sérieuses études faites par un homme dont la vie retirée lui permet de donner du temps aux unes et aux autres — qui n'ayant rien à craindre ni à espérer des hommes quels qu'ils soient, qui peuvent arriver aux affaires — n'est aveuglé par aucun intérêt ; — a donné depuis trente ans des preuves incontestées de bon sens et de clairvoyance, a fait dire sans cesse : Comme il avait raison, il y a vingt ans, il y a dix ans, il y a un an — même par ceux qui contestent le plus qu'il ait raison aujourd'hui — où il n'y a pas de juges mais des joueurs et des parieurs.

Je voudrais bien que ces études servissent à quelque chose — je l'espère bien peu.

LXXIX

Il faut pourtant que cela finisse.

Outre la sécurité et la prospérité de la France, un gouvernement régulier, accepté, soutenu, quel que fût son nom, donnerait aux honnêtes gens, aux hommes de talent, aux hommes intelligents de tous les partis, des chances beaucoup plus favorables, des positions beaucoup meilleures que le tohu-bohu dans lequel nous sommes, parce qu'un gouvernement régulier aurait besoin d'eux.

Mais c'est que les partis ne se composent pas seulement de gens honnêtes et intelligents et d'hommes de talent ; bien plus, les honnêtes, les intelligents, les capables, que peut compter chaque parti ne sont guère ceux qui sont à sa tête, d'autres le mènent par dessous, et ces meneurs perdraient toutes leurs chances, tous leurs espoirs.

Aussi ces meneurs subalternes ne veulent ni arrangement, ni compromis ; ils savent bien que médiocres ou pis que médiocres, comme ils le sont, ils ne peuvent être acceptés et employés que par eux-mêmes.

Mais alors, — risquez le coup, — engagez le combat.

Que M. de Chambord, son candide drapeau d'une main, de l'autre « l'épée de la France », monte à cheval, traverse la France, — la tête couverte d'un chapeau à panache blanc, et traînant à sa suite — comme le croient ou font semblant de le croire ses partisans — les populations enivrées, — composant, recrutant son armée des soldats qu'on enverrait contre lui, et entre triomphalement à Paris.

Que le Prince Impérial débarque à Boulogne, avec ou sans aigle, — avec ou sans sa mère —

que, fendant le flot des populations, qui, selon ses partisans, ne demandent qu'à voter pour lui. il mette le plébiscite en action, — qu'avec une armée de huit millions de plébiscitaires, il arrive à Paris, — fasse sauter les représentants par les fenêtres comme son oncle, ou les fasse arrêter la nuit comme son père,

Qu'il fasse fusiller les passants dans la rue Montmartre et sur les boulevards, pour intimider ceux qu'on appellera les rebelles et les insurgés s'ils sont vaincus, — puis, qu'on établisse, comme le disait ces jours-ci un journal bonapartiste, « non pas un empire parlementaire, mais un empire autoritaire », c'est-à-dire, non pas un empire constitutionnel, représentatif et libéral, mais un empire despotique.

Ou bien encore que M. Naquet, Maître Gambetta et leurs amis, le drapeau rouge à la main, le bonnet rouge sur la tête, se transportent à l'Hôtel-de-Ville, convoquant le peuple souverain et parlant pour lui sans attendre sa réponse. proclament la république démocratique, sociale, absolue, etc., etc.

Qu'ils appellent les réfugiés de Londres et de Genève, — qu'ils envoient chercher les « frères » de Nouméa; et pendant ce temps qu'ils réexpédient dans les départements les préfets que la réaction a privés de leurs positions. — M. Duportal, à Toulouse; — M. Lacour, à Lyon; — M. Cotte, à Draguignan; — M. Dufraisse, à Nice; — les « administrateurs à la défense »; — les commissaires généraux, » etc., — qu'ils s'entourent de leurs fournisseurs, M. Ferrand en tête, etc. — Lâchez vos sauterelles.

Eh quoi, personne ne bouge! mais les monarchistes prétendent avoir pour eux la France et la voix du peuple, c'est-à-dire la voix de Dieu.

Qu'attendent-ils ?

Ah ! c'est que les bonapartistes aussi prétendent avoir pour eux et avec eux la France et la voix du peuple.

C'est que les pseudo-républicains prétendent aussi avoir avec eux la France et le peuple et sa voix.

C'est que ça fait trois Frances, trois voix et trois peuples.

Et que chacune de ces Frances, de ces voix, et chacun de ces peuples, c'est-à-dire le parti momentanément triomphant, verrait se lever contre lui, d'accord pour l'écraser, les deux autres Frances, les deux autres voix et les deux autres peuples.

Donc, ce que je demande est impossible, aucun des trois partis ne peut s'emparer du pouvoir, ni par ruse, ni par force.

Et on continue à redemander des cartes pour une partie qu'on n'ose pas jouer tant qu'on n'a pas réussi à escamoter les atouts.

Mais supposons un moment qu'un des trois partis réussisse à se jucher au pouvoir et à s'y maintenir, quelle serait la situation du pays?

On ne peut prendre au sérieux les trois peuples et les trois Frances, — qui formeraient une centaine de millions de Français, — et une trentaine de millions d'électeurs.

Il faut supposer qu'à part un noyau que possède chaque parti, il compte comme appoint sur les flottants, les indécis, les mobiles qui attendent l'événement.

La politique intérieure, en effet, ne compte comme agents actifs que peut-être cent mille hommes, encore sont-ils conduits par cent ou cent cinquante individus tout au plus. — C'est entre ces cent ou cent cinquante individus que se décide la question du pouvoir, des places et de l'argent, — le reste suit le vainqueur.

Donc, que le plus hardi ou le plus fort d'entre vous fasse ou risque son coup tout de suite, ou renoncez-y ; — que les trois partis, jetant leurs ultras par-dessus bord, se décident pour une combinaison possible où les intérêts de tous soient à un certain point sauvegardés, à condition qu'on se contente de voir reconnaître, et se réaliser une partie de ses « droits », de ses espérances, de ses idées, — en faisant le sacrifice d'une autre partie de ces mêmes droits, espérances et idées.

Quelles sont les combinaisons possibles ?

D'abord, en quoi consistent les « droits », idées et espérances des trois partis ?

Quels sont leurs principes ? Quelles portions de leurs prétentions méritent d'être respectées ?

Les légitimistes, ceux qu'on appelle les orléanistes, quoique ce parti soit mobile, indécis, flottant — et les bonapartistes sont d'accord sur un point ; — ils ne veulent pas de la république et veulent une monarchie.

Les pseudo-républicains et les quelques vrais républicains, — moi et un petit nombre d'autres, — ne veulent ni de la légitimité du droit divin, ni du bonapartisme.

Mais au-dessous de ces sentiments avoués, proclamés même, il y en a d'autres.

Les monarchistes et les bonapartistes veulent chacun la royauté et le monarque qui, d'après leurs amitiés, leurs protections, les promesses faites, leur assurent les places, les dignités et l'argent, et précisément celle-là et celui-là et point d'autres.

Les pseudo-républicains veulent cette pseudo-république où ils savent que les médiocres ou pis encore qui les conduisent ne s'aviseront pas d'appeler à côté d'eux des hommes supérieurs ou même capables, et conséquemment les appelleront au partage, au butin, à la curée.

Ce qui sépare surtout les partis, ce ne sont pas les sentiments avoués, ce sont les autres ; — ce ne sont pas les principes, ce sont les intérêts.

Si l'on demande une preuve de ce que j'avance, — j'en offrirai cent ; — rappelez-vous les alliances momentanées des rouges et des blancs, — des bonapartistes tantôt avec les blancs, tantôt avec les rouges ; — rappelez-vous avec quelle facilité les pseudo-républicains ont abandonné leurs principes à

M. Thiers, qui venait de fusiller et de déporter leurs amis, et qu'ils accablent d'éloges dans leurs journaux.

Il est évident qu'aucun des partis en présence ne peut monter au pouvoir, grâce à l'invention déshonnête des coalitions, sans un coup de hasard ou d'audace; — mais supposons un moment un de ces trois partis ayant rencontré ou accompli ce coup de hasard ou d'audace, — et réussissant à se maintenir au pouvoir, — ce ne serait qu'en comprimant les deux autres partis, ce ne serait que par la force.

Le gouvernement de ce parti triomphant serait nécessairement un despotisme, une tyrannie.

Or, voici ce qu'indique la justice:

Dans un pays où divers partis, représentant diverses formes de gouvernement, peuvent s'équilibrer et se balancer et par le nombre et par la puissance, on ne doit pas accepter ni instituer une de ces formes purement et absolument, parce qu'une grande partie du pays ne serait pas gouvernée, mais opprimée.

Il faut donc, je le répète, que chacun de ces partis fasse des concessions, et sacrifie une portion de ses prétentions et de ses espérances, pour qu'on arrive à constituer un gouvernement qui ne satisfera peut-être tout à fait aucun des partis, mais ne les désespérera cependant pas.

Cela accepté, il ne faut ni la légitimité, ni le bonapartisme, ni la pseudo-république absolue.

Il y a deux issues :

L'une, la première, c'est la république, la république sévèrement *expurgée* des gens et des doctrines que nous savons, — et le suffrage réformé, parce que la république, la vraie, — par son élasticité, — peut admettre tout ce que chacun voudra y mettre de bon, — parce qu'elle assure d'abord la liberté, et va se modifiant sans cesse, obéissant aux progrès, se prêtant aux changements nécessaires, — ne repoussant aucun dévouement, aucun talent, aucune supériorité, aucune capacité, — obéissant même aux fantaisies, aux caprices des Athéniens, — s'habillant à la mode, — rejetant ces fantaisies, ces caprices et cette mode quand ils sont partis, — sans bouleversement, sans déchirements, sans convulsions ; — de plus, elle a pour elle qu'elle ne ferait que continuer dans six ans ce qui existe aujourd'hui.

C'est le gouvernement le plus digne, le plus noble, le plus équitable, — et tout le monde y a sa place et son rôle.

Si, cependant, les uns effrayés, les autres dégoûtés par les folies, les excès et les crimes des pseudo-républicains aux diverses époques où la république a été proclamée, la majorité du pays se prononce pour une monarchie, — il faut que les formes de cette monarchie se rapprochent le plus possible de la république ; — que ce soit, pour ainsi dire, une république avec un président héréditaire, au lieu d'un président électif ; — il faut que ce gouvernement soit exactement et loyalement représentatif, — que le monarque ou président héréditaire soit renfermé dans les limites infranchissables ; — il faut lui enlever d'abord le droit de paix et de guerre, et faire de lui le premier serviteur de la loi.

Le second cas a contre lui, qu'il n'offre probablement qu'un repos momentané et un sursis ; — il a pour lui, qu'il concilie davantage les prétentions actuelles des partis en présence, et qu'il est peut-être tout ce que le caractère du pays peut admettre.

Les deux issues, — et les seules, — sont donc :
1° La république sévèrement nettoyée et expurgée ;
2° A défaut, la monarchie constitutionnelle, résultat de l'abdication du comte de Chambord en faveur du comte de Paris.

Et, pour ma part, je suis prêt à accepter l'un des deux partis, quoique je préfère le premier — et quoique j'aie eu le chagrin de n'être pas toujours satisfait des conseils dont ont été entourés les princes d'Orléans depuis leur rentrée en France.

Si on ne prend pas un de ces deux partis, c'est-à-dire, si on ne se dispose pas à pouvoir le prendre à l'expiration de la présidence du maréchal de Mac-Mahon, la lutte, le jeu, seront entre le « bonapartisme autoritaire » — comme l'avouent les bonapartistes ; le bonapartisme du Deux-Décembre, de la guerre du Mexique, de la guerre à la Prusse, etc.,

Et la république de Vermesh, Carrier, Naquet, Hébert, Fouquier-Tinville, Grousset, Marat, Gaillard père, Collot d'Herbois, Gambetta, etc., etc.

J'ai dit.

Encore un cocon de filé, et je répéterai en finissant ce que j'ai dit en commençant :

« Plus tard, quand je n'y serai plus, on verra que c'était de la soie, et on dévidera peut-être les cocons. »

FIN

SAINT-RAPHAËL

C'est que la nature a des moyens de préparation et des secrets auxquels ne saurait atteindre la chimie et qui tourneraient lui-même des éminents praticiens et qui Medici copié l'usage du vin tannique de Saint-Raphaël, nous aurions à nommer toutes les illustrations médicales de France. L'autorité naturelle, en ces matières, c'est évidemment celle du professeur d'hygiène à la Faculté de médecine de Paris. Voici en quels termes s'exprime ce savant académicien :

« Depuis plus de trente ans le vin tannique de Brignoles-
» Saint-Raphaël est prescrit exclusivement comme tonique
» et reconstituant aux malades, aux convalescents admis
» dans les hospices de la ville de Paris.

» Il est employé dans des formes les plus variées : l'ané-
» mie, la chlorose, les anémies de la goutte chronique,
» l'alimentation mal réglée, de la grossesse, de la vieillesse,
» des fièvres hectiques qui minent sourdement l'écono-
» mie, etc., etc.; il est surtout efficace pour relever les
» forces abattues par la maladie et par les digestions labo-
» rieuses et difficiles. A ces points de vue, aucun cordial
» ne doit être placé au-dessus de ce vin tannique et corro-
» borant. »

» Tous les médecins des hôpitaux parmi lesquels je
» citerai mes maîtres et mes amis, Chomel, Rostan, Réquin,
» Grisolle, Trousseau, on le prescrivaient journellement
» ce vin, et en obtenaient les meilleurs résultats. Bou-
» chardat, professeur à la Faculté de médecine, formulaire ma-
» gistral, 18° Édition, page 179.»

L'usage du vin de Saint-Raphaël détermine l'équilibre des fonctions, et, par cela même, peut prolonger l'existence au-delà des limites ordinaires.

C'est que la nature a des moyens de préparation et des secrets auxquels ne saurait atteindre la chimie et qui fournissent à l'art de guérir, des agents bien plus efficaces que ceux de l'alambic et du creuset. Or, entre les vins de quinquina sortant du laboratoire, et le vin tonique de Saint-Raphaël qu'on peut appeler un vin de quinquina naturel, il existera la même différence qu'entre un vin fabriqué et un vin naturel.

Le vin de Saint-Raphaël l'emporte sur le vin de quinquina par sa saveur agréable. Pour les malades et les gourmets, il n'est pas de vin de dessert qui puisse lui être préféré.

C'est en terminant chaque repas qu'on prend un demi-verre à Bordeaux de ce vin corroborant. Dans les pays froids ou brumeux, cette même dose, prise le matin à jeun, préviendra les nombreuses indispositions qui sont le cortège ordinaire de l'hiver.

Le Vin de Saint-Raphaël est un Vin fortifiant, digestif. C'est un tonique reconstituant d'un goût excellent. Plus efficace pour les personnes affaiblies, que les ferrugineux, les quinas. Il est prescrit dans les fatigues d'estomac, la chlorose, l'anémie, les convalescences. etc., etc.

Renseignements : Détail : toutes les pharmacies, 3 fr. la bouteille.

Gros : Expédition franco en gare destinataire, par caisse de 7 bouteilles, 20 fr.; 12 bouteilles, 35 fr.; 25 bouteilles, 70 fr.

Il suffit d'adresser un mandat sur la poste ou des billets de banque A LA COMPAGNIE DU VIN DE SAINT-RAPHAËL A VALENCE (DRÔME).

EAUX MINÉRALES DE VALS

Les Eaux de Vals doivent, à leur basse température et à leur richesse en acide carbonique, de posséder une stabilité qui leur permet de subir les transports les plus longs, sans éprouver la moindre altération. L'expérience de chaque jour, et mille fois répétée, démontre que ces Eaux sont aussi efficaces à cent lieues de distance qu'à leur point d'émergence.

SAINT-JEAN

Cette source est fort agréable au goût. Sa faible minéralisation et les proportions heureuses qui la distinguent en font une Eau qui rend des services réels dans les affections des voies digestives (pesanteur d'estomac, inappétence, gastralgie, dyspepsie, vomication), dans les flatuosités abdominales, les métrites chroniques, etc. C'est la moins excitante de toutes les sources de Vals, et celle qui convient le mieux aux personnes délicates, nerveuses ou prédisposées aux congestions et aux hémorragies.

PRÉCIEUSE

Cette Eau, d'une minéralisation plus forte que la précédente, est la plus gazeuse des sources de Vals. Son usage est d'un effet puissant dans les dyspepsies, gastralgies, maladies de l'appareil biliaire (engorgement du foie et de la rate, obstructions viscérales, calculs hépatiques, jaunisse, etc.)

DÉSIRÉE

La source Désirée est la plus riche en magnésie; elle est souveraine contre les maladies des reins et les dyspepsies acides. Elle détruit les dispositions à la constipation, et possède de véritables propriétés dans les affections biliaires, les coliques néphrétiques, diabète, sciatique, albuminurie.

T. S. V. P.

RIGOLETTE

La notable proportion de fer que contient cette Eau la fait considérer, par le corps médical, comme la source alcaline gazeuse la plus utile dans l'appauvrissement alcalin et ferrugineux du sang et des humeurs (chloro-anémie ou pâles couleurs, hystérie, lymphatisme, marasme, fièvres consomptives, etc.), débilité, épuisement des forces.

LA MAGDELEINE

C'est la plus minéralisée des sources sodiques connues en France. L'usage de cette eau est particulièrement favorable dans les maladies du tube intestinal : gastralgie, gastrite chronique, et dans les affections du système nerveux : diabète, albuminurie.

Cette eau, fortifiante et sédative, est éminemment bienfaisante dans les affections de la goutte et du rhumatisme.

DOMINIQUE

Cette source n'a aucune analogie avec les précédentes. Sa composition est unique en Europe. Elle est arsénicale, ferrugineuse et sulfurique. On l'emploie avec succès pour combattre les fièvres intermittentes, les cachexies, les maladies de la peau, la dyspnée, l'asthme, le catarrhe pulmonaire, et surtout dans la chlorose, l'anémie, l'épuisement des forces, la débilité.

Les Eaux des six sources de Vals se transportent sans subir la plus légère altération ; or, quand une eau minérale peut être conservée longtemps sans altération et malgré les transports les plus lointains, on est en droit, à quelle distance des sources qu'on la prenne, d'en attendre d'aussi bons effets qu'à la station thermale même.

Le chiffre d'expédition dans l'intérieur de la France dépasse deux millions de bouteilles.

Les Eaux de ces sources sont très-agréables à boire pures et surtout à table avec le vin. La dose ordinaire est d'une bouteille par jour.

Les emballages sont de 20 et 40 bouteilles, au prix de 15 et 30 francs, à Vals.

Pour les demandes d'expéditions, il suffit de s'adresser à la SOCIÉTÉ GÉNÉRALE DES EAUX, A VALS (Ardèche). Il importe de mettre correctement l'adresse.

SOCIÉTÉ ANONYME
ORGUES D'ALEXANDRE
PÈRE ET FILS
Capital : 1.500.000 Francs

106, RUE RICHELIEU, 106

Agents des Ambassades d'Angleterre et d'Amérique

ORGUES POUR SALONS, ÉGLISES, CHAPELLES, ETC.

ORGUES DE LUXE — VENTE ET ACHAT DE
ORGUES A PERCUSSION — ORGUES TRANSPOSITEURS

Nouveau modèle de Chœur, 4 octaves, 75 francs

106, RUE RICHELIEU, PARIS
— ENVOI FRANCO DE CATALOGUES —

PARIS

Indications gratuites d'Appartements Meublés et non Meublés

JOHN ARTHUR & Cie

Agents des Ambassades d'Angleterre et d'Amérique

BANQUE ET CHANGE

10, Rue Castiglione, 10
PARIS

Maison fondée depuis 50 Années

BANQUE ET CHANGE

Escompte et Encaissement de toutes valeurs pour l'Angleterre et le Continent.

Remise de Lettres de Crédit.

Comptes-Courants avec intérêts sur dépôts.

Vente et Achat de fonds publics et valeurs industrielles.

Change de monnaies.

Achat d'or et d'argent.

VENTE ET ACHAT DE PROPRIÉTÉS

Bureaux spéciaux pour la Vente et l'Achat de propriétés dans Paris et toute la France.

COMMISSION ET TRANSIT

Toutes espèces de marchandises, Meubles, objets d'art, Bronzes, etc.,

achetés au prix du gros, avec économie à l'acheteur de 20 à 30 p. 0/0.

Réception et expédition de Marchandises pour tous pays. — Magasinage.

AGENCE DE LOCATIONS

Appartements meublés et non meublés, Maisons de campagne, Chasses, etc., à louer.

VINS FRANÇAIS ET ÉTRANGERS

Grand assortiment de premiers crus de Bordeaux, de Xérès, Madère, Porto et Vins de Sicile.

Bières anglaises.

Liqueurs.

Vins du Rhin, etc.

24ᵉ ANNÉE
L'INDUSTRIE
Journal des Chemins de Fer
DU CRÉDIT FONCIER DE FRANCE
ET DE TOUS LES GRANDS INTÉRÊTS DU PAYS

PARAISSANT TOUS LES DIMANCHES

(16 pages in-4°)

Études de toutes les grandes questions financières à l'ordre du jour; — Revue politique et financière de la semaine; — Appréciations des valeurs; — Marché en Banque; — Correspondances financières des divers marchés d'Europe; — Bilans de la Banque de France et des Sociétés de crédit; — Comptes rendus des assemblées d'actionnaires; — Rapports officiels des Compagnies; — Avis et Annonces des Compagnies; — Tableaux des cours; — Recettes des chemins de fer; — Listes officielles des tirages.

Charles ROPIQUET, Rédacteur en Chef

Vente et achat de toutes valeurs, au comptant et à terme, sans commission autre que le courtage de l'agent de change. Reports. Payement de coupons. Renseignements aux abonnés, soit verbalement, soit par correspondance.

ABONNEMENTS :

Paris . . . . Un an — 10 fr. — Six mois 6 fr.
Départements . . . . — 16 — 9
Étranger . . . . — 19 — 9

Envoyer mandat-poste, coupons échus ou effet à vue sur Paris à l'ordre du Rédacteur en Chef.

Bureaux : 62, rue Neuve-des-Petits-Champs, à Paris

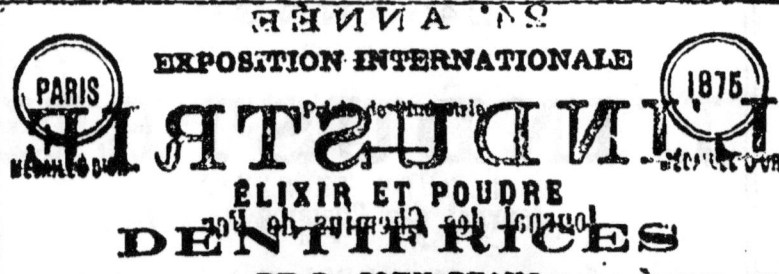

Phthisie — **GRANULES ET BAINS** — **Maladies**
Bronchite SULFUREUX DE THOMMERET-GELIS

Pour la préparation de l'Eau sulfureuse pour Boisson et Bains de Barèges

SULFUREUX ADMIS DANS LES HOPITAUX DE PARIS ET PRESCRITS PAR LES SOMMITÉS MÉDICALES

Ces produits remplacent complètement les eaux sulfureuses naturelles de Bonnes, Enghien, Barèges, etc., et sont d'un emploi plus facile et bien moins coûteux. Un granule contient les éléments d'un verre d'eau sulfureuse naturelle et se prend comme pilule ou en dissolution. Le flacon de 50 granules pour 50 verres, 3 fr., ajouté par la poste contre l'envoi d'un flacon vide; les six flacons, 15 fr.

- Si l'on veut se rapprocher, autant que possible, de la composition des eaux sulfureuses des Pyrénées, on doit modifier le bi-hydrate de sulfure de sodium, comme l'a fait judicieusement M. Thommeret-Gelis.

(BOUCHARDAT)
Professeur d'hygiène à la Faculté, membre de l'Académie de Médecine, etc.

PULVÉRISATEURS DEPUIS 12 fr. — INHALATEURS, 24 fr.

GLOBULES ALLOUIN
d'ESSENCE **EUCALYPTUS** EUCALYPTOL

L'Essence d'Eucalyptus globulus est employée depuis plus de cinq années par le professeur GUBLER, qui a expérimenté les Globules ALLOUIN, et en a obtenu les meilleurs résultats dans le traitement des affections aiguës et chroniques des voies respiratoires.

Le flacon, 4 fr.; le demi-flacon, 2 fr. 25

On trouve sous le cachet ALLOUIN, tous les produits tirés de l'*Eucalyptus globulus* et entre autres le *Sirop pectoral anticatarrhal d'Eucalyptus*.

Médaille de Mérite à l'Exposition de Vienne 1873.

Le plus agréable apéritif — **SHERRY-KINA** — **Le meilleur tonique**

Vin de quinquina préparé avec le Xérès, de la marque
CALVAIHAC A. G. et C., DE SÉVILLE
Ex-Fournisseur de S. M. la Reine d'Espagne
Prix pour la France: 4 fr. la bouteille; les 6 bouteilles, 21 fr.

Le SHERRY-KINA est le vin de quinquina auquel la grande majorité des médecins d'hôpitaux, des professeurs de la Faculté et des membres de l'Académie de médecine donne aujourd'hui la préférence. Cette préférence s'explique en ce qu'il offre TOUTES LES GARANTIES qu'on cherche vainement dans les produits de ce genre, où l'on ne sacrifie que trop souvent les qualités si essentielles, soit du vin, soit du quinquina (quelquefois même de tous les deux), AUX BÉNÉFICES DE LA SPÉCULATION. (Voir *Guide des eaux minérales*, du docteur CONSTANTIN JAMES, 1re édition.)

AVIS IMPORTANT. — On trouve dans la même maison le **SHERRY-COCA**, Vin de Coca du Pérou, préparé avec le Xérès marque CALVAIHAC.

Le SHERRY-COCA, comme le SHERRY-KINA, est un bon stomachique, à la dose du Sherry-Kina. — Les propriétés bienfaisantes de la Coca du Pérou sont du reste bien connues.

Prix: 4 fr. la bouteille; les 6 bouteilles, 21 fr.
Vins d'Espagne de la marque CALVAIHAC A. G. C., de Séville.

DÉPOT GÉNÉRAL DE TOUS CES PRODUITS; (ENVOI EN PROVINCE).

PHARMACIE **THOMMERET-GELIS**, EX-INTERNE DES HOPITAUX
Paris, 32, faubourg Montmartre, à l'angle de la rue Richer
ET DANS TOUTES LES PHARMACIES

— 10 —

MACHINES ET INSTRUMENTS D'AGRICULTURE
PELTIER Jne
10, Rue Fontaine-au-Roi, 10, Paris

Exposition et Concours
4 Prix d'honneur et 560 Médailles

CHARRUES, HERSES, ROULEAUX, — BATTEUSES, TRIEURS
EXTIRPATEURS, — MANÈGES et MACHINES A VAPEUR
SCARIFICATEURS, SEMOIRS — HACHE-PAILLE, CONCASSEURS
SOCS, FAUCHEUSES, — COUPE-RACINES, LAVEURS
MOISSONNEUSES, TARIEUSES — EGRENOIRS A MAÏS, RAPES
RATEAUX, ETC. — MOULINS A FARINES
JARDINAGE — AUGES ET RATELIERS
CULTURE DE LA VIGNE — SCIES CIRCULAIRES ET A RUBAN

POMPES de toutes sortes et pour tous usages
Installation de FERMES et d'USINES — Machines sur plans

DISTILLERIES & FÉCULERIES
Outils spéciaux pour CULTURE ÉTRANGÈRE : Cafés, Riz, Cannes à sucre, etc.

Médaille de Mérite à l'Exposition de Vienne 1873

EAU ET POUDRES DENTIFRICES

Docteur PIERRE
De la Faculté de Médecine de Paris

Paris — 8, place de l'Opéra, 8 — Paris

EXIGER LA MARQUE DE FABRIQUE

DÉPOTS

Londres — Bruxelles — Hambourg — St-Pétersbourg
Moscou — Bucharest

CALMANN LÉVY, éditeur, rue Auber, 3, place de l'Opéra.

LES
GRANDES USINES

ÉTUDES INDUSTRIELLES EN FRANCE ET A L'ÉTRANGER

TURGAN

Dix forts volumes renfermant un grand nombre de **Planches explicatives** et de **Gravures sur bois**, d'après la photographie.

PRIX DE LA COLLECTION COMPLÈTE : 400 FRANCS

Cette importante publication, sous la forme de monographies, a réuni les documents historiques et techniques les plus intéressants et les plus nouveaux sur l'industrie moderne.

Ces études pratiques, prises sur nature, illustrées de nombreuses gravures explicatives, peuvent être lues par les gens du monde; elles offrent également de précieux et d'utiles renseignements sur les sujets qui les intéressent.

Les principales industries décrites sont : Les Gobelins. — Les Manufacture de Saint-Étienne. — Le Creusot. — L'Imprimerie nationale. — La Papeterie d'Essonnes. — Manufacture de Sèvres. — Établissements Derosne et Cail. — Filature de coton de M. Pouyer-Quertier. — Saint-Gobain. — Arbavon. — La Monnaie. — Manufacture nationale des tabacs. — Dentelles du Puy. — Fabrique de pianos de MM. Pleyel, Wolf et Cie. — Cristallerie de Baccarat. — Boulangerie des Hôpitaux. — Usines à gaz de Paris. — Impressions Dollfus Mieg. — Caves de Roquefort. — Aciéries Petin et Gaudet. — Draperie Ch. Flavigny, à Elbeuf. — Manufactures de tapis de MM. Chocqueel, à Tourcoing et Aubusson. — Taillerie de diamants d'Amsterdam. — Manufacture d'armes de Liège. — Manufacture d'armes de Châtellerault. — Fonderie de canons de Ruelle. — Fabrique d'eau-de-vie J. Hennesy, à Cognac. — Manufacture Vandrel. — Mines et fonderies de zinc de la Vieille-Montagne. — Fabrique de sucre de betteraves de Saint Leu d'Esserent. — Fonderies de canons et Aciéries de Krupp, à Essen (Prusse). — Filature de soie Bauchon. — Tissage de soie Bonet. — Verreries de la Loire. — Établissement Japy, à Beaucourt. — Filatures et tissage de Reims. — Caoutchouc de Goibal. — Capsulerie Gevelot. — Teinturerie Boutarel. — Verreries de Venise et de Murano. — Mines et usines de la Haute-Silésie. — Fer. — Houille. — Zinc. — Plomb. — Argent. — Soieries du Tonkin. — Fabrique de matières colorantes de Rollye. — Ferme expérimentale du Brizay. Emploi de machines agricoles nouvelles et des principaux engrais industriels. — Établissements Breguet. Construction des appareils de précision, télégraphie électrique, applications diverses de l'électricité. — Etc., etc.

Chaque volume se vend séparément 50 francs.

La onzième série est en cours de publication.

—12—

VÉRITABLES
LES
PILULES DE BLANCARD
ÉTUDES INDUSTRIELLES EN FRANCE ET A L'ÉTRANGER
A L'IODURE DE FER INALTÉRABLE
TURGAN

On trouve dans le commerce de fausses Pilules de Blancard qui, d'après l'analyse faite par un Chimiste distingué, M. Personne, sont bien loin de contenir la dose réglementaire de leur principe actif : l'iodure de fer.

Comme preuve d'authenticité des véritables Pilules de Blancard, approuvées par l'Académie de Médecine de Paris et par la haute Commission médicale chargée de rédiger notre nouveau Formulaire officiel, le Codex, exiger notre signature ci-dessous, apposée au bas d'une étiquette verte :

PHARMACIEN, rue Bonaparte, 40
A PARIS

N. B. — Ces Pilules s'emploient surtout contre la faiblesse de constitution, pour rendre au sang sa richesse, son abondance naturelles, et pour en régulariser le cours périodique, etc., etc.

SE DÉFIER DES CONTREFAÇONS

PRODUITS SPÉCIAUX DE LA
MAISON FUMOUZE-ALBESPEYRES
FOURNISSEUR DES HOPITAUX MILITAIRES
PARIS, 78 & 80, faubourg Saint-Denis, PARIS

PAPIER ÉPISPASTIQUE D'ALBESPEYRES — admis dans les hôpitaux militaires sur l'avis du Conseil de santé — recommandé depuis 60 ans par les sommités médicales.

PAPIER ET CIGARES ANTI-ASTHMATIQUES DE Bon BARRAL. Ces préparations sont journellement employées dans le traitement de l'ASTHME, de la BRONCHITE et du CATARRHE pulmonaire. — Elles guérissent l'OPPRESSION qui constitue l'un des symptômes dominants des maladies de la poitrine.

Envoi FRANCO contre 3 fr. en timbres-poste

CATAPLASMES-COMPRESSES JOUANIQUE. Simples, à l'amidon, au quinquina, à l'arnica. Préparés avec une substance INALTÉRABLE jouissant de toutes les propriétés de la farine de graine de lin sans en présenter les inconvénients. Ils s'appliquent très facilement et leur légèreté permet de les employer dans tous les cas où le poids du cataplasme est difficilement supporté par les malades.

Envoi FRANCO contre 3 fr. en timbres-poste.

DUPONT
PARIS, RUE SERPENTE, 18, PRÈS DE L'ÉCOLE-DE-MÉDECINE
Diplôme d'Honneur à l'Exposition Internationale de 1875

LITS ET FAUTEUILS MÉCANIQUES
POUR MALADES ET BLESSÉS

Appareil adapté à tous les lits.

Automoteur avec porte-pieds à 3 articulations.

**VENTE
ET
LOCATION
—
TRANSPORT
DE
MALADES**

Portoirs de différents modèles.

Roues à main courante.

DÉPOT, VENTE, EXPÉDITION

Cette liqueur est précieuse à tous les âges. — L'enfance y trouvera le développement de son intelligence et la régularisation de la croissance. — La jeunesse, la conservation de sa beauté, de la grâce et de la souplesse, ces dons précieux de la nature, si fugitifs jusqu'ici ; l'âge mûr, un préservatif certain contre dyspepsie, rhumatismes, goutte, gravelle, diabète, attaques d'apoplexie, etc., maladies perfides, toujours cachées sous l'oreiller de l'homme en apparence le mieux portant ; enfin la vieillesse, presque toujours anticipée, une régénération précieuse.

Quant à ceux qui souffriraient déjà de ces cruelles maladies, nous les engageons à s'adresser au Docteur BARDENET, rue de Rivoli, 108.

Sa nouvelle médication lui donne journellement les plus heureux résultats.

L'exécution de ses ordonnances est confiée à M. SALMON, pharmacien, rue Saint-Lazare, 76.

CRESPIN Aîné

DEMEURANT A PARIS, 11, 13 ET 15, BOULEVARD ORNANO

VENTE A CRÉDIT

RECONNU CRÉATION UTILE

Pour la bonne qualité de ses marchandises et la modicité des prix de tout ce qui concerne **Ménage, Toilette, Machines à coudre** de tous systèmes, **Horlogerie, Bijouterie, Bronze, Nouveautés, Confections, Chapellerie, Chaussures**, etc., etc.

On a 300 Magasins à choisir ; on achète avec des Bons sans se faire connaître.

Premier Établissement de son genre, fondé en 1856

SUCCURSALE A VERSAILLES, 20, RUE DE LA PAROISSE

Pour traiter, venir ou envoyer une lettre affranchie, boulevard Ornano, 11, 13 et 15. — Un employé passera le jour indiqué. — Envoi de la brochure explicative. — En province, on ne traite qu'au comptant, sauf la MACHINE A COUDRE, que l'on y expédie à moitié payement.

La Machine à coudre la Fidèle est construite par les soins de la Maison CRESPIN aîné, qui, seule, en a la propriété. Cette Machine se recommande par sa supériorité et son bon marché. Le pied de biche monte et descend à volonté, ce qui permet de faire avec cette Machine les travaux les plus fins et les plus gros.

Toutes les Machines sont vérifiées et réglées par un ancien maître mécanicien de marine de 1re classe.

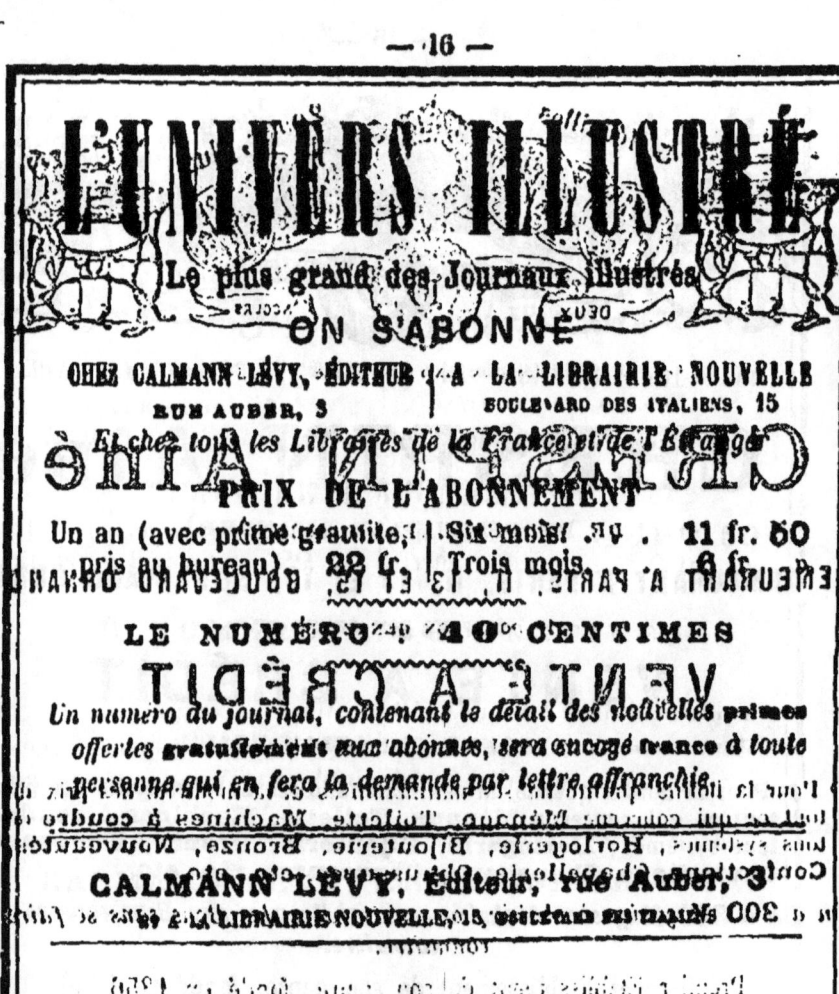

CALMANN LÉVY, Éditeur, rue Auber, 3

ŒUVRES COMPLÈTES

H. DE BALZAC

EN VENTE

SCÈNES DE LA VIE PRIVÉE, 4 vol.	30 »
SCÈNES DE LA VIE DE PROVINCE, 8 volumes	22 50
SCÈNES DE LA VIE PARISIENNE, 4 volumes	30 »
SCÈNES DE LA VIE MILITAIRE, 1 volume	7 50
SCÈNES DE LA VIE POLITIQUE, 1 volume	7 50
SCÈNES DE LA VIE DE CAMPAGNE, 1 volume	7 50
ÉTUDES PHILOSOPHIQUES, 3 vol.	22 50
THÉÂTRE COMPLET, 1 volume	7 50
CONTES DROLATIQUES, 1 volume	
CONTES ET NOUVELLES, ESSAIS ANALYTIQUES, 1 volume	7 50
PRIX ET ESQUISSES PARISIENNES, 1 volume	7 50
PORTRAITS ET CRITIQUES LITTÉRAIRES, POLITIQUE JUDICIAIRE, 1 volume	7 50
ÉTUDES HISTORIQUES ET POLITIQUES	

ŒUVRES

J. MICHELET

CLIN & Cⁱᵉ
PARIS — 14, rue Racine — PARIS

PRODUITS RECOMMANDÉS

DRAGÉES
Du Docteur Rabuteau
Lauréat de l'Institut de France

Les expérimentations faites dans les hôpitaux de Paris ont démontré que les **Dragées de Rabuteau** sont supérieures aux autres ferrugineux, dans l'Appauvrissement du sang, la Chlorose, l'Anémie, la Débilité, la Convalescence, l'Épuisement, pour fortifier les tempéraments faibles, et chaque fois qu'il est nécessaire d'augmenter le nombre de Globules rouges du sang.

Les **Dragées Rabuteau** ne donnent pas de constipation, et sont supportées par les personnes les plus délicates. La dose est de 2 Dragées, matin et soir, au moment des repas.

Prix : 3 fr. le Flacon. (Envoi franco contre timbres-poste.)

Élixir Rabuteau pour les personnes qui ne peuvent avaler les Dragées.
Sirop Rabuteau destiné spécialement aux enfants.

CAPSULES & DRAGÉES
Au Bromure de Camphre
Du Docteur Clin
LAURÉAT DE LA FACULTÉ DE PARIS. — PRIX MONTHYON.

Les **Capsules** et les **Dragées du Dʳ Clin** sont employées avec le plus grand succès dans les affections nerveuses en général, et surtout dans les maladies suivantes : Asthme, Affections du cœur et des Voies respiratoires, Toux nerveuse, Spasmes, Coqueluche, Insomnie, Épilepsie, Palpitations nerveuses, Danse de Saint-Guy, Paralysie agitante, Tic nerveux, Névroses en général, Troubles nerveux causés par des études excessives, Maladies Cérébrales ou Mentales, Delirium Tremens, Convulsions, Vertiges, Étourdissements, Hallucinations, et dans les Excitations de toute nature.

En résumé, les **Capsules** et les **Dragées du Dʳ Clin** sont recommandées toutes les fois que l'on veut exercer une action sédative et calmante sur tout le système nerveux.

Prix du Flacon de Capsules du Dʳ Clin : 5 francs.
— du — de Dragées du Dʳ Clin : 5 —

NÉVRALGIES. Les **Pilules du Dʳ Moussette** calment et guérissent les névralgies les plus rebelles, même celles ayant résisté aux autres traitements.
Prix : 3 francs. (Envoi franco contre timbres-poste.)

MAL DE DENTS. Les **Gouttes Japonaises de Mathey-Caylus** calment à l'instant le Mal de Dents le plus violent, et en empêchent le retour en détruisant la carie.
Prix : 1 fr. 50 c. (Envoi franco contre timbres-poste.)

DÉPÔT : 14, Carrefour de l'Odéon et les Pharmacies.

MACHINES A COUDRE
VÉRITABLES "SINGER"
De New-York

LES SEULES NE SE DÉRANGEANT JAMAIS
RECONNUES LES MEILLEURES POUR FAMILLES & ATELIERS

AGRANDISSEMENT DES USINES
PRODUISANT ACTUELLEMENT 30000 MACHINES PAR MOIS

RÉDUCTION DE PRIX

Remise au comptant 10 p. 100 — **PRIX 175 FR.** — Apprentissage gratuit à domicile

(AVEC GUIDES ET ACCESSOIRES)

Payable 3 francs par semaine

SANS AUGMENTATION DE PRIX

Exiger le nom "SINGER" dans la marque de fabrique

Toute machine ne portant pas la marque ci-contre est contrefaçon

Seule maison à PARIS, 94, Boulevard Sébastopol.

MAISONS SUCCURSALES :

LYON, 58, rue de l'Hôtel-de-Ville. — MARSEILLE, 39, rue Paradis. — LILLE, 9, rue Nationale. — BORDEAUX, 99, rue Sainte-Catherine. — ROUEN, 23, rue de la Grosse-Horloge. — BESANÇON, 73, Grande-Rue. — LIMOGES, 9, rue Saint-Martial

Dépôts dans toutes les villes de France.

Prospectus et Renseignements envoyés franco sur demande.

www.ingramcontent.com/pod-product-compliance
Lightning Source LLC
Chambersburg PA
CBHW070452170426
43201CB00010B/1303